これらは社会的関心の強い医療，福祉，生物，環境，先進テクノロジーに関する英文が増えつつあることを示しています。最新の入試に対処するためにはこれらの語句を無視できませんし，本書はそれらをしっかり収録しています。

☆妥協のない語法リサーチ

　本書は単語の頻度だけでなく，それぞれの単語がどんな形で，どんな意味で，どんな語と結びついて使われているのかを，徹底的にチェックしています。名詞なら単数形・複数形の比率，冠詞の有無および種類，どんな動詞の目的語になるか，前後にどんな前置詞が来るか，など，また動詞なら各変化形の比率，目的語としてどんな名詞が多いか，後ろにどんな前置詞が来るか，などをコンピュータで徹底的に分析しました。さらに多くのnative speakerのコンサルタントにチェックを受けています。

　今回の改訂にあたっては，エントリー単語を新たに70語程度追加し，150以上のフレーズを改訂しました。派生語，熟語などもデータをチェックし直し，あらゆる角度から最新のデータに合うよう解説を増補改訂しました。また，語源の解説，＜ジャンル別英単語リスト＞などを新たに追加し，単語学習のサポート機能を強化しています。

☆ミニマルフレーズはこうして生まれた

　15年分の最新入試英語のデータの解析結果は，たとえば次のようにミニマルフレーズに生かされています。

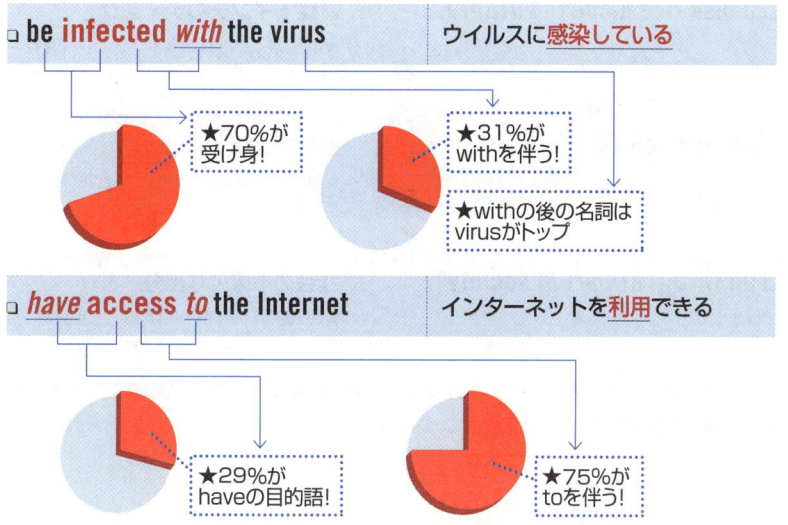

読者から「ヒット率最高」「試験を受けるたびシス単で覚えたフレーズそっくりの語句に出会う」という声をよく頂きますが，上のように，一語一語について，最近15年分の入試コーパス（入試8,000回分，大問で40,000題以上）のデータを精密に解析し，それに基づいて最も出現する可能性の高いフレーズを選び抜いているのですから，「よく当たる」のは不思議ではありません。

☆コロケーションマスター機能を強化！
　辞書にも例を見ない！　ズバリ数値で示す重要連語関係

「システム英単語」では，語法とcollocation（連語関係──その語がどんな語と結びつくか）を重視し，「★受身形が多い」「★過去分詞として名詞を修飾することが多い」などの解説を豊富に収録しています。さらに，特に重要な連語関係や用法をズバリ数値で示しています。ここまで明確な表示は辞書にもみあたりません。また重要な連語関係は下線付き赤イタリック体で表示し，赤シートでもチェックしやすくしました。

☐ *make a* fuss *about* nothing	くだらないことに大騒ぎする ★60％近くがmakeを伴う。（→p.285）
☐ a disk five inches *in* diameter	直径5インチのディスク ★40％以上がin diameterの形。（→p.242）
☐ fertile *soil*	肥えた土壌 ★40％以上がsoilを伴う。（→p.261）
☐ an integral *part of* society	社会の不可欠な部分 ★約70％がpart of ～を伴う。（→p.313）

この赤イタリックの語をいっしょにマスターすれば，バラバラ暗記とは比較にならない本物の語彙力が身につき，作文・リスニングでも大きく差がつきます。

☆フレーズ方式のメリット

本書の初版をきっかけに,フレーズで覚えることがどうして人気を博したのでしょう？

それは最も自然,かつ科学的なやり方だからでしょう。いくつかの単語の記憶法の長所短所を検討してみましょう。

文字通り「単」語として「intellect・知性」「strict・きびしい」というように覚えていくやり方。これは前世紀の遺物であると言う以外にありません。一匹の魚と水だけがはいった水槽が何百とならんだ水族館のように荒涼としたイメージです。

「長文の中で覚えていく」という方法。もちろんそれも大切です。「単語集なんか使うな！長文の中で覚えろ！」と言うカッコイイ先生もいるでしょう。理想論としてはすばらしい。でも残念ながら現実的とは言えません。長文には,覚えても無意味に近いまれな意味用法も出てきて,それが頭にこびりつく可能性もあります。またこのやり方で重要な語と用法・意味をもれなく身につけるには,ぼう大な量,千ページ単位の英文を読む必要があります。今のあなたにはそんな時間とエネルギーがありますか？ ある,という方は本書を使う必要はありません。

一つの長い例文に4つも5つもの単語をつめこむ方式。これは一見,能率がいいように思われます。しかし一つ一つの単語の印象は薄くなってしまいます。また多くの単語のもっとも重要な意味・コロケーションを一文に盛り込むのは至難の業です。なにより,記憶の単位としては大きすぎ,自然ではありません。

ミニマルフレーズ記憶法には,孤立した単語を覚える味気なさも,変な意味用法を先に覚えてしまう危険も,いたずらに複雑な例文を覚えるムダもありません。

そもそも,あなたはすでにミニマル・フレーズ方式で,母国語である日本語をマスターしているのです！

なんのことかわからない？ 小学生のころ使った「漢字ドリル」を思い出してください。そこにならんでいたのは,まさに日本語のミニマルフレーズでしょう。「あう」「あつい」ではなんのことかわからないのに,「友人とあう」「あつい夏」と聞けば必要十分なイメージが浮かびましたね。「ヒロシは昨日町で友人とあった」などという例文にする必要はありません。母国語でも,私たちの頭につまっている言語知識のほとんどは,孤立した単語でも,長い例文でもなく,「ミニマルフレーズ」に似た,語と語の結合体にちがいありません。

☆ミニマルフレーズだからできる！――トリプル・リピート過剰学習記憶法

改訂新版のリリースとともに，『システム英単語　改訂新版CD』（別売）も完全に内容を一新しました。全ミニマルフレーズをナチュラルスピードで3回ずつ収録し，「過剰学習効果（overlearning effect）」によって記憶の完全な定着ができるシステムを採用しました。本書との併用で最強のvocabularyを身につけてください。

**Here is a royal road to learning English words.
「英単語マスターの王道，ここにあり」**

● 改訂にあたって

今回の改訂にあたっては駿台文庫の杉浦理香さん，上山匠さんにはひとかたならぬご苦労をおかけしました。理想的な本を追求すればするほど，編集者の忍耐強い作業が必要となるのは言うまでもありません。またスタッフの斉藤千咲さん，野口絢子さん，新たに英文校閲をお願いしたPreston Houser先生，Paul McCarthy先生など，ここには記し切れない多くの方々の御尽力を得る機会に恵まれました。まことに幸運な本であったと，心から感謝いたします。

2011年　　　秋

著者しるす

『システム英単語 改訂新版』シリーズの効果的利用法

●五感を使って英語を覚えよう！

　まずは本書のミニマルフレーズ <Minimal Phrases> を丸ごと，英語で覚えてしまおう。該当単語を目にしたり耳にしたりすると，自然とそのフレーズが口をついて出てくるのが理想だ。そのためには，自分の五感を使うことが重要で，単に目で読むだけでなく，耳で聴き，口に出し，手で書いてみるという作業を通して，単語を自分のものにしよう。特に音声を使えばはるかに効果的に覚えられるので，ぜひ試してみよう。

☆本書でフレーズを読み，単語の意味・語法を確認！
↓
☆音声CD『システム英単語　改訂新版CD』を
聴きながらシャドウイング！
↓
☆フレーズを書いてみてspellingもチェック！
↓
☆『システム英単語　改訂新版対応　カードⅠ・Ⅱ』で
覚える単語をチェック！
↓
☆本書のポイント・チェッカーやQ&Aを使って派生語なども覚える！
↓
☆『システム英単語　改訂新版対応　チェック問題集』で確認！

●忘却を防ぐ反復練習

　覚えたことを忘れるのは当たり前。長期間記憶を保つためには，反復して復習する必要がある。たとえば今日1～100を覚えたら，次の日は20～120を覚える，というようにして，同じ単語を5, 6日連続して確認しよう。もう大丈夫，と思ったら，さらにまたシャドウイングをして確認しよう。覚えていることを何度も確認する作業を通して，長期間残る記憶が形成されるのだ。

(初版はしがき) **English Vocabulary Revolution**

"英語ボキャブラリー革命"が始まる

すべての受験生の皆さんへのメッセージ

『システム英単語』は数ある単語集とどこが革命的に違うのか

☆本当にその意味で覚えていいの？

つぎの単語の（重要な）意味を右のように覚えている人，今すぐこの本のページを開いて調べてみてください。そしてショックを受けてください。

そして本書で，これよりはるかに重要な意味をしっかり覚えてください。

senior	形	「年上の」→ p. 178
appeal	名	「訴え」→ p. 27
conduct	動	「案内する，指揮する，行動する」→ p. 336
interaction	名	「相互作用」→ p. 60
formula	名	「公式，決まり文句」→ p. 230
institution	名	「設立」→ p. 59
dictate	動	「口述する」→ p. 204
dimension	名	「次元」→ p. 144
peer	名	「貴族」→ p. 150

実は，上にあげた意味は，多くの受験生が使ってきたいくつかの有名な単語集や辞書に，まっ先に，ときには太字で書かれていた意味なのだ。ところが，これらの意味は，ほとんど無視できるほどしか出ていないものや，ピントがずれているものばかりなのである。

『システム英単語』を編集するにあたり，私たちは最新の巨大な入試データベース（入試問題7,000回分，設問数では実に30,000題以上）を文字どおり徹底的に分析した。またインターネット上でも公開されている巨大データベース Bank of English，アメリカの有名雑誌 TIME，映画のシナリオなど，現代の実用英語のデータも可能な限りリサーチした。

ただ単語の頻度を調べるだけなら，コンピュータがあっという間にやってくれる。しかし，ある単語のどの意味，用法が多いのか，少ないのか，それがどんな設問になっているか，などということまで分析してくれるコンピュータはまだない。人間が一つ一つの実例を，丹念に目で読んで確かめる以外にないのだ。本書が構想から完成まで実に5年以上を費やしたのは，この作業をいっさい手抜きなしにやったからだ。

本書に書かれている単語の意味（訳）や，その配列順序が，いかに他の単語集と違っていても，別に奇をてらっているわけではない。それは私たちがぼう大な数の実例を自分の目で

チェックしてつきとめた「事実」なのだ。

私たちはその事実をすべて具体的なデータで示すことができる。

たとえば、seniorはbe senior to〜で「〜より年上だ」と覚えている人が多いだろう。ところがこの意味（用法）は、上に述べた入試データベースのsenior 378例中、わずか7例（すべて短文の穴埋め問題）しかなかった。つまり長文の中には一つも発見されなかった。一方、入試以外で調べた現代英語のデータではsenior 2,019例のうち、この用法はなんと1例しかなかった。（こんなまれな用法を平気で設問にする出題者は、自らの無知を恥じるべきだ）

institutionを「設立」の意味で用いた例は入試データベースの560例中、0個である。

dictateを「口述する，書き取らせる」の意味で用いた例は、75例中、10例にすぎない。

peerを「貴族」の意味で用いた例も154例中、0である。

こんな意味（和訳）を太字で載せてあるのは、自分の目で実例をチェックするという地道な作業をおこなっていない証拠だ。そして、こんなものを毎年何万人もの若者に覚えさせることは、日本の英語教育全体に関わる重大問題ではないだろうか。

ではそういう本はいったいどういう意味の並べ方をしているのだろうか。

☆「歴史主義的配列」という亡霊に用はない！

「からだ」という日本語の意味を外国人に聞かれたら、あなたならどう説明するだろうか。いきなり「動物の死体のことです」という人がいるだろうか？　しかし、驚いたことに「からだ」を引くと「①死体」となっている国語辞典（古語辞典ではない！）があった。「すけばん」を引くと「当番の人が休みの場合に代わりを勤める人」とだけ書いてある国語辞書もある！

これらの辞書では、歴史的に古い（つまり由緒正しい？）意味から先にあげられているのだ。辞書を使う人がみんな古文の研究者ならこれでいいだろう。

でも現代の日本語を勉強している外国人にあなたはこういう辞書を勧めるだろうか？

ところが、あなたが信頼して使っている多くの英和辞書や、それをサルまねした単語集では、こういうやりかたが今なおまかり通っているのである！　最近の英和辞書はかなり改善されてはきたが、依然として「歴史主義」をひきずり、より古い意味から先にあげていることがある。（たとえばcommute（→ p. 210）を引くと「①…を取り替える」となっている辞書があるのにはあきれはてる）　将来英語の歴史を研究しようという人ならいざ知らず、いくら由緒正しくても、今どきの入試に出ない時代遅れの意味を先に覚えさせられては、ふつうの受験生はたいへん迷惑ではないか。

システム英単語はこんなナンセンスなやり方から完全に脱却している。最新の入試英語（＝現代英語）の分析に基づいて、入試で現実に出会う頻度が高い順に意味を並べている。また、「受験英語の常識（実は幻想）」では"重要"とされているのに、ほとんど出ていない意味には、（かなりまれ），（まれ）などのただし書きをつけた。これがついていない意味をま

ず先にしっかり覚えよう。(「出ないなら載せなければいいではないか」という考えもあるだろうが,それではかえって不安になる人もいそうなので,あえてこういう形をとった。もちろん,ゆがんだ常識に警鐘をならす意味もある)

☆幻の多義語におびえるな!

　単語集にはたいてい「多義語」のコーナーがあって,「この意味が盲点」「こんな意味も重要」みたいな話がたくさんならんで受験生の不安をあおっている。多義語をマスターすることは確かに大事だから,本書でもたっぷりページをさいてある。
　しかしここでも問題は,その意味が実際にどの程度出るのかどうかだ。

　　industryに「産業」の他に「勤勉」という意味があるのを知っているだろうか?
　　becomeに「〜に似合う」という意味があるのを知っているだろうか?
　　dealに「〜を分配する」という意味があるって?

　「全部知ってるよ」という人,あなたは単語集や辞書の犠牲者かもしれない。あなたはbecomeが生きた英文の中で「似合う」の意味で使われているのを見たことが何度あるのか?
　私たちは自分の目で確かめてみた。
　industryが「勤勉」という意味で用いられた例は,入試データベースの1,623例をチェックしたうち,たったの4個だった! 　入試7,000回受けて4個しか出ない単語を覚える価値はゼロに近いが,industryのこの意味を覚える価値も,それに近いということである。ところがある有名な辞書は,「現代の用法で頻度が高いものから載せる」とうたいながら,何十年もindustryの最初の意味を「勤勉」としたまま放置していた(最近やっと改められた)。
　また,becomeの実際の使用例を4,567個自分の目で読んで確かめたが,「〜に似合う」という意味のものは長文中で1つだけ,語法問題で3例のみであった。
　dealが「〜を分配する」の意味で用いられた例は,473例を調べて,2個だけだった。
　『システム英単語』では,このような覚える価値の低い意味は収録していないか,(まれ)の表示をつけてある。

☆出ない単語を覚えているひまはない

　antipathyという単語を知っていますか。え? 　知らない?
　それとも,「ばかにするなよ,『反感』だろ」とあなたは答えるだろうか。
　こんな単語,別に知らなくていいのですよ。出ないのだから。こんな単語を知っている人のほうが問題かもしれない。きっとその人は何かの単語集で丸暗記したか,先生に「sympathyの反意語はantipathyだ。覚えとけよ!」と言われて覚えたのでしょう。
　ところが入試データベースでは,antipathyは10年間でたったの4回しか出ていないのだ!

（しかも99年に絶滅） 一方，sympathy「同情，共感」は218回も出ているから，しっかり覚えるべきだ。

次の単語はどうだろう。これらの語は多くの受験生が使っているいくつかの単語集に載っていた単語ばかりである。

prodigal (1), irksome (2), tact (2), haughty (3), transitory (4), lunatic (5), subliminal (5), tumult (5), abstain (6), snob (6), propriety (6), dissuade (6), pious (7), frugal (8), banal (9), ...

（ ）内の数字は，最新7,000回分以上の入試データ中の出現回数だ。どれもこれもほとんど「絶滅危惧種」と言ってよい数だ。

もしこのレベルの頻度の単語まで覚えていたら，何万という単語を覚えなくてはならない。英単語だけで青春が終わってしまうだろう。（あなたが将来，英語のプロとして生きていこうと決意しているか，『英単語チャンピオン』になりたいのなら話は別だが）

入試を1,000回受けても1回出会うかどうかわからない単語を覚える前に，覚えるべき単語はたくさんある。『システム英単語』には，受験生が覚える価値がないような単語は一つも載せてはいない。たとえば，第1章の初めにあるfollowはデータベースに5,257回も出てくる。第2章のproceedが210回，第3章のsubmitが141回，「難単語」の章とことわっている第4章のproclaimですら73回出ている。さらに，本書は，大学入試ばかりでなく，実用英語のデータまで分析し，大学入試はもちろん，TOEIC・英検などの対策としても重要と断言できる単語を厳選した。安心して取り組んでほしい。

☆重要単語も絶滅する？

では，いったいなぜこういう「幻想の重要単語」が多くの単語集に載っているのだろうか？ 原因はいくつか考えられる。まず，著者が独断的な信念？や「重要単語観（勘？）」で単語を選定しているという可能性。しかし，私たちは「受験英語の神様」とやらの勘などというカルトじみた幻想はまったく信用していない。

次に，分析はしているが，データが古すぎる，という可能性もある。「過去二十数年の入試を分析」などと銘打った本があるが，そんな大昔の入試をデータに使われたのでは今の受験生にはありがた迷惑だろう。20年以上も前というと，まだRussellだのMaughamだのといった，哲学・文学系の「名文」が入試にたくさん出ていた時代，入試英語が実用英語と大きくへだたっていた時代である。以来，入試英語のボキャブラリーは，実用英語，現代英語志向へと大きく変貌したのだ。たとえ昔は出ていても，今や「絶滅」にひんしている単語があってもまったく不思議ではない。

またその逆に，環境，科学，医療問題などのトピックが主流を占める現代の入試には，昔

はあまり出なかった，あるいは存在すらしなかった新語・時事用語が高頻度で出現する。たとえば次のような単語だ。

gene (572), ban (371), habitat (237), federal (229), transplant (213), emission (198), toxic (76), etc.

　本書はこのようないわば「ブレイクした」単語もしっかり収録している。

☆出る形で覚えなければ意味がない！

　もし，外国人向けの日本語単語集が，「同じい形」という（死語に等しい）見出し語をまず大きくかかげ，その派生語としてそれよりはるかに高頻度の「同じく」を小さな字で載せていたとしたら，どうだろう？

　「画期」という名詞だけのせて「画期的な」を載せてない単語集を外国人に勧められるだろうか？

　これと同様のことをやっている英語の単語集（そして辞書）がたくさんあるから受験生は困るのだ。

　単語には形を変えるものがある。名詞なら単数形・複数形，動詞なら原形・ing形・過去分詞形というふうに。単語によっては，ある形が極端に高頻度で，他の形がほとんど用いられないものがある。

　『システム英単語』は「一番よく出る形で覚える」というポリシーで貫かれている。私たちはそういう変化形別の頻度まで，すべてチェックし，この本に反映させている。たとえばunderlieという単語はほとんどの単語集で原形のunderlieでエントリーされているが，この動詞の変化形を入試のデータベース，タイム誌などの入試以外の現代英語のデータベースで確認すると次のようになった。

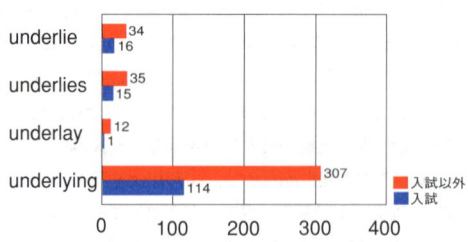

	入試データ	入試以外のデータ
underlie	16	34
underlies	15	35
underlay	1	12
underlying	114	307

　このデータを見れば誰でもunderlyingという形で最初に覚えることに異存はないだろう。本書では当然，underlying「根本的な」でエントリーしている。

　またtempt（→p.202）という単語を「を誘惑する」とだけ覚えていても役に立たない。入

試のtempt 209例中，約35％の74例がbe tempted to V「Vしたくなる」，約32％の67例が形容詞のtempting「魅力的な」である。つまりtempt「を誘惑する」という訳語が当てはまるのは約3分の1にすぎないということなのだ。私たちが調べたのは大学入試だけではない。Time誌や映画のシナリオや文学作品などの入試以外のデータで調べてみても，tempt 423例中，be tempted to V「Vしたくなる」が121例（28％），形容詞のtemptingが132例（31％）と，入試と同様の傾向が確認できる。

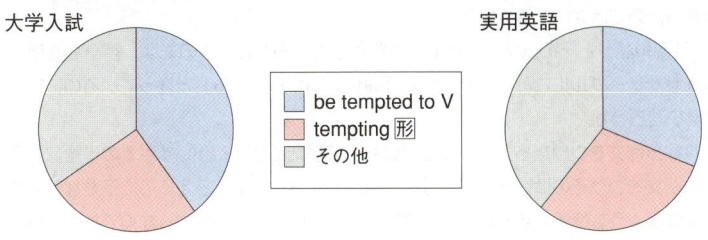

☆「基本となる語は派生語より重要」という幻想

同じことは，ある単語にいくつかの派生語がある場合にも当てはまる。たとえばgradual 形 とその派生語gradually 副 ではどちらが重要か？『システム英単語』入試データベースにはgradualは89個しか見つからないが，graduallyは616例も出現するのだ。eventual 形 とeventually 副 にいたっては，28：775なのである。このように，派生語だから重要でないとは限らないのだ。『システム英単語』は当然，gradually, eventuallyをエントリーとして載せ，この形をまず覚えるようにしてある。

☆出る品詞で覚えよう！

突然ですが，esteemの意味を言ってみてください。

「『〜を尊敬する』だろ」と思ったあなた，よく勉強していますね。どこかの単語集で覚えたのでしょう？　でもちょっと話を聞いてほしい。

確かに，多くのよく使われている単語集や辞書では，esteemの意味は「動 〜を尊敬する」となっている。しかし私たちの分析では，調べた176個のesteemの例のうち，実に143個までがself-esteem「自尊心」という形で使われているのだ。残りもほとんどが名詞で，純粋に動詞として用いられたものは皆無だった。（esteemed「尊敬される」は少数あり。これはすでに形容詞化している）このような分析結果をふまえ，本書ではself-esteem「自尊心」の形でこの単語をエントリーしている。（→ p. 242）

さて，今まで述べたように，本当に出る単語を，出る意味，そして出る形でマスターしていくのがベストの戦略なのだが，それを具体的にどう実行すればよいのか。

出る単語の，出る意味，そして出る形を，具体的かつ最もシンプル形でストレートに表し

たのが，システム英単語最大の武器，「ミニマルフレーズ」なのだ。

ミニマルフレーズが単語の記憶法を革命する！

　単語集は「覚えるためのもの」だ，というのが共通の認識だろう。にもかかわらず，多くの単語集は，「何を，どう覚えればよいか」という点に関してあまりにも無神経で工夫が足りなかったのではないだろうか？

　「『重要単語』とその訳をならべてやったから覚えろ」というのでは，色々な健康食品を料理もせずテーブルにごろごろと並べて「体にいいから食べろ」と言っているのに等しいのではないだろうか？

　それなら例文をつけたら，というのが普通の発想だろう。しかしすべての単語にだらだらと長い例文をつけるのは効率的ではない。単語のイメージをとらえるのに不要な，時にはじゃまになるような情報がまぎれこむ恐れもある。別に完全な例文にしなくても，短い語句の形で十分明確なイメージが与えられる単語も多いのだ。

☆「ミニマルフレーズ」とは？

　『システム英単語』では，単語記憶のパワフルな武器として，だらだらした例文を廃し，超コンパクトなフレーズを採用した。「minimal（最小限）の長さ＝最小の労力で最大の学習効率を上げる」という思いを込め，***minimal phrase***と名付けた。

　この一切のムダをそぎ落とした，ほんの２〜５語程度の短い語句は，すでに述べたような精密なデータ検証に基づき，その単語の最も重要な意味，最も重要な形，最も重要な連語関係をとらえるべく，時には何百という候補の中から細心の注意をはらって選びぬいたものだ。

☆「単」語を覚えるのは不合理・語法と連語関係の大切さ

　従来の単語集では，英単語を文字どおり『単』語として——孤立して——覚えさせる形式のものが多数を占めている。しかし，ぽつんと切り離された単語は，いわば死んで干からびた単語の標本だ。そこからは何の具体的イメージもうかんでこない。

　単語は「単」語として使われることはない。言うまでもなく，実際の単語は，文という「生態系」の中で，つねに他の語と意味的・文法的な関係を結び，互いに意味を限定しあって生きているのだ。したがって単語をバラバラに孤立した形で覚えようということ自体，きわめて不自然な行為なのである。

　生きて機能している単語を最小限の形で示すのが，ミニマルフレーズだ。

　たとえばeffort「努力」は入試データベースの1,794例のうち522個（約29％）が後ろにto不定詞をしたがえ，393個（約22％）がmakeの目的語になっている。したがってmake an effort to V「Vしようと努力する」という形で覚えるのが最も合理的なのだ。

influence「影響」1,420例中，337例が前置詞onと，441例がhaveの目的語として用いられ，「〜に影響を与える」の形で使われている。

acid「酸」は222例中96例がacid rain「酸性雨」の形で用いられている。

ミニマルフレーズは，このような語と語の結び付き＝「連語関係」の徹底した研究データに基づいて作られている。たとえば，effort, acid, influenceのフレーズはこうなっている。

◻ *make* an effort *to* help him	彼を助けようと努力する
◻ *acid* rain	酸性雨
◻ *have* a bad influence *on* children	子供に悪い影響を与える

*on*が斜体字になっているのは，influenceといっしょに覚えてほしいという意味だ。

次に動詞のミニマルフレーズを見てみよう。たとえばexchangeのフレーズは，

◻ **exchange** yen *for* dollars	円をドルに交換する

となっている。ここには，exchange A for B「AをBと交換する」という重要なパターンが具体化されている。このパターンでは主語は別に重要ではないからはぶかれている。

形容詞は，名詞の性質を述べる語だから，名詞と組み合わせるだけでぐっと意味が鮮明になる。たとえば，strictは「厳しい」とだけいわれても，どういう厳しさを意味するのかわからないが，

◻ **strict** rules	厳しい規則

というミニマルフレーズで覚えてもらえば，はっきりイメージできるだろう。（strict 330例中，35例がruleを修飾している）

同じ形容詞でも，構文的な知識が重要なものもある。たとえばgratefulは

◻ I'm **grateful** *for* your help.	君の助けに感謝している

という形で載っている。（grateful 177例中，59例がforをともなっている）

多くの単語集の例文では，覚えようとする単語よりもはるかに難しい単語が入っていることがしばしばある。それではサンマ料理にフォアグラやトリュフを使うようなものだ。学生は難しい単語に気をとられ，肝心の単語の印象はかすんでしまう。ミニマルフレーズでは覚えるべき単語より難しい（頻度の低い）単語は極力用いないように注意している。

多くのミニマルフレーズではデータ分析により，その単語の最もよく用いられる変化形をとりあげている。たとえば動詞supposeはたいていの辞書・単語集では最初に「と思う」という訳が上げられているが，入試問題のsuppose1,391例中608例（44％）がbe supposed to V「Vすることになっている」である。したがって，supposeのフレーズは

□ **You *are* supposed *to* wear a seat belt.** | シートベルトを締める<u>ことになっている</u>

とした。

さらにミニマルフレーズは，「復習の友」として暗記のチェックにも威力を発揮する。覚えるべき単語と訳が太字・赤字になっているから，赤シートを用いるかページの半分を隠すことで，例文式のものよりずっと速く該当単語の確認ができる。また，CD版で，毎日耳からminimal phrasesを聞けば，間違いなく学習効果が上がる。

ポイントチェッカーと語法 Q&A が単語のツボを get！

従来の単語集のほとんどは，ページを左右に分け左の欄に英単語とその発音記号だけを並べ，その他の情報は，訳も関連語も語法的な知識もすべて右の欄にただ詰め込んだ形になっている。

ところが「何が重要な知識か」は英単語によってまったく違うのだ。和訳だけ覚えればよいもの，語法を間違いやすいもの，派生語・同義語がしばしば問われるもの，発音やアクセントに注意すべきものなど，実に多様である。

単語集が上に述べたような形をとる限り，単語の知識もまた漫然と焦点の定まらないものにならざるをえない。

そこで考案したのがこの「ポイントチェッカー」だ。

『システム英単語』の左の欄には「 発音? ， 名? ， 同? 」などの記号が並んでいる。これはその単語について特に注意してマスターしてほしい点を問いかけの形で明示しているのだ。本のページの右半分を隠した状態では，目にはこの記号だけがとびこんでくる。ここであなたは答を考える機会を持つことができる。それぞれの記号の右を見ると，その問いに対する答となる情報が書かれている。発音記号は普通は見出し単語の下に書かれているが，「 発音? 」や「 アク? 」がある場合は右欄に移されている。

教室では教師は生徒に次々と質問を発するが，ふつうその答をすぐには言わず，生徒に考える時間を与える。このようにポイントチェッカーはある単語特有の重要ポイントを差異化・強調するだけでなく，まるで教師からの問いかけのように，チェックの機能もはたすわけだ。

語法Q&Aはその単語に関する重要な語法的知識を，シンプルに問いかけ，その答を解説する形で語法を説明するコーナーだ。左欄に Q のマークを見つけたら，立ち止まってまず答

を考え，次に右欄の A の解説をよく読んでほしい。

　このように，システム英単語が革命的なのは，超精密なデータ分析だけではない。「ミニマルフレーズ」，「ポイントチェッカー」，および「語法Q&A」という3つのアイデアを駆使し，覚えやすさ・情報の重要度の差異化・チェックのしやすさを革命的に進化させている。

システム英単語はあなたの
英語ボキャブラリーに必ず革命を起こします。

　この本が完成に至るまでには，本当に多くの方々の暖かいご協力とご支援をいただきました。

　駿台予備学校英語科の先生方には，構想当初からさまざまな形で貴重な助言や激励をいただきました。またPRODIGY英語研究所の麻生裕美子先生には3色刷りのアイデアなど具体的なアドバイスをいただきました。

　本書の中核であるミニマルフレーズの校閲では，神戸山手女子短期大学のDavid Lehner先生，日本女子大学のAnn Slater先生，（元）大手前女子短期大学のFrederick Arnold先生，（元）大阪学院大学のBrad Reinhart先生，駿台コンサルタントのGeorge Trebour先生にご協力をいただきました。

　駿台文庫の方々，特に本書を担当いただいた今井勇さんにはたいへんお世話になりました。
　また多くの駿台生の皆さんには，利用者の立場からさまざまなご意見，ご批判をいただき，大変参考になりました。松本尚子さん，佐藤明美さんにも友人としていろいろ助言していただきました。
　この場を借りて心より感謝いたします。

2005年　　　春

著者しるす

『システム英単語 改訂新版』の効果的な使い方

　システム英単語は，便利な「3つのアイデア」で英単語学習をより的確に，より能率よくできるシステムになっています。大いに活用してください。

1　「ミニマルフレーズ」について

　この本では，すべての見出し単語が ***minimal phrase***「ミニマルフレーズ」という簡潔な語句の形で提示されています（青わくの部分）。ここには単語の最も重要な意味・形・用法・連語関係までがギュッと凝縮されています。大いに活用してください。
　赤い太字が見出し単語です。また赤いイタリック（斜体）の部分は，見出し語と密接な連語関係がある語です。
　まず ***minimal phrase*** とその和訳をよく見てその単語がどういう意味・どんな形で，そしてどんな語とともに用いられているかをしっかり確認してください。必ずしも最初から ***minimal phrase*** を暗記しようとする必要はありませんが，もちろん暗記すれば即強力な単語力がつきます。（くわしくは「"英語ボキャブラリー革命"が始まる」を参照）
<例>

2　「ポイントチェッカー」について

　ページの左寄りには，「ポイントチェッカー」が並んでいます。これはその単語について特に重要な派生語や反意語同意語，出題頻度の高い発音・アクセントについてチェックをうながすサインです。その意味は次の通りです。

- 動?　動詞形は何ですか。
- 名?　名詞形は何ですか。
- 形?　形容詞形は何ですか。
- 副?　副詞形は何ですか。
- 同?　同意語は何ですか。
- 反?　反意語は何ですか。
- 同熟?　同じ意味を表す熟語を答えなさい。

　以上の記号がついている場合，答は記号の右側に書かれています。答を自分で考えてから右側を見てチェックしてください。

- アク?　アクセントはどこにありますか。
- 発音?　（下線の部分を）どう発音しますか。（一部の黙字を除き，単語に下線があります）

発音記号は普通各ページの左の欄にありますが，上の記号がついている場合は，右の欄に発音記号が書かれています。答を自分で考えてから右側を見てチェックしてください。
<例>

175 injure

| アク？ | [índʒər] |
| 名？ | ◇ínjury　　名負傷，害 |

3 「語法 Q&A」について

　左の欄に Q の記号と質問が書かれている場合があります。これはその単語の語法や意味に関する重要事項をチェックするためのコーナーです。答を自分で考えてから右側の A の解答や解説を見てチェックしてください。(A ↑と書いてあるときは，記号の上に答に相当する情報が記載されています)
<例>

Q obey to your parents　はどこがいけない？　　A obeyは他動詞だから，toは不要。

　なお，本書では，意味や用法が比較的複雑な単語のページ（例 p.2）と，比較的単純な単語のページ（例 p.36）で2種類の異なるレイアウトを用いていますが，記号などの使い方は同じです。

　その他の記号については次の通りです。

動	動詞	◇	派生語・関連語
名	名詞	◆	熟語・成句
形	形容詞	=	同意語
副	副詞	⇔	反意語
接	接続詞	源	語源の説明
前	前置詞	諺	ことわざ
cf.	参照	多義	重要な意味が2つ以上あるので注意
		語法	語法や構文に注意

熟語の中のカッコ
　　[ ]　　直前の語と入れ替え可
　　( )　　省略可能

　各ページの右上に，別売の音声CDのトラック番号を記しました。たとえば **Disc3-23** とあれば，CD の Disc 3 の track 23 のことを表しています。

XIX

章立てについて

　この本は入試の英文(長文,会話文,および文法語法問題を含む)での出現頻度により,第1章「Basic Stage」から第4章「Final Stage」までと,第5章「多義語のBrush Up」で構成されています。(目次参照)　したがって,第5章以外は,原則として第1章から順に学習するのが望ましいでしょう。基本的な単語はすでに知っていると思い込んでいる人でも,知らない意味や用法があったり,はし書き「"英語ボキャブラリー革命"が始まる」に書いたように,ピントがはずれた覚え方をしている場合がありますから,一応第1章からチェックしたほうがいいでしょう。

　第1章から第3章まではすべての受験生にマスターしてもらいたいと思います。

　第4章になるとかなり難しい感じのする単語が多くなってきます。ここはすべての受験生必修というわけではありませんが,難しい英文や語彙問題を出題する大学をねらう人,および英文科,外国語学科などをめざす,将来英語を専門的にやろうという受験生にはがんばってマスターしてもらいたい章です。受験英語における頻度はそれほど高くなくても,実用英語の世界では頻度が高く重要な単語を多く収録しています。

　第5章の多義語は入試問題の宝庫でもあるので,必ずマスターしてください。入試直前にチェックするのも効果的でしょう。

　いずれの章でも,(かなりまれ)(まれ)(超まれ)などの注がついている意味・用法は,とばしてしまってもほとんどさしつかえありません。これらは「ほとんど気にしなくてよい」という印だと考えてください。(「"英語ボキャブラリー革命"が始まる」参照)

ミニマルフレーズ校閲
Preston Houser/Paul McCarthy
David Lehner/Frederick Arnold/Brad Reinhart
カバー立体イラスト・本文イラスト
Tone Masahiko

 **CONTENTS**　　　　　　　　　　　　　　　　　　目　次

English Vocabulary Revolution

第1章
Basic Stage
- ◇**Verbs** 動詞 …………………………………1
- ◇**Nouns** 名詞 …………………………………47
- ◇**Adjectives & Adverbs ; etc.** 形容詞・副詞 ……80

第2章
Essential Stage
- ◇**Verbs** 動詞 …………………………………108
- ◇**Nouns** 名詞 …………………………………136
- ◇**Adjectives & Adverbs ; etc.** 形容詞・副詞 …176

第3章
Advanced Stage
- ◇**Verbs** 動詞 …………………………………202
- ◇**Nouns** 名詞 …………………………………229
- ◇**Adjectives & Adverbs ; etc.** 形容詞・副詞 …257

第4章
Final Stage
- ◇**Verbs** 動詞 …………………………………274
- ◇**Nouns** 名詞 …………………………………284
- ◇**Adjectives & Adverbs ; etc.** 形容詞・副詞 …304

第5章
多義語の **Brush Up**　…………………………………316

ジャンル別英単語
- [公共施設・建物] [住居] ……………………XXII
- [動物] ……………………………………………46
- [植物] ……………………………………………94
- [虫] [魚介類] [鳥] [図形] ……………………106
- [人体] [食事] [衣服] …………………………200
- [職業] [人間関係] ……………………………228
- [病気・けが] …………………………………256
- [天体・天気] …………………………………270
- [物質] [単位] …………………………………272
- [地理] [地名] …………………………………303

INDEX　…………………………………………349

XXI

ジャンル別英単語

公共施設・建物

- **park** [páːrk] — 公園, 駐車場 / 動〈車を〉駐車する
- **college** [kálidʒ] — (単科)大学 ★しばしば university を含む。
- **university** [juːnəvə́ːrsəti] — (総合)大学
- **church** [tʃə́ːrtʃ] — 教会
- **palace** [pǽləs] — 宮殿, 大邸宅
- **gallery** [gǽləri] — 美術館, 画廊
- **museum** [mjuːzíːəm] — 博物館, 美術館
- **theater** [θíːətər] — 劇場
- **hall** [hɔ́ːl] — ①会館, ホール ②玄関ホール；ろうか
- **hospital** [háspitl] — 病院
- **bank** [bǽŋk] — 銀行
- **restaurant** [réstərənt] — レストラン, 飲食店
- **factory** [fǽktəri] — 工場
- **garage** [gərάːdʒ] — 車庫, 車修理工場

住居

- **gate** [géit] — 門, 入口
- **yard** [jάːrd] — 庭
- **wall** [wɔ́ːl] — 壁, 塀
- **roof** [rúːf, rúf] — 屋根
- **ceiling** [síːliŋ] — 天井
- **corridor** [kɔ́(ː)rədər] — ろうか
- **stairs** [stéərz] — 階段
- **elevator** アク? — エレベーター [éləveitər] ◇élevate 動 ～を持ち上げる
- **apartment** [əpάːrtmənt] — アパート, マンション
- **closet** [klázət] — クロゼット, 押入れ
- **drawer** [drɔ́ːr] — 引き出し

第1章

最頻出の単語。基本的な単語が多いからって馬鹿にしてはいけない。それだけに，設問になる頻度も高いのだ。語法が問われるもの，熟語が大切なもの，発音が重要なものと，多彩だ。ひとつひとつ，しっかり覚えていこう。

Basic Stage

Verbs 動詞

MINIMAL PHRASES　　　　　　　　　　Disc1-01

□ **follow** her advice	彼女の助言に従う
□ **consider** the problem seriously	真剣にその問題を考える
□ **increase** *by* 20%	20%増加する
□ **expect** you *to* arrive soon	君がすぐ来ることを予期する

---

1 **follow** [fálou]　多義
①～(の後)に**続く**　②〈指示・方針など〉に**従う**
◆ as follows 「次のように」
◇ fóllowing 形 次の，以下のような
◆ A (be) followed by B 「Aの次にBが続く」

2 **consider** [kənsídər]　語法
～を**考慮する**；(+A+(as)B)AをBと**みなす**；(+Ving)Vしようかと思う
★ consider to V は×。
◇ considerátion 名 考慮，思いやり
◇ consíderate 形 思いやりのある
◇ consídering 前接 ～を考慮すると

形?

Q I considered about his proposal. はなぜだめ？
A consider は他動詞なので about は不要。
cf. I thought about his proposal.

3 **increase** [inkríːs]　反?
増える；～を**増やす**　名 [ínkriːs] 増加
⇔ decréase 動 減る；～を減らす　名 減少 [— —]
◇ incréasingly 副 ますます(= more and more)

4 **expect** [ikspékt]
～を**予期する**，予想する，期待する
◆ expect to V 「Vするつもり[予定]だ」
◆ expect A to V 「AがVするのを予期する」
◆ expect A from [of] B 「AをBに期待する」
◇ expectátion 名 予期，期待

Q life expectancy の意味は？
A 「平均寿命」

MINIMAL PHRASES　Disc1-02

decide *to* tell the truth	真実を語る決意をする
develop a unique ability	特異な能力を発達させる
provide him *with* information	彼に情報を与える
continue *to* grow fast	急速に成長し続ける
The list includes his name.	リストは彼の名前を含んでいる

5 decide
[disáid]

（名？）

～することを決意する；～を決定する，～と判断する
- ◆decide to V 「Vする決意をする」
  - ★Vingはダメ。
- ◇decísion 名 決意，決定
- ◇decísive 形 決定的な，断固とした

6 develop
[divéləp]

（名？）

①発達する；～を発達させる　②～を開発する
- ◆developing country 「発展途上国」
- ◆developed country 「先進国」
- ◇devélopment 名 発達，成長，開発

7 provide
[prəváid]　（語法）

～を供給する，与える
- ◆provide A with B 「AにBを与える」
  = provide B for [to] A
- ◆provide for A 「Aに備える；Aを養う」
- ◇provísion 名 供給；用意

（接続詞にすると？）
- ◇províded 接 もし～ならば（= if）
  = províding

8 continue
[kəntínju:]

続く；(～を)続ける(= go on, carry on)
- ◇contínuous 形 絶え間ない，休みない
- ◇contínual 形 繰り返される
- ◇continúity 名 連続性

9 include
[inklú:d]　（反？）

Q including Aの意味は？

～を含む，含める
- ⇔exclúde 動 ～を除外する
- A 「Aを含めて」(= A included)

1 Basic Stage・動詞　3

MINIMAL PHRASES　　　　　　　　　Disc1-03

▫ **remain** silent	黙った__ままでいる__
▫ **reach** the mountain top	山頂__に達する__
▫ **allow** him *to* go out	彼に外出__を許可する__
▫ *be* **forced** *to* leave	立ち退きを__強制される__
▫ **offer** help *to* the poor	貧しい人に援助__を申し出る__

10
remain
[riméin]

①〈ある状態の〉**ままでいる**　②とどまる，残る
名遺物，遺跡，化石，残り物
◆remain to be Ved 「これからVされねばならない」

11
reach
[ríːtʃ]

〜に**着く**(= arrive at)；〜に**達する**　名届く範囲
◆reach for A 「Aをとろうと手をのばす」
◆within A's reach「Aの手の届く範囲に」

Q We reached to the hotel. の誤りは？
A 「〜に着く」の意味でのreachは他動詞だから，toは不要。

12
allow
発音?
同?（2つ）
反?

①〜を**許可する**，許す　②〜を**可能にする**(= enable)
[əláu]　★発音問題で頻度1位。
①= permít, let
⇔forbíd　　　動〜を禁ずる
◆allow A to V 「AがVするのを許す，可能にする」
◆allow for A 「Aを考慮に入れる」

Q forgiveとどう違う？
A forgiveは「〈失敗・罪など〉を許す」

13
force
[fɔ́ːrs]

〜を**強制する**　名力，暴力(= violence)；軍隊
例 the air force「空軍」
◆be forced to V 「Vするのを強制される，Vせざる
をえない」 ★この形が最も多い。

14
offer
アク?

〜を**申し出る**；〜を与える　名申し出，提案
[ɔ́fər]
◆offer to V 「Vすると申し出る」
◇óffering　　　名申し出，提供，供え物

MINIMAL PHRASES　Disc1-04

❏ **realize** the error	まちがい<u>を悟る</u>
❏ **require** more attention	もっと注意<u>を必要とする</u>
❏ **suggest** a new way	新しいやり方<u>を提案する</u>
❏ **worry** *about* money	お金のことを<u>心配する</u>
❏ **wonder** where he has gone	彼はどこに行ったの<u>かと思う</u>

15
realize
[ríəlaiz]

①~を**悟る**，気づく（+ that~）　②~を**実現する**
◇realizátion　　　名①認識，理解　②実現

16
require
[rikwáiər]

~を**必要とする**（= need）；~を**要求する**（= demand）
◇requírement　　名要求される物，必要条件

17
suggest　(多義)(語法)
[sʌdʒést]

①~と**提案する**　②~を**ほのめかす**，暗示する
◆suggest (to A) that S +(should)原形V
　　　　「(Aに)~と提案する」　★toも重要！
◇suggéstion　　　名提案；暗示

 I suggested that he (　) there.　① went　② go

 ②「彼がそこに行くよう提案した」「提案する」の意味のときは，that節中に，原形Vか，should + Vを使う。また，+ O + to Vの形はない。

18
worry
[wə́:ri]

心配する；~に**心配させる**　名心配(事)
◆be worried about A 「Aのことを心配する」

 He worried me.とHe worried about me.の違いは？

 He worried me.　　　「彼は私に心配をかけた」
He worried about me. 「彼は私のことで心配した」

19
wonder
[wʌ́ndər]

①（+ wh/if節）~**かと疑問に思う**
②（+ at A）Aに**驚く**，Aを**不思議に思う** 名驚き，不思議（な物）
◆(it is) no wonder (that)~
　　　　　　　　「~は不思議でない；当然だ」
◇wónderful　　　形すばらしい

1 Basic Stage・動詞

MINIMAL PHRASES　　　　Disc1-05

- The car **cost** me $50,000.　　　　その車には5万ドルかかった
- **tend** *to* get angry　　　　腹を立てがちである
- Everything **depends** *on* him.　　　　すべては彼しだいだ
- **share** a room *with* a friend　　　　友人と部屋を共有する
- **demand** more money　　　　さらに金を要求する

20
cost
発音?

①〈費用〉を要する　②～を奪う　名費用，犠牲
[kɔ́(ː)st]　(cost; cost; cost)
例 The accident cost him a leg.「事故が彼の片足を奪った」
◆A cost B + C　「AがBにC(費用)を要する」
◇cóstly　　　形高価な；損失の大きい

21
tend
[ténd]　名?

(tend to V) Vする傾向がある，Vしがちである
◇téndency　　　名傾向，癖

22
depend
[dipénd]　形?

(depend on A) Aに依存する，Aしだいで決まる
◇depéndent　　　形依存する
◇depéndence　　　名依存

 That depends. の意味は？　「それは場合による」 It all depends. も同意。

23
share
[ʃéər]

～を分け合う，共有する，一緒に使う
名分け前，分担，役割　例 market share「市場占有率」
◆share A with B「AをBと分かち合う」

24
demand
[dimǽnd]

①～を要求する，必要とする　②(～を)問う
名要求；需要(+ for)(⇔ supply「供給」)
◆demand that S +(should)原形V　「～と要求する」
◇demánding　　　形骨の折れる，要求の厳しい

Q I demanded her to tell me the truth. はなぜまずい？　A + O + to Vの形はない。I demanded that she (should) tell the truth. ならOK。

MINIMAL PHRASES　Disc1-06

◻ **support** the President	大統領**を支持する**
◻ **hire** many young people	多くの若者**を雇う**
◻ **regard** him *as* a friend	彼を友達**とみなす**
◻ This story *is* **based** *on* fact.	この話は事実**に基づいている**
◻ **improve** the quality of life	生活の質**を向上させる**
◻ **recognize** the importance	重要性**を認める**

25
support （多義）
[səpɔ́ːrt]

①〜を**支持する**，援助する　②〈家族など〉を**養う**
③〜を**立証する**，裏付ける　图支持，援助
例 support the theory「理論を立証する」

26
hire
[háiər]

〜を**雇う**；〈有料で車など〉を**借りる**
★一時的に仕事を依頼するという意味が多い。

27
regard
[rigɑ́ːrd]

(regard A as B) AをBだと**思う，みなす**
◆with [in] regard to A 「Aに関しては」
◆regardless of A 「Aに関係なく」

28
base
[béis]

(A be based on B) AがBに**基づいている**，
(base A on B) Aの基礎をBに置く
图①基礎，根拠　②基地
（形？）◇básic　　　　　　形基礎的な

29
improve
[imprúːv]

〜を**向上させる**，改善する；向上する，進歩する
◇ímprovement　图進歩，改善

30
recognize
（アク？）
（名？）

①〜を**認める**　②〜を**識別する**，〜だとわかる
[rékəgnaiz] 例 I recognized Tom at once.「すぐにトムだとわかった」
◇recognítion　图認識，承認

1 Basic Stage ・動詞

MINIMAL PHRASES　　　　　　　　　　　　　　Disc1-07

☐ **notice** the color change	色彩の変化に気づく
☐ You *are* **supposed** *to* wear a seat belt.	シートベルトを締めることになっている
☐ **raise** three children	3人の子供を育てる
☐ **prefer** tea *to* coffee	コーヒーよりお茶を好む
☐ **enter** college at fifteen	15歳で大学に入る

31
notice
[nóutis]
形?

～に**気づく**，～だと**わかる**　名通知，掲示；注意
◆take notice of A　「Aに注意する」
◇nóticeable　　　　形目立つ，著しい

32
suppose
[səpóuz]

～だと**思う**，想像する，仮定する
◆be supposed to V　「Vすることになっている，Vすべきだ，Vするはずだ」(= should)
　★この形が約**45**％で最も多い。
◆Suppose (that)～　「もし～だとしたら(どうだろう)」
　= Supposing (that)～
◇suppósedly　　　　副たぶん，おそらく

33
raise　多義
[réiz]

①～を**上げる**　②～を**育てる**(= bring up)
③〈問題など〉を**提起する**　名**賃上げ**(= pay raise)
★自動詞は rise「上がる，起きる」だ。

34
prefer　アク?
[prifə́ːr]

～を**より好む**
◆prefer A to B　「BよりもAを好む」(A, Bには名詞・動名詞)
◆prefer to V₁ rather than (to) V₂
　　　　　　　　　「V₂よりもV₁する事を好む」
◇préference　　　名好み；好物
◇préferable　アク　形より好ましい，ましな

35
enter
[éntər]　名?（2つ）

①〈場所・学校〉に**入る**　②～を**記入する**
◇éntrance　　　　名入口，入ること
◇éntry　　　　　　名入ること；記入(事項)

Q I entered into the house. はなぜ誤り？

A 場所・学校に into は不要。enter into は「〈状態・行為〉を始める」だ。
例 enter into a conversation「会話を始める」

8

MINIMAL PHRASES　　　　　　　　　　　Disc1-08

▢ **suffer** heavy damage	ひどい損害<u>を受ける</u>
▢ **describe** the lost bag	なくしたバッグ<u>の特徴を言う</u>
▢ **prevent** him *from* sleeping	彼が眠るの<u>をさまたげる</u>
▢ **reduce** weight	体重<u>を減らす</u>
▢ **mistake** salt *for* sugar	塩を砂糖と<u>まちがえる</u>

36
suffer
[sʌ́fər]

〈苦痛・損害など〉を**経験する**，**受ける**；（病気などで）**苦しむ**，損害を受ける
◆suffer from A　「A（病気など）で苦しむ」
◇súffering　　名苦しみ
★suffer from Aは，苦痛がある期間続くときに用いられ，進行形が多い。

37
describe
[diskráib]　(名?)

~を**描写する**，~の**特徴を説明する**
◇description　　名描写，説明

38
prevent
[privént]

~を**さまたげる**，**防ぐ**，**させない**
◆prevent A from Ving　「AがVするのをさまたげる」
◇prevéntion　　名防止，予防

39
reduce　(多義)
[ridjúːs]

①~を**減らす**　②(reduce A to B) **AをBにする**，**変える**
◆be reduced to A「Aになる，変えられる」
★より低い[小さい]状態への変化に用いる。
　例 **be reduced to poverty**「貧乏になる」

(名?)
◇redúction　　名減少，削減，割引

40
mistake
[mistéik]

(形?)

~を**誤解する**，**まちがえる**
名誤り，まちがい
◆mistake A for B「AをBとまちがえる」
◇mistáken　　形誤った，まちがっている
★1) He is often mistaken for his brother.「彼はよく弟とまちがわれる」
　2) You are mistaken about it.「あなたはまちがっている」
　1)は動詞mistakeの受身だが，2)のmistakenは形容詞。

MINIMAL PHRASES　　　　　　　　　　　　　　Disc1-09

☐ **prepare** a room *for* a guest	客のために部屋を準備する
☐ **encourage** children *to* read	子供に読書をすすめる
☐ **prove** *to be* true	本当だとわかる
☐ **join** the baseball club	野球部に入る
☐ **treat** him like a child	子供みたいに彼をあつかう
☐ **establish** a new relationship	新しい関係を確立する

41
prepare
[pripéər]　名?

(〜の)準備をする(＋for)，(〜を)用意する
◆ be prepared for A　「Aに備えている」
◇ preparátion　　　　名準備，用意

42
encourage
[inkə́:ridʒ]　反?

〈人を〉はげます，〜を促進する；
(encourage A to V) AにVするようすすめる
⇔ discóurage　　　　動〈人〉のやる気をそぐ
◆ discourage A from Ving「AにVする気をなくさせる」
◇ encóuragement　　名はげまし，促進

43
prove　多義
[prú:v]　名?

①〜だとわかる(＝turn out)　②〜を証明する
◇ proof　　　　　　　名証拠，証明

44
join
[dʒɔ́in]

①〜に参加する(＝take part in)，加わる　②〜をつなぐ
◆ join in (A)　　　　「〈議論など〉に)参加する」
◇ joint　　　　　　　形共同の　名関節，つなぎ目

45
treat
[trí:t]
 This is my treat. の意味は？　A 「これは僕のおごりだ」

〜をあつかう；〜を手当てする　名①楽しみ,喜び　②おごり
◇ tréatment　　　　　名取り扱い，待遇；治療

46
establish
[estǽbliʃ]

〜を確立する，設立する(＝found)；〈事実など〉を確定する，立証する
◇ estáblishment　　　名確立，設立

 **MINIMAL PHRASES** Disc1-10

◻ stress-**related** illness	ストレスと関係のある病気
◻ **compare** Japan *with* China	日本と中国を比較する
◻ **spread** the tablecloth	テーブルクロスを広げる
◻ What does this word **refer** *to*?	この語は何を指示するか

47
relate
[riléit]

①関係がある；～を関係づける　②～を述べる，話す
★上のフレーズのように，過去分詞で名詞を修飾する例が多い。
　例 drug-related crime「麻薬関係の犯罪」
◆ be related to A　　　　「Aと関係がある」
◇ relátion　　　　　　　名関係
◇ relátionship　　　　　名関係
★ relation と relationship はほぼ同意だが，男女関係では relationship が多く用いられる。

48
compare　(多義)
[kəmpéər]

①～を比較する　②～をたとえる　③匹敵する，比べられる
◆ compare A with B　「AとBを比較する」
◆ compare A to B　　「①AをBにたとえる
　　　　　　　　　　　②AとBを比較する」

(名?)
◇ compárison　　　　名比較；たとえ
◇ compáratively　　　副比較的，かなり
◇ cómparable　アク　形比較できる，同等の

 Life is compared (　) a voyage.　　 A to「人生は航海にたとえられる」

49
spread
(発音?)

～を広げる；広がる　名広がり，広めること
[spréd]　(spread; spread; spread)

50
refer
(アク?)
(名?)

(refer to A) Aを指示する；Aに言及する；Aを参照する
[rifə́ːr]
◆ refer to A as B　　「AをBと呼ぶ」(= call A B)
◇ réference　　　　名言及；参照

1 Basic Stage・動詞　● 11

MINIMAL PHRASES　　　　　　　　　　Disc1-11

□ **supply** the city *with* water	その都市に水を供給する
□ **gain** useful knowledge	有益な知識を得る
□ **destroy** forests	森林を破壊する
□ **apply** the rule *to* every case	全ての場合に規則を当てはめる
□ **seek** help from the police	警察に助けを求める

51
supply
[səplái]　(語法)

～を供給する，支給する　名供給
◆ supply A with B　「AにBを供給する」
　= supply B to [for] A
◆ supply and demand　「供給と需要」

52
gain
[géin]

①～を得る，もうける　②～を増す　名利益, 増加
◆ gain weight　　　　　「体重が増える」

53
destroy
[distrói]　(名?)

～を破壊する；〈害虫など〉を殺す，滅ぼす
◇ destrúction　　　　　名破壊, 破滅
◇ destrúctive　　　　　形破壊的な

54
apply
[əplái]　(多義)

(名?) (2つ)

①当てはまる，～を当てはめる，応用する
②申し込む
◆ A apply to B　　　　「AがBに当てはまる」
◆ apply A to B　　　　「AをBに当てはめる, 応用する」
◆ apply (to A) for B　「(Aに)Bをほしいと申し込む」
◇ applicátion　　　　　名応用, 適用；申し込み
◇ ápplicant　　　　　　名志願者, 応募者

55
seek
[síːk]

～を求める，得ようとする (seek; sought; sought)
◆ seek to V　　　　　「Vしようと努める」
　　　　　　　　　　　= try to V

MINIMAL PHRASES　　　　　　　　　　　　Disc1-12

◻ **search** *for* the stolen car	盗難車を<u>捜す</u>
◻ He **claim**s that he saw a UFO.	彼はUFOを見た<u>と主張する</u>
◻ **draw** a map	地図<u>を描く</u>
◻ **introduce** you *to* my friend	友人に君<u>を紹介する</u>
◻ **refuse** *to* kiss him	彼にキスするの<u>を拒む</u>

56
search
[sə́ːrtʃ]

Q　search him と search for him の違いは？

(search for A) **Aを捜す**；(search A) A〈場所〉を**探る**
◆in search of A　「Aを捜して，求めて」

A　search A「Aという場所を探る」；search for A「Aを捜し求める」だから，search him「彼のボディチェックをする」，search him「彼を捜す」となる。
例 search his pockets for a key「鍵を求めて彼のポケットを探る」

57
claim　（多義）
[kléim]

①〜と**主張する**，言い張る　★「根拠なしに」が多い。
②〜を(当然の権利として)**要求する**　名主張；要求
★「クレーム」(苦情)の意味はない。苦情は complaint だ。

58
draw　（多義）
[drɔ́ː]

①〜を**引っぱる**，引き出す，〈注意〉を引く
②〈図・絵〉を(線で)**描く**
◇dráwer　　　　名引き出し

59
introduce
[ìntrədjúːs]

〜を**紹介する**；〈技術など〉を**導入する**，採用する
◇introdúction　　名紹介，導入，序論

60
refuse
[rifjúːz]

（語法）

（名?）

〈申し出など〉を**断る**，辞退する(⇔accept)
◆refuse to V　　「Vするのを拒む」
★refuse + Ving は×。
◇refúsal　　　　名拒否，拒絶

1 Basic Stage ・ 動詞　● 13

MINIMAL PHRASES　　　　Disc1-13

- Never **mention** it again.　　　　二度とそのこと<u>を口にする</u>な
- **judge** a person *by* his looks　　　人を外見で<u>判断する</u>
- A typhoon is **approaching** Japan.　台風が日本<u>に接近している</u>
- I **admit** *that* I was wrong.　　　自分がまちがっていた<u>と認める</u>
- **reflect** the mood of the times　　時代の気分<u>を反映する</u>

61
mention
[ménʃən]　（語法）

～について**述べる**，言及する（= refer to）
◆ mention A to B　「AについてB(人)に言う」
◆ Don't mention it.「どういたしまして」
　（礼やわびに対する返答）= You are welcome.
◆ not to mention A　「Aは言うまでもなく」
　= to say nothing of A

62
judge
[dʒʌ́dʒ]
（名?）

～を**判断する**，～を裁判する　名裁判官，審判員
◆ judging from A　「Aから判断すると」（独立分詞構文）
◇ júdgment　　　　名判断

63
approach　（多義）
[əpróutʃ]

①（～に)**接近する**　②〈問題など〉に**取り組む**
名（研究などの）**方法**，取り組み方；接近（+ to）
例 a new approach to English education「英語教育の新しい方法」

 He approached to me. はなぜだめ？　 前置詞不要。He approached me. が正しい。

64
admit
[ədmít]
（反?）
（名?）

①〈自分に不利・不快なこと〉を**認める**（+ that ～）
②〈人〉の入場[入学]を許可する
⇔ dený　　　　　動～を否定する
◇ admíssion　　　名入学(許可)，入場(料)，入会(金)

 目的語となる動詞の形は？　 Ving（動名詞）。admit to Vは不可。

65
reflect　（多義）
[riflékt]

①～を**反映する**，反射する
②(reflect on A) Aについて**よく考える**
◇ refléction　　　名反射，反映；熟考

MINIMAL PHRASES　　　　　　　　　　Disc1-14

□ **perform** the job	仕事を遂行する
□ a very **boring** movie	すごく退屈な映画
□ **survive** in the jungle	ジャングルで生き残る
□ Words **represent** ideas.	言葉は考えを表す
□ **argue** *that* he is right	彼は正しいと主張する

66
perform
[pərfɔ́ːrm]
(名?)

①~を行う, ~を遂行する (= carry out)
②~を演じる, ~を演奏する
◇ perfórmance 　　名①遂行, 実行　②演技, 上演
　　　　　　　　　　　③性能；できばえ, 成績

67
bore
[bɔ́ːr]

⟨人⟩をうんざりさせる　　名退屈なもの[人]
◇ bóring 　　　　形⟨人を⟩退屈させる
◇ bored 　　　　形⟨人が⟩退屈している
◆ A be bored with B 「A(人)がBに退屈している」
◇ bóredom 　　　名退屈

Q He is bored. と He is boring. はどう違う？
A He is bored. は「彼は退屈している」, He is boring. は「彼はつまらない人間だ」。

68
survive
[sərváiv]
(名?)

生き残る；⟨人⟩より長生きする；⟨危機など⟩を越えて生き延びる　　源 sur(越えて)+vive(生きる)
◇ survíval 　　　名生存, 生き残ること

69
represent
(アク?)

①~を表す, 示す　②~を代表する
[reprizént]
◇ representátion 　　名①代表　②表現
◇ represéntative 　　名代表者　形代表の, 表している
(同熟?)　①= stand for　　★頻出！

70
argue
[áːrɡjuː]　(名?)

~と主張する(+ that~)；(~を)議論する；論争する
◇ árgument 　　　名議論, 主張, 論争

1 Basic Stage・動詞　● 15

MINIMAL PHRASES　　　　　　　　　　　Disc1-15

☐ *take* freedom *for* granted	自由を当然と考える
☐ The data **indicate** *that* he is right.	データは彼が正しいことを示す
☐ The book **belongs** *to* Betty.	その本はベティのものだ
☐ **acquire** a language	言語を習得する
☐ **reply** *to* his letter	彼の手紙に返事をする

71
grant 　多義
[grǽnt]

①～を認める(＝admit)　②～を与える　③〈願い〉をかなえてやる　(③はややまれ)　图交付, 補助金
◆take A for granted　　「Aを当然のことと思う」
◆take it for granted that～　「～ということを当然と思う」

★上の熟語が過半数をしめる。

72
indicate
[índikeit]

～を指し示す, 表す(＝show)
◇indicátion　　图指示, 暗示, 兆候

73
belong
[bilɔ́(ː)ŋ]

所属している, (～の)所有物である
◆A belong to B　「AはBに所属する, Bのものだ」
◇belóngings　　图所有物, 持ち物

Q I'm belonging to the club. の誤りは？

A belongは進行形にならない。I belong to the club. が文法的には正しい。ただし, I'm a member of the club. / I'm in the club. と言うのが自然。

74
acquire
[əkwáiər]　名?

〈言語, 技術など〉を習得する；～を獲得する
◇acquisítion　　图習得
◇acquíred　　形習得された, 後天的な

★AIDS(エイズ)は Acquired Immune Deficiency Syndrome 「後天性免疫不全症候群」の略だ。

75
reply
[riplái]

返事をする, (～と)答える(＋to)
图返事, 答え
★reply to A ＝ answer A

MINIMAL PHRASES　　　　　　　　　　　　　　　Disc1-16

▫ **feed** a large family	大勢の家族を養う
▫ **escape** *from* reality	現実から逃避する
▫ **replace** the old system	古い制度に取って代わる
▫ **reveal** a surprising fact	驚くべき事実を明らかにする
▫ Japan *is* **surround**ed by the sea.	日本は海に囲まれている
▫ The job **suit**s you.	その仕事は君に合っている

76
feed
[fí:d]

～にエサをやる，～を養う；エサを食う
◆feed on A 「〈動物が〉Aを常食とする」
◆be fed up with A 「Aにうんざりしている」
★**fed** は **feed** の過去分詞。

77
escape
[iskéip]

逃げる，まぬがれる(＋from)；～を避ける
图逃亡；逃げ道　★動詞を目的語にするときは＋Ving。

78
replace
[ripléis]　同熟?

①～に取って代わる，～を取り替える　②～を元の場所に戻す
①＝ take the place of
◆replace A with B 「AをBに取り替える」
◇replácement 图取り替え，代用品

79
reveal
[rivíːl]　名?

～を明らかにする，知らせる，示す
◇revelátion 图暴露，発覚；新発見

80
surround
[səráund]

～を取り囲む　★受動態が約40％もある。
◇surróundings 图環境，周囲の状況

81
suit
[súːt]　形?

～に合う，適する；〈服装・色などが〉〈人〉に似合う
◇súitable 形適した，ふさわしい

Q The shoes (　) you well.　A ② 「その靴は君に似合う」「物が人に似合う」で **match** は不可。
　① match　② suit

1 *Basic Stage*・動詞　●　17

MINIMAL PHRASES　　　　Disc1-17

❑ the **estimated** population of Japan	日本の推定人口
❑ **aim** *at* the Asian market	アジア市場をねらう
❑ **earn** money for the family	家族のためにお金をかせぐ
❑ My memory began to **decline**.	記憶力が低下し始めた
❑ *can't* **afford** *to* buy a Ford	フォードの車を買う余裕がない
❑ be **confused** by her anger	彼女の怒りに当惑する

82
estimate
アク?

〈数量〉を推定する；〜を評価する　图[éstəmət] 見積り
[éstəmeit]
◇underéstimate　　　　動〜を過小評価する

83
aim
[éim]

(aim at A) Aをねらう，目指す；
(aim A at B) AをBに向ける
图目的，意図(＝purpose, intention)
◆be aimed at A　　　「A向けだ，A を目指している」

84
earn
[ə́ːrn]

①〈金〉をもうける，かせぐ　②〈評判・尊敬など〉を得る
◆earn one's living　　「生計をたてる」

85
decline　多義
[dikláin]

①衰退する，低下する　②〜を辞退する　图衰退，低下
★②は turn down, refuse よりていねい。

86
afford
[əfɔ́ːrd]

①〜をする[持つ]余裕がある　②〜を与える（②は少ない）
◆can afford to V　　「Vする余裕がある」

87
confuse　多義
[kənfjúːz]

①〈人〉を当惑させる，〜を混乱させる　②〜を混同する
◆confuse A with B　　「AをBと混同する」
◇confúsed　　　　　形当惑した，混乱した
◇confúsing　　　　　形〈人を〉当惑させる
名?
◇confúsion　　　　　图混乱，混同，当惑

MINIMAL PHRASES　　　　　　　　　　Disc1-18

▫ **graduate** *from* high school	高校を卒業する
▫ **vary** from country to country	国によって変わる
▫ **remove** the cover	カバーを取り除く
▫ **insist** *on* going to France	フランスに行くと言い張る
▫ **examine** every record	あらゆる記録を調べる

88
graduate
[grǽdʒueit]

(graduate from A) Aを卒業する　★fromを忘れないように！
名[grǽdʒuət]　卒業生；大学院生(=graduate student)
◆graduate school「大学院」
◇graduátion　　　　名卒業
◇undergráduate　　名大学生

89
vary
[véəri]　(形?)(2つ)

変わる，さまざまである；～を変える
◇várious　　　形さまざまな　☞ p.95
◇váried　　　　形さまざまな，変化に富んだ
◇inváriably　　副いつも，変わることなく
◇variátion　　　名変化，差異

90
remove
[rimúːv]

～を移す，取り去る；〈衣服〉を脱ぐ(= take off)
◇remóval　　　名除去，移動
◆be (far) removed from A
　　　　　　　「Aから(遠く)へだたっている」

91
insist
[insíst]

～と(強く)主張する，言い張る
◆insist on A　　「Aを主張する」
◆insist that S+(should) 原形V
　　　　　　　「SがVすることを要求する」

92
examine
[igzǽmin](同熟?)(3つ)

～を調査する，検査する，試験する
= look into, go into, go over
◇examinátion　　　名試験(=exam)；調査

1 Basic Stage・動詞　● 19

MINIMAL PHRASES　　　　　　　　　　　　　Disc1-19

☐ **remind** him *of* the promise	彼に約束を思い出させる
☐ **contribute** *to* world peace	世界平和に貢献する
☐ **warn** him *of* the danger	彼に危険を警告する
☐ **connect** the computer *to* the Internet	コンピュータをインターネットにつなぐ
☐ **match** him in power	力で彼に匹敵する
☐ **focus** *on* the problem	その問題に焦点を合わせる

93
remind
[rimáind]

(remind A of B) AにBのことを思い出させる
◆remind A that ~「A(人)に~を思い出させる」
◆remind A to V 「AにVすることを思い出させる」

94
contribute 　多義
[kəntríbju:t]

①(+ to A) Aに貢献する；Aの一因となる
②(+ A to B) AをBに寄付する，提供する
◇contribútion　　名貢献，寄付

Q　CO_2 contributes to global warming. の意味は？
A 「CO_2 は地球温暖化の一因だ」

95
warn
[wɔ́ːrn]

〈人〉に警告する
◆warn A of [about; against] B 「AにBを警告する」
◇wárning　　名警告，警報

96
connect
[kənékt]

~をつなぐ，関係づける；つながる(= link)
◆be connected to [with] A
　　　　　　「Aと関係がある，つながりがある」
◇connéction　　名結びつき，関係

97
match 　多義
[mǽtʃ]

①~に匹敵する　②~に調和する(= go with)
名①試合　②競争相手，好敵手　③よくつり合う人・物
例 be no match for A 「Aにかなわない」　☞ p.17 suit

98
focus
[fóukəs]

焦点を合わせる，集中する　名焦点
◆focus on A　　「Aに焦点を合わせる」

MINIMAL PHRASES

Disc1-20

□ **reject** the proposal	提案を拒否する
□ **convince** him *that* it is true	それは本当だと彼に確信させる
□ Red is **associated** *with* danger.	赤は危険と結びつけられる
□ **rush** into the hospital	病院へ急いで行く
□ **stress** the need for information	情報の必要性を強調する

99
reject
[ridʒékt]

〈提案など〉を**断る**，拒絶する

源 re (= back) + ject (投げる) = (投げ返す)

★ふつう，招待を断るときにはrejectを用いず，refuseやdeclineを使う。

(反?)
⇔ accépt　　　　　　　動〜を受け入れる
◇ rejéction　　　　　　名拒絶，拒否

Q reject the proposal
 = ( )( ) the proposal

A reject = turn down「申し出を断る」

100
convince
[kənvíns]

〈人〉を**納得させる**，確信させる

◆ convince A that〜　　「Aに〜と確信させる」
◆ A be convinced that〜　「Aが〜と確信している」
◆ convince A of B　　「AにBを確信させる」
◆ A be convinced of B　「AがBを確信している」

(名?)
◇ convíction　　　　　名確信
◇ convíncing　　　　　形説得力のある

101
associate
[əsóuʃieit]

①(associate A with B) **AをBに関連づける**，
AからBを**連想する**　★フレーズのような受身形が過半数。
②(associate with A) Aと**つきあう**　(②はややまれ)
名仲間，同僚
◇ associátion　　　　名協会；連想；交際

102
rush
[rʌ́ʃ]

急いで行く，急いでする　名急ぎ，突進
◆ rush hour　　　　　「ラッシュアワー」

103
stress
[strés]

〜を**強調する**　名緊張，ストレス；強調
◇ stréssful　　　　　　形ストレスの多い

1 Basic Stage・動詞 ● 21

MINIMAL PHRASES　　　　　　　　　　　　　　Disc1-21

▫ **attract** his attention	彼の注意を引きつける
▫ **rely** *on* their power	彼らの力に頼る
▫ **respond** *to* questions	質問に答える
▫ **threaten** *to* kill the girl	その娘を殺すと脅迫する
▫ **adopt** a new system	新しいシステムを採用する
▫ **shake** the bottle well	ビンをよく振る

104
attract
[ətrǽkt]　形?

〈人・注意〉を引きつける；魅惑する
◇ attráctive　　　形 魅力的な
◇ attráction　　　名 魅力；引きつけるもの

105
rely
[rilái]
　　　形?

(rely on [upon] A) Aに頼る，Aを信頼する
◆ rely on A for B　「Aに頼ってBを求める」
◇ relíable　　　形 信頼できる，当てになる
◇ relíance　　　名 依存，信頼

106
respond
[rispánd]　名?

(respond to A) ① Aに返答する　② Aに反応する
◇ respónse　　　名 返答(= answer), 反応

107
threaten
[θrétn]

～を脅迫する，おどす；～をおびやかす
◆ threaten to V　「① Vすると脅迫する
　　　　　　　　　② Vする恐れがある」
◇ thréatening　　形 脅迫的な，おびやかす
◇ threat　発音　名 [θrét]　脅迫，おどし

108
adopt
[ədápt]

① 〈理論・技術など〉を採用する　② ～を養子にする
◇ adóption　　　名 採用，養子縁組

109
shake
[ʃéik]

～を振る；震える；～を動揺させる
(shake; shook; shaken)
◆ shake hands (with A)　「(Aと)握手する」
◆ shake one's head　　「首を横に振る」(否定の身振り)

MINIMAL PHRASES　　Disc1-22

- **hurt** her feelings　　彼女の気持ち<u>を傷つける</u>
- **operate** a computer with a mouse　　マウスでコンピュータ<u>を操作する</u>
- Exercise **extend**s life.　　運動は寿命<u>を延ばす</u>
- **blame** others *for* the failure　　失敗を他人<u>のせいにする</u>
- The book **consists** *of* six lessons.　　その本は6課で<u>構成されている</u>

110
hurt
　発音?

~を**傷つける**；**痛む**(hurt; hurt; hurt)　名傷
[hə́ːrt]　★heart [háːrt] と区別しよう。

111
operate　多義
[ápəreit]
　名?

①〈機械などが〉**作動する**　②〈機械など〉を**操作する**
③**手術する**(+ on)
◇ operátion　　名①手術 ②活動，軍事行動 ③操作
例 U.N. peacekeeping operations「国連平和維持活動」

112
extend
[iksténd]
　名?
　形?

~を**広げる，延長する**；広がる，のびる
◆ extended family「大家族」
◇ extént　　名程度，範囲
◆ to some extent　「ある程度まで」
◇ exténsive　　形広範囲な
◇ exténsion　　名延長，増大

113
blame
[bléim]

~を**非難する，~のせいにする**　名非難；責任
◆ blame A for B　「AにBの責任を負わせる」
　= blame B on A
◆ be to blame　「責任がある，悪い」

Q Who is to blame for the accident? の意味は？
A 「事故の責任はだれにあるのか」

114
consist
[kənsíst]

①(consist of A) Aで**構成されている**
②(consist in A) Aに**存在する**（まれ）
★②は抽象的な意味で用いる。（頻度は①の10分の1ほど）

Q consist of A
　=(　)(　)(　)A
　=(　)(　)(　)(　)A

A be composed of, be made up of

1 Basic Stage・動詞

MINIMAL PHRASES　　　　　　　　　　Disc1-23

◻ **persuade** them *to* go back	彼ら を説得して 帰らせる
◻ **admire** her beauty	彼女の美しさ に感嘆する
◻ be **disappointed** *with* the test results	試験の結果に 失望する
◻ **expand** the market	市場 を拡大する
◻ **preserve** forests	森林 を保護する
◻ **struggle** *to* get free	自由になろうと もがく

115
persuade
[pərswéid]
名? 形?

① ~を説得する　② ~を信じさせる
◆ persuade A to V「Aを説得してVさせる」
◇ persuásion　　　名 説得
◇ persuásive　　　形 説得力のある

116
admire
[ədmáiər]
形?

~に感心する, ~を賞賛する, 尊敬する
◇ admirátion　　　名 感嘆, 賞賛
◇ ádmirable　　アク　形 賞賛すべき, 立派な

117
disappoint
[dìsəpɔ́int]

~を失望させる
◇ disappóinted　　形〈人が〉がっかりした(+ with, at)
◇ disappóinting　　形〈人を〉がっかりさせる
◇ disappóintment　名 失望

118
expand
[ikspǽnd]

(~を)拡大する, 増大する；膨張する
◇ expánsion　　　名 拡大, 進展

119
preserve
[prizə́ːrv]

~を保護する, 保存する；~を保つ, ~を維持する
◇ preservátion　　名 保護, 保存, 維持

120
struggle
[strʌ́gl]

苦闘する, 努力する；もがく；(~に)取り組む(+ with)
名 努力, 苦闘(+ for)

MINIMAL PHRASES　　　　　　　　Disc1-24

❏ **arrange** the meeting	会議の手はずを整える
❏ **disturb** his sleep	彼の睡眠をさまたげる
❏ **employ** her as a spy	スパイとして彼女を雇う
❏ **engage** *in* volunteer activities	ボランティア活動に従事する
❏ an **abandoned** child	捨てられた子供

121
arrange　（多義）　　①〈会合など〉の手はずを整える；〜を手配する
　　　　　　　　　　　　②〜を配列する，整理する
（発音?）　　　　　　　　[əréindʒ]
　　　　　　　　　　　　例 arrange words in the right order「単語を正しい順に並べる」
　　　　　　　　　　　　◇arrángement　　名 準備；整理，配列

122
disturb　　　　　　　①〈人・仕事など〉をさまたげる（＝interrupt）②〈人〉を不安に
[distə́ːrb]　　　　　　　　する（＝worry）；〈平和・秩序など〉をかき乱す
（名?）　　　　　　　　◇distúrbance　　名 混乱，妨害
　　　　　　　　　　　　◇distúrbing　　　形 人を不安にする

123
employ　（多義）　　①〜を雇う　②〈方法・言葉など〉を用いる（＝use）
[emplɔ́i]　　　　　　　　◇emplóyee　　　名 従業員（⇔emplóyer 名 雇い主）
　　　　　　　　　　　　◇emplóyment　　名 雇用，職，使用
　　　　　　　　　　　　◆lifetime employment「終身雇用」
　　　　　　　　　　　　◇unemplóyment　名 失業

Q employee と employer の違いは？　　A ↑

124
engage　　　　　　　(engage in A) A〈活動・仕事など〉に従事する，参加する，
[engéidʒ]　　　　　　　　Aを行う，(engage A in B) AをBに従事させる
　　　　　　　　　　　　◆be engaged in A「Aに従事している（＝engage in
　　　　　　　　　　　　　　　　　　　　　A）；Aに没頭している」
　　　　　　　　　　　　◇engágement　　名 （会合などの）約束；婚約

125
abandon　　　　　　　〜を捨てる，放棄する（＝give up, desert）
[əbǽndən]

1 Basic Stage・動詞

MINIMAL PHRASES　　Disc1-25

- **display** a talent　　才能を示す
- **encounter** many difficulties　　数々の困難に出会う
- be too **exhausted** to speak　　口もきけないほど疲れはてている
- Sorry to **bother** you, but ...　　おじゃましてすみませんが…
- **concentrate** *on* what he is saying　　彼の話に集中する

126
display
アク？
同？ (2つ)

〜を展示する；〜を表す；〜を誇示する　　名展示, 表現
[displéi]
= exhíbit, show

127
encounter
[inkáuntər] 同熟？ (2つ)

〜に偶然出会う, 〈問題など〉にぶつかる　　名出会い, 遭遇
= come across, run into

128
exhaust

〈人〉を疲れはてさせる；〜を使いはたす (= run out of)
名排ガス

発音？
[igzɔ́ːst]
◇exháusted　　形〈人が〉疲れはてた (= tired out)
◇exháusting　　形〈仕事が〉過酷な
◇exháustion　　名極度の疲労

129
bother　　多義

①〈人〉に面倒をかける, 困らせる　②(〜を)気にする
名面倒, やっかいなもの

発音？
[báðər]
◆bother to V　　「わざわざVする」　★否定・疑問文で。
例 Don't bother to answer this letter.「わざわざ返事を書かなくていい」

130
concentrate
アク？

集中する, 〈注意など〉を集中させる
[kánsəntreit]　★50％以上が on を伴う。
源 con (いっしょに) + centr (中心)
◆A concentrate on B「AがBに集中する, 専念する」
◆concentrate A on B「AをBに集中させる」
◇concentrátion　　名集中, 専念

MINIMAL PHRASES　Disc1-26

▫ **adapt** *to* a new culture	新しい文化に<u>適応する</u>
▫ be **puzzled** by the problem	その問題に<u>頭を悩ませる</u>
▫ **appeal** *to* his feelings	彼の感情に<u>訴えかける</u>
▫ **combine** music and drama	音楽と演劇<u>を結合させる</u>
▫ **delay** his arrival	彼の到着<u>を遅らせる</u>
▫ **repair** the car	車<u>を修理する</u>

131
adapt
[ədǽpt]

①~を適応させる, 慣れさせる；適応する　②~を改変する
◆ adapt A to B 「AをBに適応させる」
◆ A adapt (oneself) to B 「AがBに適応する」
◇ adaptátion 　　　　　名適応, 順応
◇ adáptable 　　　　　形適応力がある

132
puzzle
[pʌ́zl]

~を当惑させる(＝confuse), 困らせる
名難問, パズル

133
appeal 〈多義〉
[əpíːl]

(appeal to A) ① A〈理性・感情など〉に訴える；〈人〉に求める
② 〈人〉を引きつける　名①魅力　②訴え
◇ appéaling 　　　　　形魅力的な

134
combine
[kəmbáin]

~を結合させる, 組み合わせる；結合する(＋with)
◇ combinátion 　　　　名結合, 組み合わせ

135
delay
[diléi]

~を遅らせる, 延期する　名遅れ, 延期

Q The bus delayed because of an accident. はおかしい？
A The bus was delayed by an accident. がふつう。「物事が遅れる」は受身で表す（**The accident delayed the bus.** も可）。

136
repair
[ripéər]

~を修理する；~を修復する　名修理

MINIMAL PHRASES　　　　　　　　　　　Disc1-27

▫ a **fascinating** story	夢中にさせる物語
▫ He **devoted** himself *to* his work.	彼は仕事に身をささげた
▫ cars **imported** from America	アメリカから輸入された車
▫ **remark** that he is kind	彼は親切だと述べる
▫ **reserve** a room at a hotel	ホテルの部屋を予約する

137
fascinate
[fǽsəneit]

〈人〉を夢中にさせる，〜の興味をかきたてる
◇ fáscinating　　形 魅力的な，非常におもしろい
◇ fáscinated　　形 夢中になった
◇ fascinátion　　名 魅惑，魅力

138
devote
[divóut]

〜をささげる，〈時間など〉を費やす
◆ devote A to B　「AをBにささげる，費やす」
◇ devóted　　形 献身的な，熱愛する
◆ be devoted to A　「Aにささげられる；Aが大好きだ」
◇ devótion　　名 献身，愛情

139
import
[アク？]
[反？]

〜を輸入する　名 輸入，輸入品
動 [impɔ́ːrt]　名 [ímpɔːrt]
⇔ export　　　動 [ikspɔ́ːrt]　〜を輸出する
　　　　　　　名 [ékspɔːrt]　輸出

140
remark
[rimáːrk]
[形？]

(〜と)述べる，言う(= say)
名 意見，言葉
◇ remárkable　　形 注目すべき，珍しい　☞ p. 89

141
reserve
[rizə́ːrv]

〜を予約する，〜を取っておく(= set aside)
名 ①蓄え，埋蔵量　②保護区　③遠慮 (③は少数)
例 **oil reserves**「石油の埋蔵量」
◆ be reserved for A　「Aに用意されている」
◆ nature reserve　「自然保護区」
◇ reservátion　　名 予約，保留
◇ resérved　　形 控えめな；予約している

28

MINIMAL PHRASES　Disc1-28

◻ **amazing** speed	**驚異的な**速さ
◻ be **frightened** *of* death	死を**恐れる**
◻ **release** him *from* work	仕事から彼を**解放する**
◻ **rent** an apartment	アパートを**借りる**
◻ **recover** *from* illness	病気から**回復する**

142
amaze
[əméiz]

〜を驚嘆させる
◇ amázing　　形驚嘆すべき，見事な，信じ難い
　　　　　　　　　（= incredible, wonderful）
◇ amázed　　　形〈人が〉驚いている

143
frighten
[fráitn]

〈人〉をおびえさせる，ぞっとさせる
◇ fríghtened　　形おびえている（+ of, by）
◇ fríghtening　 形ぞっとするような

144
release
[rilíːs]
(多義)

①〜を**解放する**，自由にする　②〜を**発表する**
③〈ガスなど〉を**放出する**　　名解放，放免；公表，発表
例 release CO_2「CO_2を出す」
◆ release A from B 「AをBから解放する」

145
rent
[rént]

①〈家・車など〉を**賃借りする**　②〜を**賃貸しする**
名家賃，使用料，賃貸料
◇ réntal　　　形賃貸しの　名使用料
◇ lease　　　 名賃貸契約　動〈土地・建物など〉を賃
　　　　　　　　　貸する，賃借する

(語法)
★ rentは「借りる」と「貸す」両方の意味があるので注意。
　rent the house from A「Aから家を賃借りする」
　rent the house to A 　「Aに家を賃貸しする」
　また，無料で借りるときは，borrowを使う。

146
recover
[rikʌ́vər]
(名?)

①(recover from A) A〈病気など〉から**回復する**
②〜を**取り戻す**
◇ recóvery　　名回復，取り戻すこと

1 Basic Stage ・動詞　29

MINIMAL PHRASES　Disc1-29

☐ **suspect** him of being a spy	彼をスパイではないかと疑う
☐ **deliver** a message *to* a friend	友人に伝言を渡す
☐ **identify** the body	死体の身元を特定する
☐ The office *is* **located** *in* the area.	オフィスはその地域にある

147
suspect
[səspékt]

名?
形?

Q doubtとsuspectはどう違う？（+that節のとき）

①～ではないかと思う（= suppose）　②〈人・もの〉を疑う
名[sʌ́spekt]　容疑者，疑わしいもの
◆suspect A of B 「AをBのことで疑う」　★受身が多い。
◇suspícion　　　名容疑，疑い
◇suspícious　　　形疑い深い；疑わしい

A doubtはdon't believeに近く，suspectはsupposeに近い。
　例 I doubt that he killed her.　「彼が殺したとは思わない」
　　 I suspect that he killed her.　「彼が殺したと思う」

148
deliver　多義
[dilívər]
名?

①～を配達する，渡す　②〈講義など〉をする
例 deliver a speech 「演説をする」
◇delívery　　　名配達

149
identify　多義
[aidéntəfai]

①～の正体をつきとめる，～が何[誰]なのか確認する
②(identify with A) Aと共感する
◆identify A with [as] B 「AをBとみなす, 同一視する」
◇identificátion　　名身元確認，身分証明，同一視，
　　　　　　　　　　　　一体化
◇idéntity　　　名身元，正体；独自性
◇idéntical　　　形同一の

150
locate
[lóukeit]

①(be located in [on, at] A) (Aに)位置する，ある
②～の場所を見つける
★①の形で用いられることが多い。
◇locátion　　　名位置，場所；ロケ，野外撮影

MINIMAL PHRASES　Disc1-30

◻ a car **manufacturing** company	車を製造する会社
◻ **occupy** a high position	高い地位を占める
◻ **own** five cars	5台の車を所有している
◻ be **exposed** *to* danger	危険にさらされる
◻ **conclude** *that* he was killed	彼は殺されたという結論を下す
◻ **cure** him *of* his illness	彼の病気を治す

151
manufacture
アク？

〜を製造する，生産する　名製造，生産；製品
[mænjəfǽktʃər]
★上のフレーズは car manufacturing で一つの形容詞になっている。こういう例が多い。
◇manufácturer　　　　名製造業者，メーカー

152
occupy
[ákjəpai]

〈場所・地位など〉を占める
◆be occupied with A 「Aで忙しい，Aに従事している」

153
own
[óun]

〜を所有している，〜を持っている　★進行形にならない。
形 (所有格の後で) 自分自身の
◆A of one's own　　　「自分自身のA」
◆of one's own Ving　「自分でVした」
◆on one's own　　　「ひとりで」

154
expose
[ikspóuz]
名？

(expose A to B) AをBにさらす　★約50％が受身形。
〈秘密など〉をあばく
◇expósure　　　　　名露出，暴露

155
conclude
[kənklú:d] 名？

①〜と結論づける　②〜を終わりにする，しめくくる
◇conclúsion　　　　名結論；結末

156
cure
[kjúər]

〜を治療する，〈悪い習慣など〉を直す　名治療法
◆cure A of B　　　　「A(人)のB(病気など)を治す」

1 Basic Stage ・ 動詞　31

MINIMAL PHRASES　　　　　　　　　　　　　　Disc1-31

☐ **perceive** danger	危険に気づく
☐ **ban** smoking in public places	公共の場の喫煙を禁ずる
☐ be **alarmed** by the noise	その音にぎょっとする
☐ This word **derives** *from* Latin.	この語はラテン語に由来する
☐ **neglect** human rights	人権を無視する

157
perceive
[pərsíːv]
　名?

①〜を知覚する，〜に気づく　②〜と思う，理解する
◆perceive A as B 　　「AがBであると思う」　★頻出！
◇percéption 　　　　名知覚；認識

158
ban
[bǽn]

(公式に)〜を禁止する　名禁止
★ジャーナリズムでよく使われる。

159
alarm
[əláːrm]

〜をぎょっとさせる，おびえさせる (= scare)
名①警報　②驚き，不安
◇alárming　　　　　形驚くべき，不安にさせる
◇alármed　　　　　形ぎょっとした
◆alarm clock　　　　「目覚まし時計」

160
derive
[diráiv]

①由来する　②〈利益・喜びなど〉を引き出す
◆A derive from B　　「AはBに由来する」
　= A be derived from B
◆derive A from B　　「BからAを引き出す」

161
neglect
[niglékt]
　多義

①〜を無視する，怠る　②〈子供など〉の世話をしない
名怠慢，無視

32

MINIMAL PHRASES　　　　Disc1-32

▫ adjust *to* a new school	新しい学校に慣れる
▫ shift gears	ギアを変える
▫ be embarrassed by the mistake	そのまちがいが恥ずかしい
▫ approve *of* their marriage	二人の結婚を承認する
▫ commit a crime	犯罪を犯す

162
adjust
[ədʒʌ́st]

〈環境に〉慣れる（= adapt）；〜を適合させる，調節して合わせる
◆adjust A to B　　　「AをBに適合させる」

163
shift
[ʃíft]

〜を変える，移す
图変化，移動，交替

164
embarrass
[imbǽrəs]

〜を困惑させる，〜に恥ずかしい思いをさせる
◇embárrassed　　　形〈人が〉当惑している，恥ずかしい気持ちの
◇embárrassing　　　形〈人を〉当惑させる，きまり悪くさせる
◇embárrassment　　名困惑，困難

165
approve
[əprúːv]

〜を承認する，賛成する（= agree to）；〜を気に入る
★ approve of A もほぼ同じ意味。正式な認可には approve A を用いる。

反?　⇔disappróve　　　動〜に反対する
名?　◇appróval　　　　名賛成，承認

166
commit
[kəmít]

①〈罪など〉を犯す　②〜をゆだねる，委任する
◆be committed to A　「Aに献身する，のめりこむ」
　= commit oneself to A
◇commítment　　　名献身，傾倒；約束
◇commíssion　　　名①任務，依頼　②委員会

1 Basic Stage・動詞　● 33

MINIMAL PHRASES　　　　Disc1-33

◻ **stretch** my legs	足を広げる
◻ **participate** *in* the meeting	会議に参加する
◻ **impose** rules *on* students	学生に規則を押しつける
◻ I **owe** my success *to* you.	私の成功はあなたのおかげだ
◻ **celebrate** his birthday	彼の誕生日を祝う

167
stretch
[strétʃ]

～を広げる，伸ばす(＋out)；広がる，伸びる
名広がり，期間

168
participate
[pɑːrtísipeit] 名?

Q participate in A
= ( ) ( ) ( ) A

(participate in A) Aに参加する
◇ participátion　　名参加
◇ partícipant　　名参加者
A take part in A 「Aに参加する」

169
impose
[impóuz]

(impose A on B) AをBに課す，押しつける
★Aは税・罰金・規則・労働・意見など。

170
owe
[óu]

(owe A to B) ①AのことはBのおかげだ
②AをBに借りている　★②はowe B Aの文型もある。

171
celebrate
[sélǝbreit]

①〈特定の日・できごと〉を祝う，〈儀式〉を行う
②～を賞賛する(少数)
◇ celebrátion　　名祝い
◇ célebrated　　形名高い(＝famous)
◇ celébrity　　名有名人

MINIMAL PHRASES　　　　　Disc1-34

◻ A new problem has **emerged**.	新たな問題が<u>出現した</u>
◻ **urge** him *to* stop smoking	禁煙するよう彼<u>を説得する</u>
◻ *be* **seated** on the bench	ベンチで<u>座っている</u>
◻ *be* **injured** in the accident	その事故で<u>負傷する</u>
◻ What does her smile **imply**?	彼女の微笑みは何<u>を意味する</u>のか

172
emerge
[imə́ːrdʒ]

〈隠れていたものが〉**現れる**（= appear），台頭する

例　Japan emerged as a modern state.
「日本は近代国家として台頭した」

◇ emérgence　　　名 出現
cf. emérgency　　　名 緊急事態

173
urge
[ə́ːrdʒ]

～に強く迫る，～を説得する

名 衝動
◆ urge A to V　　「AにVするように説得する；促す」

174
seat
[síːt]

① (be seated) **座っている**　② 〈人数〉を収容する

名 座席

★ seat は「〈人〉を座らせる」という意味だが，たいてい be〔remain, stay, etc.〕seated「座っている」という形で使う。
★ sit が座る動作を表すのに対して，be seated は状態を表せる。

◆ Please be seated. 「座ってください」
　= Please have a seat.
★ Sit down. よりていねい。

175
injure
アク？
[índʒər]　★ be injured「けがをする（している）」の形がほとんど。

～を傷つける，けがをさせる

◇ ínjury　　　名 負傷，害

名？

176
imply
[implái]　名？

～を（暗に）意味する，ほのめかす（+ that ～）

◇ implicátion　　　名 ①（～s）影響，効果（+ for）
　　　　　　　　　　　②（隠れた）意味，暗示

1 Basic Stage・動詞

MINIMAL PHRASES

Disc1-35

177
explain *why* **he was late**
[ikspléin]

| 名? | ◇explanátion |

Q Explain me the answer. はなぜ誤り？

彼がなぜ遅れたか<u>を説明する</u>
★why, howなど疑問詞をよく伴う。

名 説明

A explainはSVOOの文型がない。
Explain the answer <u>to</u> me. が正しい。

178
accept the truth as it is
[əksépt]

反?	⇔rejéct, refúse
	◇accéptable
	◇accéptance

Q receive an invitation と accept an invitation はどう違う？

ありのまま真実<u>を受け入れる</u>

形 容認できる
名 受け入れ，容認

A receiveだと単に招待状をもらうの意味，
acceptでは招待を受け入れるの意味になる。

179
produce a new car model
[prədjúːs]

◇próduct
◇prodúction
◇prodúctive
◇productívity
◇bý-product

新型車<u>を生産する</u>
〜を作る

名 製品
名 生産(高)
形 生産的な
名 生産性
名 副産物

180
Does God really **exist**?
[igzíst]

| 名? | ◇exístence |
| | ◇exísting |

Q lead a happy existence の意味は？

神は本当に<u>存在する</u>のか

名 存在；生存，生活(= life)
形 今ある，現存する

A 「幸福な<u>生活</u>をする」

181
This problem often **occur**s.
[əkə́ːr]

◆occur to A
| 名? | ◇occúrrence |

この問題はしばしば<u>起こる</u>
(= happen)

「〈考えなどが〉A(人)に浮かぶ」
名 出来事；起こること

36

MINIMAL PHRASES　　　　　　　　　　　　　Disc1-36

182
□ **express** my true feelings　　　　　　本当の気持ち<u>を表現する</u>
　アク？　　　　　　　　　　　　　　　　　　　[iksprés]　名 急行

　　　　　◇expréssion　　　　　　　　　名 表現；表情
　　　　　◇expréssive　　　　　　　　　形 表現力に富む

183
□ **add** some milk *to* the soup　　　　　スープにミルク<u>を加える</u>
　[ǽd]　　　　　　　　　　　　　　　　〈言葉を〉つけ加える

　　　　　◆add to A　　　　　　　　　「Aを増やす」（＝ increase）
　　　　　◆add up to A　　　　　　　　「合計Aになる」
　名？　　◇addítion　　　　　　　　　名 追加，増加；足し算
　　　　　◆in addition (to A)　　　　　「(Aに)加えて，その上」

184
□ **avoid** mak*ing* mistakes　　　　　　まちがいを犯すの<u>を避ける</u>
　[əvɔ́id]

　　　　　◇unavóidable　　　　　　　　形 避けられない
　Q 動詞を目的語にするときはどんな形？　　A avoid + Ving　★頻出！

185
□ **marry** Mary　　　　　　　　　　　　メアリ<u>と結婚する</u>
　[mǽri]

　名？　　◇márriage　　　　　　　　　名 結婚
　　　　　◇márried　　　　　　　　　　形 結婚している，既婚の
　　　　　◆be married (to A)　　　　　「(Aと)結婚している」★状態を表す。
　　　　　◆get married (to A)　　　　　「(Aと)結婚する」（＝ marry A）
　Q1 Will you (　) me ?　　　　　　　　A1 ① marryは，「人と結婚する」という
　　① marry　② marry with　　　　　　　　意味では，他動詞。
　Q2 He got married (　) Mary.　　　　　A2 to (↑)

186
□ **protect** children *from* danger　　　危険から子供たち<u>を守る</u>
　[prətékt]

　　　　　◇protéctive　　　　　　　　　形 保護の，保護用の
　　　　　◇protéction　　　　　　　　　名 保護

1 Basic Stage ・動詞　● 37

MINIMAL PHRASES

Disc1-37

187
Alcohol affects the brain.
[əfékt]

アルコールは脳に影響する
（＝influence）；〜に作用する

188
determine your future
アク？

君の未来を決定する
[ditə́ːrmin]　決心する（＝decide）

◆be determined to V
◇determinátion

「Vすることを決意している」
名 決心，決定

189
solve the problem
[sálv]

名？　◇solútion

問題を解決する

名 ①解決(策)，解答　②溶解，溶液

190
Vegetables contain a lot of water.
[kəntéin]

野菜はたくさんの水を含んでいる
〈SにO〉が入っている

◇contáiner

名 容器

191
discuss the problem with him
[diskʌ́s]

◇discússion

Q Let's discuss about the matter. の間違いは？

彼とその問題を議論する
（＝talk about）

名 討論，議論

A discussは他動詞。前置詞は不要。
　Let's discuss the matter. が正しい。

192
ignore the doctor's advice
[ignɔ́ːr]

医者の忠告を無視する

193
guess how old she is
[gés]

彼女の年を推測する
〜と考える（＝suppose）　名 推測

MINIMAL PHRASES　　Disc1-38

194
exchange yen *for* dollars
[ikstʃéindʒ]

円をドルに**交換する**

◆exchange A for B 「AをBに交換する」

195
satisfy the needs of students
[sǽtisfai]

学生の要求**を満たす**
〜を満足させる

◆be satisfied with A 「〈人が〉Aに満足している」
◇satisfáction 名満足
◇satisfáctory 形(人にとって)満足な, 十分な

名?

Q I'm (　) with your work.
① satisfactory ② satisfied

A ② 「私は君の仕事に満足している」
cf. Your work is satisfactory to me.
「君の仕事は, 私には満足だ」

196
complain *about* the noise
[kəmpléin]

騒音のことで**苦情を言う**

◆complain (to A) about [of] B 「(Aに)Bのことで不満を言う」
◇compláint 名不満, 苦情

名?

197
finally **achieve** the goal
[ətʃíːv]

ついに目標**を達成する**
〜を完成する

◇achíevement 名達成；業績

198
Cars **enable** us *to* move freely.
[inéibl]

車は自由な移動**を可能にする**

◆enable A to V 「AがVすることを可能にする」
(= make it possible for A to V)

199
intend *to* live in America
[inténd]

アメリカに住む**つもりだ**
〜を意図する

◇inténtion 名意図
◇inténtional 形意図的な

名?

1 Basic Stage・動詞　●　39

MINIMAL PHRASES

200
□ **obtain** information about him
[əbtéin]

彼に関する情報を得る

201
□ **divide** the cake *into* six pieces
[diváid]

ケーキを6個に分割する

名? ◇ divísion

名分割, 部門

202
□ **distinguish** a lie *from* the truth
[distíŋgwiʃ]

うそと真実を見分ける
〜を区別する

◆ distinguish A from B

「AとBを区別する」
(= distinguish between A and B)

名? ◇ distínction
形? ◇ distínct
◇ distínctive
◇ distínguished

名区別
形はっきりした；全く異なる
形独特の
形著名な

203
□ My opinion **differs** *from* hers.
アク?

私の考えは彼女と異なる
[dífər]

◆ differ from A
◇ dífferent
◇ dífference

「Aと違う」
形違った
名違い

Q We differ ( ) opinion. に入る前置詞は？

A **in** differ in A は「Aの点で違う」。
differ from A と混同しないこと。

204
□ how to **educate** children
アク?

子供を教育する方法
[édjukeit]

◇ educátion
◇ educátional
◇ éducated

名教育
形教育に関する
形教育を受けた, 教養ある

MINIMAL PHRASES　　　　　　　　Disc1-40

205
borrow a book *from* a friend
[bárou]

| 反? | ⇔ lend |

Q Can I borrow the bathroom? はなぜだめ？

友達から本を借りる

動 〜を貸す

A borrow は「〜を無料で借りて持っていく」が普通。動かせない物を一時借りる時は、Can I use 〜? がよい（ただしお金には利子を払うときも borrow を使う）。

206
invent a time machine
[invént]

◇ invéntion
◇ invéntor
◇ invéntive

タイムマシンを発明する
〜を作り出す（= make up）

名 発明
名 考案者、発明家
形 発明の才がある

207
promote economic growth
[prəmóut]

◆ be promoted
◇ promótion

経済成長を促進する

「昇進する」
名 昇進；促進

208
advise him *to* stop drinking

| 発音? |

◇ advíce 　[アク]

Q He gave me many advices. はなぜだめ？

酒をやめるよう彼に忠告する
[ədváiz]　〜に助言する

名 助言、忠告、アドバイス

A 不可算名詞なので many は不可。a lot of advice ならよい。

209
Problems **arise** *from* carelessness.
[əráiz]

Q 過去・過去分詞形は？

不注意から問題が生じる

A arose, arisen

210
permit him *to* go out
[pərmít]

◆ permit A to V
| 名? | ◇ permíssion |

彼に外出することを許す
〜を許可する　（permitted; -ting）

「AがVするのを許す」（= allow A to V）
名 許可

1 Basic Stage・動詞　● 41

MINIMAL PHRASES

211
- **recommend** this book *to* you
  [rekəménd]

  ◆ recommend that S + (should) 原形 V
  ◇ recommendátion

  あなたにこの本を勧める

  「Vするよう勧める」
  名推薦(状)

212
- **define** a day *as* twenty-four hours
  [difáin]

  名? ◇ definítion
  形? ◇ définite

  1日を24時間と定義する

  名定義
  形明確な，限定された

213
- **inform** him *of* his son's success
  [infɔ́ːrm]

  ◆ inform A of [about] B
  ◆ inform A that〜
  ◇ informátion 　　語法

  息子の成功を彼に知らせる

  「AにBのことを知らせる」
  「Aに〜ということを知らせる」
  名情報　★不可算名詞だ。

214
- **oppose** their marriage
  [əpóuz]

  ◆ be opposed to A
  形? ◇ ópposite

  名? ◇ opposítion
  Q oppose A = (　)(　) A

  彼らの結婚に反対する

  「Aに反対している」
  形正反対の，逆の
  前〜に向き合って，〜の向こう側に
  名反対，対立，抵抗
  A object to A「Aに反対する」

215
- **trust** an old friend
  [trʌ́st]

  古い友達を信用する
  名信用，信頼

216
- **select** the best answer
  [səlékt]

  ◇ seléction
  ◇ seléctive

  最良の答を選ぶ

  名選択
  形選択の，注意深く選ぶ

MINIMAL PHRASES

217
□ **praise** him *for* his work
[préiz]

仕事のことで彼をほめる
名ほめること, 賞賛

218
□ how to **handle** problems
[hǽndl]

どう問題に対処するべきか
～にさわる 名取っ手

★車のハンドルは **steering wheel**。

219
□ **propose** a new way
[prəpóuz]

新しいやり方を提案する

◆ propose (to A) that S＋(should)原形V
　　　　◇ propósal
　　　　◇ propositíon
Q He proposed her to go there. (誤りを正せ)

「(Aに)～と提案する」
名申し込み, 提案, プロポーズ
名提案, 申し込み
A He proposed to her that she go[should go] there.「彼女がそこに行くよう彼は提案した」 **suggest**「～を提案する」も **propose** と同じ文型をとる。

220
□ **breathe** fresh air
発音?

　　　◇ breath 発音

新鮮な空気を呼吸する
[bríːð]

名[bréθ] 息, 呼吸

221
□ **criticize** him *for* being late
[krítəsaiz]

同熟? ＝ find fault with
名? ◇ críticism
　　 ◇ crític

遅刻したことで彼を非難する
～を批判する

名批判, 非難；批評
名批評家, 評論家

222
□ **overcome** the fear of death
[ouvərkʌ́m]

死の恐怖に打ち勝つ
～を克服する

223
□ **possess** great power
発音?

名? ◇ posséssion

大きな力を持っている
[pəzés] (＝ have, own)

語法 ★進行形にならない。
名所有, 所有物

1 Basic Stage・動詞 ● 43

MINIMAL PHRASES　　　　　　　Disc1-43

224
- **predict** the future
  [pridíkt]

  未来を予言する
  ～を予測する

  ◇ predíction

  名 予言，予測
  源 pre (先に) + dict (言う)

225
- **publish** a book
  [pʌ́bliʃ]

  本を出版する
  ～を発表する

  ◇ publicátion

  名 出版(物)，発表

226
- **purchase** a new car
  アク?

  新しい車を買う
  [pə́ːrtʃəs] (＝buy) 名 購入(品)

227
- **recall** the good old days
  [rikɔ́ːl]

  古き良き時代を思い出す
  (＝remember)

228
- **explore** the Amazon River
  [ikspl ɔ́ːr]

  アマゾン川を探検する
  ～を探究する

  ◇ explorátion

  名 探検，探究

229
- stop and **stare** _at_ her
  [stéər]

  立ち止まって彼女をじっと見る

230
- **absorb** a lot of water
  [əbzɔ́ːrb]

  大量の水を吸収する

  ◆ be absorbed in A

  「Aに没頭する」

231
- He **resemble**s his father.
  [rizémbl]　　　　　　　語法

  彼は父親に似ている
  ★進行形にならない。また前置詞は不要。

  名?　　◇ resémblance

  名 類似，似ていること

MINIMAL PHRASES

Disc1-44

232

□ **tear** the letter to pieces
発音?

ずたずたに手紙を引き裂く
[téər] 裂ける ★変化形は tear; tore; torn

Q 同つづり語 tear「涙」の発音は？

A [tíər]

233

□ **consume** a lot of energy
[kənsjúːm]

多量のエネルギーを消費する

名?
◇ consúmption
◇ consúmer
◇ tíme-consuming

名 消費
名 消費者
形 時間がかかる

234

□ **compete** *with* him *for* the gold medal
発音?

金メダルを目指して彼と競争する
[kəmpíːt] 匹敵する

名?
形?
◇ competítion
◇ compétitive
◇ compétitor

名 競争
形 競争が激しい；競争力がある
名 競争相手

235

□ **quit** smok*ing*
[kwít]

タバコをやめる
(= give up, stop)

Q 「酒をやめる」は，quit to drink か quit drinking か？

A quit drinking が正しい。stop と同じく，動名詞を目的語にとる。

236

□ **announce** a new plan
[ənáuns]

新しい計画を発表する
〜を知らせる

◇ annóuncement

名 発表，通知

237

□ **react** quickly *to* light
[ri(ː)ækt]

光にすばやく反応する
反発する

◇ reáction

名 反応，反作用 源 re (= back) + act

238

□ **wander** around the streets
[wándər]

街を歩き回る
ぶらつく

---

1 Basic Stage・動詞 ● 45

MINIMAL PHRASES　　　Disc1-44

239
emphasize the importance of health [émfəsaiz]	健康の大切さを強調する
名? ◇émphasis ◆put emphasis on A	名強調 「Aを強調する」= emphasize A

240
generate electricity [dʒénəreit]	電力を生み出す
◇generátion	名①世代　②発生（②は少数）

ジャンル別英単語

動物

animal [ǽnəml]	動物	fox [fáks]	キツネ
camel [kǽml]	ラクダ	elephant [éləfənt]	ゾウ
rabbit [rǽbət]	ウサギ	puppy [pʌ́pi]	子犬
hare [héər]	ノウサギ	kitten [kítn]	子ネコ
mouse [máus]	ハツカネズミ	squirrel [skwə́:rəl]	リス
rat [rǽt]	ドブネズミ	whale [hwéil]	クジラ
cow [káu]	乳牛, 雌牛	dolphin [dálfin]	イルカ
ox [áks]	雄牛	wolf [wúlf]	オオカミ
deer [díər]	シカ	turtle [tə́:rtl]	カメ
sheep [ʃí:p]	ヒツジ	snake [snéik]	ヘビ
goat [góut]	ヤギ	lizard [lízərd]	トカゲ

❊ *Nouns* 名詞 ❊

MINIMAL PHRASES　　　　　　Disc1-45

□ the **result** of the test	テストの結果
□ *have* a wonderful **experience**	すばらしい経験をする
□ the problems of modern **society**	現代社会の問題
□ *have* **trouble** find*ing* a job	仕事を見つけるのに苦労する

241
result
[rizÁlt]

結果　動結果として生じる；結果になる
◆ A result from B 「AがBから生じる」
　= B result in A 「BがAという結果になる」
　　　　　　　　(Aは〈結果〉, Bは〈原因〉)
◆ as a result 「その結果として」

Q Her illness resulted (　) hard work.
A from「彼女は働き過ぎで病気になった」
　cf. Hard work resulted in her illness.

242
experience
[ikspíəriəns]

経験, 体験　動～を経験する (= go through)
◇ expérienced　形経験豊かな

243
society
[səsáiəti]

①社会　②協会, 団体, 学会
③交際, つきあい (③はまれ)

例 Japan Society for Science Education「日本科学教育学会」

(形?) (2つ)
◇ sócial　　　形社会の, 社交の
◇ sóciable　　形交際上手な, 社交的な
◇ sociólogy　　名社会学

Q social と sociable の意味の違いは？
A ↑

244
trouble
[trÁbl]

悩み, 苦労；もめごと
◆ have trouble Ving　「Vするのに苦労する」
◆ The trouble is that～「困ったことに～」
◇ tróublesome　　形やっかいな, 骨の折れる

1 Basic Stage・名詞　● 47

MINIMAL PHRASES

Disc1-46

❑ put a high **value** on education	教育に高い**価値**をおく
❑ the greenhouse **effect** of CO_2	二酸化炭素の温室**効果**
❑ **individual**s in society	社会の中の**個人**
❑ *have* a bad **influence** *on* children	子供に悪い**影響**を与える
❑ the meaning *in* this **context**	この**文脈**における意味

245
value
[vǽljuː]
(形?)

価値；価値観(values)　動 ～を評価する
◆ of value 「価値のある, 貴重な」(= valuable)
◇ váluable　形貴重な
◇ inváluable　形きわめて貴重な(= priceless)

Q valueless と invaluable の違いは？
A valueless は「無価値な」だが, invaluable は「評価できぬほど貴重な」の意。

246
effect
[ifékt]
(多義)

① **効果**, 影響(= influence)　② **結果**(= result)
◆ have an effect on A 「Aに影響[効果]を与える」
◆ side effects 「副作用」
◇ efféctive　形効果的な
◆ in effect 「事実上は」

247
individual
[indəvídʒuəl]

個人　形個人主義的な, 個々の
◇ indivídualism　名個人主義
◇ individuálity　名個性

248
influence
[ínfluəns]
(アク?)
(形?)

影響(力)；〈人に対する〉**支配力**　動 ～に影響を与える
◆ have an influence on A 「Aに影響を与える」
★ give influence とは普通言わない。
◇ influéntial　形影響力のある, 有力な

249
context
[kántekst]
(多義)

① **文脈**　② (文化・社会的な)**状況**, 背景(= situation)
(②が意外と多い)

48

MINIMAL PHRASES　　　　　　　　　　Disc1-47

☐ *at* the **rate** of 40% a year	年40％の割合で
☐ a **sign** of spring	春のきざし
☐ water and gas **service**	水道とガスの公共事業
☐ **advance**s *in* technology	科学技術の進歩
☐ a *police* **officer**	警察官

250
rate　　多義
[réit]

割合，率；速度　　動～を評価する
例 birth rate「出生率」
◆at the rate of A　「Aの割合で，Aの速度で」
◆at any rate　「とにかく，少なくとも」
◇ráting　　名格付け；評価

251
sign
[sáin]

印，記号，兆候　　動～に署名する
◆sign language　「手話」
◇sígnal　　名信号(機)，合図
◇sígnature　　名署名
★芸能人などのサインは autograph という。

252
service　　多義
[sə́ːrvəs]

①公共事業，設備　②業務，勤務　③サービス
◆health service　「公共医療サービス」
◆social service　「(政府による)社会事業」
★serve 動 の名詞形だ。

253
advance
[ədvǽns]　形？

前進，進歩　　動前進する；～を前進させる
◇advánced　　形進歩した，上級の
◇advánced　　名昇進，進歩；促進

Q in advance の意味は？　　A「前もって」(＝ beforehand)

254
officer
[ɔ́fəsər]

役人，公務員；将校
例 an army officer「陸軍将校」
★officer だけで，警官や税関の係官を言うことがある。

MINIMAL PHRASES　　　　　　　　　Disc1-48

▫ produce new **material**s	新しい<u>物質</u>を作る
▫ a center of heavy **industry**	重<u>工業</u>の中心地
▫ an **attempt** *to* break the record	記録を破ろうとする<u>試み</u>
▫ US **trade** with France	アメリカとフランスの<u>貿易</u>
▫ You've *made* **progress** *in* English.	君の英語は<u>進歩</u>した

255
material

アク？

①<u>物質</u>；材料　②資料；教材
形物質の，物質的な（⇔spiritual「精神的な」）
[mətíəriəl]
◆raw material 　　「原料」
◇matérialism　　　名唯物論（⇔idealism 観念論，理想主義）

256
industry
[índəstri]

①<u>工業</u>；産業　②勤勉（②の頻度は①の 300 分の 1 ほど）
◇indústrial　　　　形工業の；産業の
◇indústrialized　　 形工業化した
◇indústrious　　　 形勤勉な（ややまれ）

257
attempt
[ətémpt]

<u>試み</u>，くわだて（＋to V）　★約 70％が **to V** を伴う。
動〜を試みる，くわだてる（＋to V）

258
trade
[tréid]

<u>貿易</u>；商売　動貿易する；取り引きする
◆trade A for B　　「AをBと交換する」

259
progress

アク？

<u>進歩</u>，前進　★不可算名詞だ。　動進歩する，前進する
名[prágres]　動[prəgrés]　アクセントは名詞が前，動詞が後。
◆make progress（in A）　「（Aにおいて）進歩する」
◇progréssive　　　形進歩的な

MINIMAL PHRASES　Disc1-49

□ ***make*** an **excuse** to leave early	早く帰るための言い訳をする
□ the **custom** of tipping	チップを払う習慣
□ Read the following **passage**.	次の一節を読みなさい
□ the market **economy**	市場経済
□ a wide **range** of information	広範囲の情報

260
excuse

発音?

言い訳，口実
動 ①〜の言い訳をする　②〈人・行為〉を許す（＝forgive）
名 [ikskjúːs]　動 [ikskjúːz]
◆excuse A for B 「BのことでAを許す」
例 **Please excuse me for being late.**
「遅くなったことを許してください」

261
custom　多義
[kʌ́stəm]

① (社会的な)習慣　② (customs)税関
◇cústomary　形 習慣的な，慣例の
◇cústomer　名 (店などの)客，得意客

262
passage　多義
[pǽsidʒ]

① 一節，引用された部分　② (時の)経過　③ 通行，通路

263
economy

アク?

経済，財政；節約
[ikάnəmi]
◇económic　形 経済の，財政の
◇económical　形 節約できる，安上がりの

Q economical と economic の違いは？
A ↑ economical travel 「安上がりの旅行」と覚えておこう。

264
range
[réindʒ]

範囲，領域　動〈範囲などが〉及ぶ，またがる
◆mountain range　「山脈」
◆range from A to B　「AからBに及ぶ」

1 Basic Stage・名詞　51

MINIMAL PHRASES　　　Disc1-50

☐ a **traffic** accident	<u>交通</u>事故
☐ a government **official**	政府の<u>役人</u>
☐ love at first **sight**	<u>一目</u>ぼれ
☐ a **taste** of lemon	レモンの<u>味</u>
☐ **immigrant**s from Mexico	メキシコからの<u>移民</u>

265
traffic
[trǽfik]

交通(量), (路上の)車・人
- ◆traffic jam 「交通渋滞」
- ◆heavy traffic 「交通渋滞」

266
official　アク？
[əfíʃəl]

役人, 公務員, 職員　形公の, 公式の

267
sight　多義
[sáit]

①見ること　②光景　③視力
- ◆catch sight of A 「Aを見つける」
- ⇔lose sight of A 「Aを見失う」
- ◆at the sight of A 「Aを見て」
- ◆in sight 「見えるところに」
- ⇔out of sight 「見えないところに」

268
taste　多義
[téist]

①味, 味覚　②好み, 趣味　動①〜を味見する　②〜の味がする

諺 There is no accounting for taste.
　「人の好みは説明できない」（＝たで食う虫も好き好き）
★「服のセンスがいい」は have good taste in clothes だ（この場合, sense は用いない）。
- ◇bite 　　　動〜を噛む；噛みつく　名噛むこと
- ◇swállow　　動〜を飲み込む
- ◇chew 　　　動〈食べ物〉を噛んで食べる；噛む

269
immigrant
[ímigrənt]

(外国からの)移民　(im＝in「中へ」)
- ◇immigrátion 　名(外国からの)移住
- ◇émigrate 　　動(外国へ)移住する (e-は＝ex「外へ」)

52

MINIMAL PHRASES　　Disc1-51

☐ Love your **neighbor** as yourself.	自分を愛するように隣人を愛せ
☐ a doctor and a **patient**	医者と患者
☐ a business **project**	事業計画
☐ Would you *do* me a **favor**?	頼みをきいてもらえませんか
☐ differ in **appearance**	外見が違う

270
neighbor
[néibər]

近所の人
◇néighborhood　名近所，近隣
◇néighboring　形近所の，隣の

271
patient 多義
[péiʃənt] 反? (形容詞)

患者　形忍耐強い，しんぼう強い
⇔impátient　形我慢できない，いらいらする
◇pátience　名忍耐(力)，我慢

272
project
[prádʒekt]

計画，企画
動[prədʒékt]　～を見積もる，予測する
例 the projected cost「見積もった費用」

273
favor
[féivər]

好意，親切　動～を支持する，好む
◆do A a favor　「Aの頼みをきく」
◆ask A a favor　「Aに頼みごとをする」
◆in favor of A　「Aを支持して，Aの有利に」

形? (2つ)
◇fávorite　形大好きな　名お気に入り
◇fávorable　形(人に)好意的な，有利な

Q ask you a favor
= ask a favor ( ) you

A of

274
appearance 多義
[əpíərəns]

①外見，様子　②出現
◇appéar　動①～に見える　②現れる
◇disappéar　動消える

1 Basic Stage・名詞　●　53

MINIMAL PHRASES　　　　　　　　　　Disc1-52

□ *run the* risk of death	死の危険を冒す
□ costs and benefits of the business	仕事のコストと利益
□ features of human language	人類の言語の特徴
□ their relatives and friends	彼らの親せきと友達
□ a mountain region	山岳地方

275
risk
[rísk]

危険，危険性　　動〈命など〉を賭ける；～を覚悟でやる
◆at the risk of A　「Aの危険を冒して」
◆run the risk of A　「Aの危険を冒す」
◇rísky　　　　　　　形危険な

276
benefit

アク?
形?

利益　　動～の利益になる；(benefit from A) Aから利益を得る
[bénəfit]
◇benefícial　　　　形有益な

277
feature
[fíːtʃər]

①特徴；顔立ち　②呼び物；特集記事
動～を呼び物とする，特集する

278
relative　多義
[rélətiv]

親族，親せき　★relativeには家族も含まれる。
形相対的な，比較上の
◆relative to A　「Aに比べて」
◇relatívity　　　　名相対性

279
region
[ríːdʒən]

①地域，地方　②領域，分野
◇régional　　　　形地域の，地方の

MINIMAL PHRASES　　　　　　　　　　　　　Disc1-53

□ unique **characteristic**s	ユニークな<u>特徴</u>
□ feel a sharp **pain**	鋭い<u>痛み</u>を感じる
□ a family with two **kid**s	二人の<u>子供</u>がいる家庭
□ _on_ special **occasion**s	特別な<u>場合</u>に
□ the **principle** of free trade	自由貿易の<u>原則</u>
□ the history **department**	歴史<u>学科</u>

280
characteristic
[kærəktərístik]

<u>特徴</u>, 特色　形 特有の
★個々の特徴を指す。**character**は全体的な特徴。
◆be characteristic of A 「Aに特有である」

281
pain
[péin]

①<u>苦痛</u>　②(pains)苦労, 骨折り(＝trouble)
◆take pains to V　　「Vしようと骨を折る」
◇páinful　　　　　　形 ①痛い　②骨の折れる

282
kid　多義
[kíd]

<u>子供</u>　動 ～をからかう；冗談を言う

Q You must be kidding. の意味は？
A 「冗談でしょ；まさか」**No kidding!** とも言う。

283
occasion
[əkéiʒən]

①<u>場合</u>, 機会　②行事(＝event)
◆on occasion　　　　「時々」(＝occasionally)

284
principle
[prínsəpl]

①<u>原理</u>, <u>原則</u>　②主義, 信念
◆in principle　　　　「原則的には」

285
department　多義
[dipá:rtmənt]

①(組織の)<u>部門</u>, 課　②省　③(大学などの)<u>学科</u>
◆department store　　「デパート」
★ひとつひとつの売場が**department**だ。

1 Basic Stage・名詞　● 55

MINIMAL PHRASES　　　Disc1-54

□ It is my **duty** to help you.	君を助けるのが私の義務だ
□ the **scene** of the accident	事故の現場
□ the scientific **basis** of his theory	彼の理論の科学的根拠
□ the **spirit** of fair play	フェアプレーの精神
□ the **medium** of communication	コミュニケーションの手段
□ **mass** production	大量生産

286 duty [djúːti] 〔多義〕
①義務，任務　②関税
◇ dúty-frée　　形 免税の
◆ be on duty　「任務についている」

287 scene [síːn]
①場面，現場　②眺め，光景
◇ scénery　　名 風景，景観
◇ scénic　　形 風景の，景色のよい
★ sceneは可算名詞だが，sceneryは不可算名詞だ。

288 basis [béisis] 〔多義〕
①基礎，根拠　②方式，やり方（＝way, manner）
例 on a regular basis「規則的に」（＝regularly）
◆ on the basis of A「Aに基づいて」

289 spirit [spírət]
①精神；霊　②気分
◇ spíritual　　形 精神的な，霊的な

290 medium [míːdiəm]
手段，媒体　形 中間の　例 medium size「並の大きさ」
源 中間にあるもの→手段（＝人と目的の間にあるもの）
Q mediumの複数形は？　　A media

291 mass [mǽs] 〔多義〕
①(the masses) 一般大衆　②(a mass of A) 多くのA
③かたまり
◆ the mass media「マスメディア（新聞・テレビなど）」
◆ mass communication「マスコミ（による伝達）」
〔形？〕　◇ mássive　　形 大きくて重い，大規模の

56

MINIMAL PHRASES　Disc1-55

◻ gather a large **audience**	大勢の<u>観客</u>を集める
◻ the most important **element**	最も重要な<u>要素</u>
◻ global **climate** change	地球規模の<u>気候</u>変動
◻ the French **Revolution**	フランス<u>革命</u>
◻ the first **quarter** of this century	今世紀の最初の<u>4分の1</u>
◻ a **conflict** *between* two countries	二国間の<u>対立</u>

292 audience
[ɔ́ːdiəns]　語法

(集合的に)**聴衆，観客**

★「多い/少ない観客」は，a large / small audience という。
× many / few audiences

293 element
[éləmənt]　多義　形?

①**要素**(= factor)　②**元素**
③(the elements)**自然の力，悪天候**
◇eleméntary　形 初歩の
◆elementary school「小学校」

294 climate
[kláimit]　発音?

①**気候**　②(政治・文化などの)**状況**(= situation)**，雰囲気**
(= atmosphere)

例 the political climate「政治情勢」

295 revolution
[revəljúːʃən]

①**革命**　②**回転**　★②はまれ。
◆the industrial revolution「産業革命」
◇revolútionary　形 革命の，革命的な
◇revólve　動 回転する，循環する

296 quarter
[kwɔ́ːrtər]

4分の1(15分，25セント，四半期など)
◇quárterly　形 年4回の　名 季刊誌

297 conflict
アク?

(意見・利害の)**対立，衝突；紛争**(+ with, between)
動 矛盾する(+ with)
名[kánflikt]　動[kənflíkt]

1 Basic Stage・名詞

MINIMAL PHRASES Disc1-56

◻ a **flood** of information	情報の<u>洪水</u>
◻ CO_2 in the earth's **atmosphere**	地球の<u>大気</u>中の二酸化炭素
◻ private **property**	私有<u>財産</u>
◻ a **reward** *for* hard work	努力の<u>報酬</u>
◻ national **security**	国家の<u>安全保障</u>
◻ give a cry of **delight**	<u>喜び</u>の声をあげる

298
flood
(発音?)

<u>洪水</u>；殺到　動 ~を水びたしにする；押しよせる
[flʌ́d]　★ oo を [ʌ] と発音するのは，flood と blood「血」だけだ。

299
atmosphere (多義)
(アク?)

①<u>大気</u>，空気　②<u>雰囲気</u>
[ǽtməsfiər]
◇atmosphéric　　　形大気の

300
property
[prápərti]

①<u>財産</u>，資産　②〈物質の持つ科学的な〉<u>特性</u>（②は少ない）

301
reward
[riwɔ́ːrd]
(形?)

<u>報酬</u>，ほうび，懸賞金（+ for）　動 ~に<u>報いる</u>（動詞も多い）
◆reward A with B　　「AにBで報いる」
◇rewárding　　　形やりがいのある

302
security
[sikjúərəti] (形?)

<u>安全</u>，防衛，警備
◇secúre　　　形安全な，しっかりした
　　　　　　　動 ~を確保する；~を守る
◆social security　　「社会保障」

303
delight
[diláit]

<u>大喜び</u>，喜ばしいもの　動 ~を喜ばせる；喜ぶ（+ in）
◇delíghted　　　形〈人が〉喜んでいる
◇delíghtful　　　形〈人を〉楽しませる

Q delightful と delighted の違いは？　A ↑

MINIMAL PHRASES　　Disc1-57

☐ des**ért** a friend in the des**ért**	砂漠で友人を見捨てる
☐ people from different **background**s	経歴の違う人々
☐ a **trend** *toward* fewer children	少子化の傾向
☐ I am in the seventh **grade**.	私は7年生(＝中1)です
☐ a negative **impact** *on* the environment	環境に対する悪い影響
☐ educational **institution**s	教育機関

304
desert （多義）
（アク？）

Q dessertの発音と意味は？

砂漠　動 ～を放棄する，見捨てる
名[dézərt]　動[dizə́ːrt]
◇desérted　　　　　形 ひっそりした，人影がない
A [dizə́ːrt]　デザート

305
background （多義）
[bǽkgraund]

①背景　②生い立ち，経歴
例 his cultural background「彼がどんな文化で育ったか」

306
trend
[trénd]

傾向，風潮，流行
◇tréndy　　　　　形 最新流行の

307
grade （多義）
[gréid]

①(小中高通じての)学年；等級　②(grades)成績
★大学の学年は year という。

308
impact （多義）
[ímpækt]

①影響，効果(＝effect)　②衝撃，衝突
◆have an impact on A「Aに影響を与える」

309
institution （多義）
[ìnstətjúːʃən]

①機関，組織，施設〈大学・病院など〉　②制度，慣習
◆social institutions　　「社会的制度」
◇ínstitute　　　　　名 研究所
　　　　　　　　　　動〈制度〉を設ける(動 はまれ)

1 Basic Stage・名詞　● 59

MINIMAL PHRASES　　Disc1-58

□ social **interaction** *with* others	他人との社会的交流
□ an **alternative** *to* oil	石油の代わりになるもの
□ *do* no **harm** *to* children	子供に害を与えない
□ go to a travel **agency**	旅行代理店に行く
□ man's great **capacity** *to* learn	すばらしい人間の学習能力

310
interaction
[intərǽkʃən]

①〈人と人の〉交流, やりとり（＝communication）
②相互作用　　　源 inter（互いに）＋act（作用する）
◇interáct　　　動〈人と〉交流する, つきあう；
　　　　　　　　　　影響し合う
◇interáctive　　形（メディアが）双方向の, 対話式の

311
alternative

発音？　アク？

代わりのもの, 選択肢（＋to）
形 代わりになる, 選択可能な, 二つに一つの
[ɔːltə́ːrnətiv]
◇álternate　　　動〈二つのこと〉を交互にする
　　　　　　　　　　形 交互の

312
harm
[háːrm]

害, 危害　動 ～に害を与える, 危害を加える
◆do harm to A　「Aに害を与える」
　＝do A harm
◇hármful　　　形 有害な
◇hármless　　　形 無害な
◇dámage　　　動 ～に損害を与える　名 損害
★damage は人への危害には用いない。

313
agency　多義
[éidʒənsi]

①（政治的）機関, 局　②代理店　③作用（③はまれ）
例 the Central Intelligence Agency「アメリカ中央情報局」＝CIA
◇ágent　　　　名 ①業者, 代理店（員）②要因（②はまれ）

314
capacity
[kəpǽsəti]　同？

①能力（＋to V, for）②（部屋などの）収容力, 容積
＝abílity

MINIMAL PHRASES　　　　　　　　　　　　　　　　　Disc1-59

❏ the Italian foreign **minister**	イタリアの外務<u>大臣</u>
❏ a hospital **volunteer**	病院で働く<u>ボランティア</u>
❏ *have* access *to* the Internet	インターネットを<u>利用</u>できる
❏ large **quantities** *of* data	ぼう大な<u>量</u>のデータ
❏ a **branch** *of* science	科学の一<u>分野</u>

315
minister
[mínəstər]

①大臣　②牧師
◇ mínistry　　　　　　名(政府の)省
例 the Defence Ministry 「国防省」

316
volunteer
アク?
形?

ボランティア；志願者　動~を進んで申し出る
[vɑləntíər]
◇ vóluntary　　　　　　形自発的な，志願の

317
access
アク?

利用する権利；接近，入手(する方法)
★約70%がtoを伴う。
動〈情報など〉を利用する
[ǽkses]　★ただし [æksés] という発音も存在する。
◆ have access to A 「Aを利用できる」
◇ accéssible　　　　　　形行ける，利用できる

318
quantity
[kwάntəti]
反?

量
◆ large quantities of A 「多量のA」
⇔ quálity　　　　　　名質

319
branch　多義
[brǽntʃ]

①枝　②支店，支局　③(学問の)部門，分野
◇ bough　発音　　　名[báu]　(大)枝
◇ trunk　　　　　　名(木の)幹

1 Basic Stage ・名詞　　61

MINIMAL PHRASES　　　　　　　　　　　　　Disc1-60

▫ **Laughter** is the best medicine.	笑いは最高の良薬だ
▫ air **transport**	航空輸送
▫ get 20% of the **vote**	20％の票を得る
▫ **resident**s of New York	ニューヨークの住民
▫ 20 **square** miles	20平方マイル

320
laughter
[lǽftər]

笑い，笑い声
★「笑う人」という意味はないので注意。
◆ burst into laughter　「わっと笑い出す」

321
transport
[trænspɔ́ːrt]

交通機関，輸送　動[—́ —́] ～を運ぶ，輸送する
◇ transportátion　名輸送，運送
源 trans(越えて)+port(運ぶ)　cf. portable「持ち運びのできる，携帯用の」

322
vote
[vóut]

投票，選挙権　動投票する
◆ vote for A　「Aに賛成の投票をする」

323
resident
[rézidənt]

住民，滞在者　形住んでいる
◇ résidence　名住宅，家
◇ residéntial　形居住用の，住宅の
◇ resíde　動住む，存在している
★ inhabitant「住人」とは異なり，resident はホテルなどに一時的に滞在する人にも使える。

324
square　多義

① 正方形　②(面積の単位)平方，2乗　③(四角い)広場
◇ tríangle　名三角形
◇ cube　名立方体，立方

[skwéər]

MINIMAL PHRASES　　Disc1-61

325
□ ***in*** **a hopeless situation**
　　　　[sitʃuéiʃən]

　　　◇sítuated

希望のない状況で
事態，立場

形 位置している，ある（＝located）

326
□ **the Japanese government**
　　　　[gʌ́vərnmənt]

　　　◇góvern
　　　◇góvernor

日本政府
政治

動 ～を支配する，統治する
名 州知事

327
□ **have little knowledge of English**
　　　　発音?

　　◆to (the best of) A's knowledge

英語の知識がほとんどない
[nálidʒ]　cf. know [nóu]

「Aの知る限りでは」

328
□ **the Asian nations**
　　　　[néiʃən]

形?　　◇nátional
　　　◇nationálity
　　　◇nátionalism
　　　◇nationwíde

アジアの諸国
国家；国民

形 国家の；国民の
名 国籍
名 民族主義；国粋主義
形 全国的な，全国規模の

329
□ ***make* an effort *to* help him**
　　　　[éfərt]

彼を助けようと努力する
★約20%がmakeを，30%がto Vを伴う。

330
□ **the Cold War period**
　　　　[píəriəd]

冷戦時代
期間

331
□ **population growth**
　　　　[pɑpjuléiʃən]

　　　◇pópulate

人口の増加
住民，（動物の）個体数

動〈場所〉に住む
★受動態(過去分詞)が90%以上。

Q 「人口が多い」＝ have a (　　) population

A large（many不可）「少ない」はsmall。

1 Basic Stage・名詞　● 63

MINIMAL PHRASES　　　　　　　　　Disc1-62

332
for peaceful purposes [pə́ːrpəs]	平和的な目的で (＝object)
◆for the purpose of A	「Aの目的で」
◆on purpose	「わざと，故意に」

333
study human behavior 発音?	人間の行動を研究する [bihéivjər]
動? ◇beháve	動ふるまう
◆behave oneself	「行儀よくする」

334
lack of food [lǽk]	食糧不足 動〜を欠いている
◆for lack of A	「Aの不足のために」
◆be lacking in A	「Aを欠いている」(＝lack A)

335
learn basic skills [skíl]	基本的な技術を学ぶ
◇skilled	形熟練した
◇skíllful	形上手な

336
the sound quality of the CD [kwáləti]	CDの音質 性質　形良質の

337
the natural environment [inváiərənmənt]	自然環境
形? ◇environméntal	形環境の
◆environmental pollution	「環境汚染」
◇environméntalist	名環境保護主義者

338
play an important role [róul]	重要な役割を果たす (＝part)
◆play a role in A	「Aで役割を果たす」
Q roleと同音の単語は？	A roll「転がる」

339
a positive attitude _toward_ life アク?	人生に対する前向きな態度 [ǽtitjuːd]　考え方，姿勢

MINIMAL PHRASES　　　　　　　　　　　　　Disc1-63

340
| □ the **author** of this passage [ɔ́:θər] | この文章の 筆者 著者（= writer） |

341
| □ scientific **research** [rísə:rtʃ] | 科学的な 研究 調査　動（〜を）研究［調査］する |

342
| □ an **opportunity** *to* talk to her （アク?） | 彼女と話す 機会 [ɑpərtjúnəti] |

343
| □ a **source** of information [sɔ́:rs] | 情報 源 出所 |

344
| □ die of heart **disease** [dizí:z] | 心臓 病 で死ぬ 源 dis（否定）+ ease（楽） |

345
| □ the **shape** of her nose [ʃéip] | 彼女の鼻の 形 動 〜を形作る |
| ◆ be in (good) shape | 「体調がよい，よい状態だ」 |

346
□ the **advantage** *of* being tall [ədvǽntidʒ]	背が高いという 利点 有利
反? ⇔ disadvántage	名不利
◇ advantágeous	形〈人にとって〉有利な
◆ take advantage of A	「Aを利用する，A〈人〉につけこむ」

347
| □ a **method** of teaching English [méθəd] | 英語を教える 方法 |

348
□ be in the **habit** of reading in bed [hǽbit]	ベッドで本を読む 習慣 がある くせ
◆ eating habit	「食習慣」
◇ habítual	形 習慣的な

1 Basic Stage・名詞　●　65

MINIMAL PHRASES

349
remember details of the story [díːteil] | 話を細部まで覚えている / 詳細

形? ◇détailed | 形 くわしい
◆in detail | 「くわしく,細かに」

350
make a long-distance call [dístəns] | 長距離電話をかける

形? ◇dístant | 形 遠い
◆in the distance | 「遠くで」

351
A large crowd gathered. 発音? | 大群衆が集まった / [kráud] 動 群がる

形? ◇crówded | 形 込み合った, 満員の

352
Change your clothes. [klóuz] | 服を着替えなさい / 衣類(複数あつかい)(=clothing)

◇cloth | 名 布

353
the best known instance [ínstəns] | 最もよく知られた例 / (=example); 場合(=case)

◆for instance | 「たとえば」

354
a strong desire *to* be a singer [dizáiər] | 歌手になりたいという強い願望 / 欲望 ★過半数が to V を伴う。動 ～を望む

◇desirable | 形 望ましい

355
the standard of living アク? | 生活水準 / [stǽndərd] 基準, 標準　形 標準の

356
high technology アク? | 高度な科学技術 (ハイテク) / [teknálədʒi]

357
for future generations [dʒenəréiʃən] | 未来の世代のために

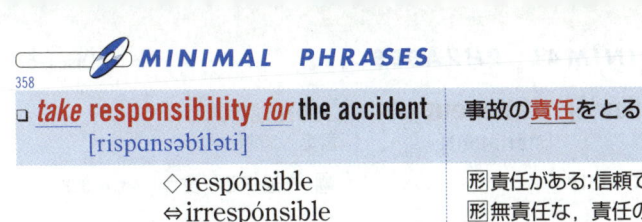

MINIMAL PHRASES　Disc1-65

358
□ ***take* responsibility *for* the accident** | 事故の責任をとる
　　[rispɑnsəbíləti]

　　　　◇respónsible | 形 責任がある；信頼できる；原因となる
　　　　⇔irrespónsible | 形 無責任な，責任のない

359
□ **a difficult task** | 難しい仕事
　　[tǽsk] | ★厳しい骨の折れる仕事。

360
□ **experiments with animals** | 動物を用いる実験
　　[ikspérimənt] | 動 実験する

　　　　◇experiméntal | 形 実験的な

361
□ **evidence of life on Mars** | 火星に生物がいるという証拠
　　[évidəns] | ★不可算名詞だ。(+ of, that～)

　形?　　◇évident | 形 明らかな

362
□ **only a decade ago** | ほんの10年前に
　アク?　　[dékeid]

363
□ **a loss of $5,000** | 5,000ドルの損失
　　[lɔ́(:)s]

　　　　◆be at a loss | 「途方に暮れる」
　　　　◇lose | 動 ①～を失う　②〈試合など〉に負ける
　　　　　　　　　③〈時計が〉遅れる
　　　　◇lost | 形 道に迷った；途方に暮れた

364
□ **unique aspects *of* Japanese culture** | 日本文化のユニークな側面
　アク?　　[ǽspekt] 様相　★約80％にofがつく。

365
□ **the theory of relativity** | 相対性理論
　　[θíəri]

　　　　◆in theory | 「理論的には」
　　　　⇔in practice | 「実際には」
　形?　　◇theorétical | 形 理論的な，理論上の

1 Basic Stage・名詞　● 67

MINIMAL PHRASES

366
- read the following **statement** [stéitmənt]
  - ◇state

次の記述を読む
言葉；声明
動 ～を述べる，言う ☞ p.323

367
- a **professor** at Boston University [prəfésər]
  - ◇tútor

ボストン大学の教授
名 チューター(大学の個別指導教官)，家庭教師

368
- the basic **function**s of a computer [fʌ́ŋkʃən]

コンピュータの基本的機能
役割 動 機能する，働く

369
- the **surface** of the earth [sə́ːrfis]

地球の表面
形 表面の，うわべの
源 sur(上の)+face(顔)

370
- an important **factor** _in_ success [fǽktər]

成功の重要な要因
要素

371
- an international **organization** [ɔ̀ːrɡənizéiʃən]
  - 例 World Health Organization
  - ◇órganize

国際的な組織
機関，団体
「(国連の)世界保健機関」(略 **WHO**)
動 ～を組織する；～をまとめる

372
- Japan's foreign **policy** [pálisi]

日本の外交政策
方針

373
- natural **resource**s [ríːsɔːrs]

天然資源
財源；手段 ★複数形が80％を超える。

374
- the **contrast** between light and shadow [kántræst]

光と影の対比
差異 動 [kəntrǽst] 対照をなす

  - ◆in contrast to [with] A
  - ◆in [by] contrast

「Aと対照的に」
「これに対して」★前文を受けて用いる。

MINIMAL PHRASES　　Disc1-67

375
□ **brain** death
[bréin]

脳死
知能

376
□ attract **customer**s to the store
[kÁstəmər]

店に客を引きつける
★商店・レストランなどの客を指す。

◇clerk

图①店員　②事務員，職員

377
□ buying and selling **goods**
[gúdz]

商品の売り買い
品物（=merchandise, commodity）

378
□ humans and other **creature**s
発音?

人間と他の動物
[krí:tʃər]　（= animal）

★ create [kriéit]（動〜を作り出す）との発音の違いに注意。

379
□ changes in social **structure**
[strÁktʃər]

社会構造の変化

◇restrúcture
◇restrúcturing

動〜を再編成する，再構築する
图人員削減（リストラ），
　（企業などの）再編成

380
□ history and **tradition**
[trədíʃən]

歴史と伝統
慣習；言い伝え

◇tradítional

形伝統的な，慣習的な

381
□ lose **weight**
発音?

体重を減らす
[wéit]　重さ　★ghは発音しない。

◆put on weight
◇length
◇width　発音
◇depth

「太る」（= gain weight）
图長さ（←long）
[wídθ]　图幅，広さ（←wide）
图深さ（←deep）

382
□ do hard **labor**
[léibər]

重労働を行う
骨折り，努力

形?　◇labórious

形骨の折れる，困難な

1 Basic Stage・名詞 ● 69

MINIMAL PHRASES

383
| the average American **citizen** [sítizn] | 平均的アメリカ市民 国民 |

◇cítizenship — 名 市民権

384
| ***make*** a good **impression** *on* him [impréʃən] | 彼によい印象を与える |

◇impréss — 動〈人〉を感心させる
◇impréssive — 形 見事な, 印象的な

385
| many **species** of birds (発音?) | 多くの種の鳥 [spíːʃiːz] ★単複同形だ。 |

◆our species — 「人類」(= human species)

386
| a long **career** as an actress (アク?) | 女優としての長い経歴 [kəríər] (専門的な)職業 |

387
| the **concept** *of* time [kánsept] | 時間の概念 |

◇concéption — 名 ①概念, 考え方, 想像(力) ②妊娠 (②は入試ではまれ)
◇concéive — 動 ①〜を想像する, 思いつく ②妊娠する (②は入試ではまれ)

388
| train **passengers** [pǽsendʒər] | 列車の乗客 |

389
| the violent **crime** rate [kráim] | 凶悪犯罪の発生率 |

◇críminal — 名 犯罪者 形 犯罪の

390
| low-**income** families [ínkʌm] | 低所得の家族 収入 |

(語法) ★「多い収入」は a high [large] income, 「少ない収入」は a low [small] income だ。expensive や cheap は×。

MINIMAL PHRASES　　　Disc1-69

391
| the average **temperature** in Paris
[témpərətʃər] | パリの平均気温
温度，体温 |

392
| ***the*** **majority** ***of*** students
[mədʒɔ́(ː)rəti] | 大多数の学生 |

| 反? | ⇔minórity | 图少数派，少数民族 |
| | ◇májor | 形主要な　動専攻する　☞ p. 329 |

393
| the **origin** of language
アク? | 言語の起源
[ɔ́(ː)ridʒin]　生まれ，出身 |

| | ◇oríginal | 形①最初の　②独創的な
图原物，原型，原作 |
| 動? | ◇oríginate
◇originálity | 動起こる，始まる
图独創性 |

394
| study English **literature**
[lítərətʃər] | 英文学を研究する |

395
| medical **equipment**
[ikwípmənt] | 医療設備
用具，機器　★不可算名詞だ。|

| | ◇equíp | 動～を装備させる |

396
| talk to a **stranger**
[stréindʒər] | 見知らぬ人に話しかける
(場所に)不案内な人 |

| Q I'm a stranger around here. の意味は？ | A「この辺はよく知らないんです」|

397
| **strength** and weakness
発音? | 強さと弱さ
[stréŋkθ]　★**strong**の名詞形だ。|

| | ◇stréngthen | 動～を強くする，強化する
(⇔weaken) |

1 Basic Stage・名詞　● 71

MINIMAL PHRASES　　　　　　　　Disc1-70

398
□ **the planet Earth**	地球という惑星
[plǽnit]	
◇Mércury	名 水星
◇Vénus	名 金星
◇Mars	名 火星
◇Júpiter	名 木星
◇Sáturn	名 土星
	★ Uranus「天王星」; Neptune「海王星」; Pluto「冥王星」

399
□ ***under*** **any circumstances**	いかなる状況においても ★9割が複数。
アク？	[sə́ːrkəmstænsiz] 周囲の事情
◆under the circumstances	「そういう状況では；現状では」

400
□ **science and religion**	科学と宗教
[rilídʒən]	
◇relígious	形 宗教の，信心深い

401
□ **environmental pollution**	環境汚染
[pəljúːʃən]	
◇pollúte	動 ～を汚染する
◇pollútant	名 汚染物質，汚染源

402
□ **wealth and power**	富と権力
[wélθ]	財産（=riches）
形？　◇wéalthy	形 裕福な，豊富な

403
□ **Western civilization**	西洋文明
[sìvəlizéiʃən]	
◇cívilized	形 文明化した

404
□ **make a $2 million profit**	200万ドルのもうけを得る
[práfit]	利益
◇prófitable	形 有益な，もうかる

MINIMAL PHRASES　　　　　　　　　　Disc1-71

405
the **technique** of film-making アク?	映画作りの<u>技術</u> [tekníːk]
◇téchnical ◆technical term	形技術の，専門の 「専門用語」

406
express **emotion**s [imóuʃən]	<u>感情</u>を表現する
形? ◇emótional	形感情的な，感動的な

407
a natural **phenomenon** [finámənɑn]	自然<u>現象</u>
Q 複数形は？	A phenomena [finámənə]

408
die of skin **cancer** [kǽnsər]	皮膚<u>ガン</u>で死ぬ
◆lung cancer	「肺ガン」

409
at the **bottom** of the sea [bátəm]	海の<u>底</u>で

410
8 **billion** people [bíljən]	<u>八十億</u>の人々
◇míllion	名百万

411
the social **status** of women [stéitəs]	女性の社会的<u>地位</u> 身分
例 a status symbol	「ステイタスシンボル，地位の象徴」

412
modern **youth** [júːθ]	現代の<u>若者</u> 青年期；若さ
◇yóuthful	形若々しい，若い，若者の

1 Basic Stage ・ 名詞　● 73

MINIMAL PHRASES　　　　　　　　　　Disc2-01

413	
☐ **have confidence *in* my ability** 　　　[kánfidəns]	自分の能力に自信がある 信頼
◇ self-cónfidence ◇ cónfident ◇ confíde	名自信 形確信している，自信がある 動〈人に〉秘密を打ち明ける（＋in） ★「～を信頼する」はまれ。

414	
☐ **the edge of the Pacific Ocean** 　　　[édʒ]	太平洋の周辺 縁（ふち）；（町などの）はずれ
◆ be on the edge of A	「Aのせとぎわにある」

415	
☐ **household goods** 　　　[háushould]	家庭用品

416	
☐ **a great scholar** 　　　[skálər]	偉大な学者
◇ schólarship	名奨学金

417	
☐ **according to a new survey** 　　　[sə́ːrvei]	新しい調査によると 動[səːrvéi] ～を調査する
	★アクセントは，名詞が前，動詞が後ろだ。

418	
☐ **a vocabulary of 5,000 words** 　　　[voukǽbjəleri]	5,000語の語彙

419	
☐ **a natural enemy** 　　　[énəmi]	天敵

420	
☐ **a bridge *under* construction** 　　　[kənstrʌ́kʃən]	建設中の橋
◇ constrúct ◇ constrúctive	動～を建設する，〈理論など〉を構築する 形建設的な

421	
☐ **a lecture *on* history** 　　　[léktʃər]	歴史に関する講義 動（～に）講義をする

MINIMAL PHRASES　　Disc2-02

422
follow his instructions
[instrʌ́kʃən]

◇instrúct	動〜を指示する，指導する（=teach）
◇instrúctor	名指導者，教師
◇instrúctive	形ためになる，教育的な

彼の指示に従う
教育

423
get over the economic crisis
[kráisis]

形? ◇crítical
Q 複数形とその発音は？

形①重大な，危機の　②批判的な
A crises [kráisi:z]

424
a medical instrument
アク?

◆musical instrument

医療器具
[ínstrəmənt] 道具；楽器
「楽器」

425
grow various crops
[krɔ́p]

さまざまな作物を育てる
収穫(量)

426
a laser weapon
発音?

レーザー兵器
[wépən] 武器

427
an electronic device
[diváis]

動? ◇devíse
◇applíance

電子装置
手段，工夫
動〜を工夫する，考案する
名(電気・ガス)器具

428
the path *to* victory
[pǽθ]

◇ávenue

勝利への道
進路；軌道
名大通り，…街

429
predict earthquakes
[ə́:rθkweik]

◇quake

地震を予知する

名地震；揺れ　動ふるえる

1 Basic Stage ・名詞　● 75

MINIMAL PHRASES

430
- a clear mountain **stream**
  [stríːm]

きれいな山の小川
流れ 動流れる

431
- the **notion** of freedom
  [nóuʃən]

自由の概念
考え(＝idea)

432
- a dangerous **substance**
  [sʌ́bstəns]

危険な物質

433
- **victim**s of the war
  [víktim]

戦争の犠牲者
被害者；いけにえ

434
- run out of **fuel**
  [fjúː(ː)əl]

燃料を使い果たす

435
- the common **ancestor**s of all humans
  アク？

すべての人類の共通の祖先
[ǽnsestər]

反？ ⇔ descéndant
◇ áncient
◇ áncestry

名子孫
形古代の
名(集合的に)先祖，血統

436
- the rich **soil** of the Nile River
  [sɔ́il]

ナイル川の豊かな土壌
土，土地

437
- a **debate** on education
  [dibéit]

教育についての討論
動(〜を)討論する

438
- **violence** on TV
  [váiələns]

テレビにおける暴力
激しさ

形？ ◇ víolent

形乱暴な，暴力的な；激しい

MINIMAL PHRASES　　　　　　　Disc2-04

439
□ my friends and **colleagues**
　　　　　アク?

私の友人と同僚
[káli:g]

440
□ his **philosophy** of life
　　　[filásəfi]

彼の人生哲学
人生観

源 philo(愛する)＋soph(知恵)

◇ philósopher　　　名 哲学者

441
□ **analysis** *of* DNA
　アク?

DNAの分析
[ənǽlisis]

動?　◇ ánalyze　　　動 ～を分析する
　　　◇ ánalyst　　　名 解説者，専門家

442
□ stars in the **universe**
　　　　　　[jú:nəvə:rs]

宇宙の星
世界

形?　◇ univérsal　　　形 普遍的な，全世界の

443
□ a machine run by **electricity**
　　　　　　　　　[ilektrísəti]

電気で動く機械

◇ eléctric　　　形 電気の，電動の
◇ electrónic　　　形 電子(工学)の
◇ eléctrical　　　形 電気に関する

444
□ social **insect**s like ants
　　　　　[ínsekt]

アリのような社会性昆虫

源 「体が節に分かれた」の意味。sectionと同語源。

445
□ prepare for *natural* **disaster**
　　　　　　　　　　[dizǽstər]

自然災害に備える
惨事，災難

◇ disástrous　　　形 破滅的な

源 dis(離れる)＋aster(星)＝「幸運の星から離れること」

MINIMAL PHRASES

446
- a heavy **storm** [stɔ́ːrm]
激しい嵐

447
- have **plenty** *of* time [plénti]
十分な時間がある
[肯定文で] たくさん, 多数, 多量

★ 80％以上が plenty of A の形だ。A には可算名詞も不可算名詞も可。

448
- land suitable for **agriculture** アク?
農業に向いた土地
[ǽgrikʌltʃər]

形? ◇agricúltural
形 農業の

449
- the **gene** for eye color [dʒíːn]
目の色を決める遺伝子

形? ◇genétic
◆genetic engineering
形 遺伝子の
「遺伝子工学」

450
- tobacco **advertising** アク?
タバコの広告
[ǽdvərtaiziŋ] 宣伝活動

◇advertísement
◇ádvertise
名 広告, 宣伝
動 (〜を) 宣伝する

451
- **carbon** dioxide [káːrbən]
二酸化炭素
★ 50％以上がこの形で出る。

452
- the mother-**infant** relationship [ínfənt]
母親と幼児の関係

◇ínfancy
名 幼年時代

MINIMAL PHRASES　　　　　　　　　　　Disc2-06

453
□ human **evolution** | 人類の進化
[evəljúːʃən]

動？
◆ the theory of evolution 「進化論」
◇ evólve 動進化する
◆ natural selection 「自然選択［淘汰］」

454
□ destroy cancer **cell**s | ガン細胞を破壊する
[sél] | 電池

◆ fuel cell 「燃料電池」
◆ cell phone 「携帯電話」（= cellular phone）

455
□ financial **aid** to Iraq | イラクへの財政的援助
[éid] | （= help, support）動～を援助する

456
□ *have* serious **consequence**s | 重大な結果をまねく
[kánsikwens] | （= result）

◇ cónsequently 副その結果として（= as a result）

457
□ have musical **talent** | 音楽の才能がある
[tǽlənt] | 才能のある人

★日本語の「（テレビ）タレント」は
personalityを使い，talentとは言わない。
◇ tálented 形才能のある

1 Basic Stage・名詞 ● 79

Adjectives & Adverbs 形容詞・副詞；etc.

MINIMAL PHRASES　　　　　　　　　　　　　　　Disc2-07

□ a **common** language	共通の言語
□ No Smoking in **Public** Places	公共の場では禁煙
□ He *is* **likely** *to* win.	彼が勝つ可能性が高い
□ **serious** social problems	深刻な社会問題
□ a **particular** character	特有の性質

458
common 〔多義〕
[kάmən]

①共通の，公共の　②普通の，ありふれた
- ◆have A in common (with B) 「(Bと) Aを共有する」
- ◆common sense 「常識(的判断力)」
- ◆the common people 「一般大衆」
- ◇cómmonplace 　　　形ありふれた

459
public
[pʌ́blik]

公の，公衆の　名(the public)一般の人々，大衆
- ◆public opinion 「世論」
- ◆in public 「公然と，人前で」
　　　　　　　　⇔in private

460
likely
[láikli] 〔語法〕

ありそうな，～する可能性が高い　副たぶん，おそらく
- ◆be likely to V 「Vする可能性が高い」
- ◆It is likely that～ 「～する可能性が高い」
- ◇líkelihood 　　　名可能性，見込み

461
serious
[síəriəs]

①深刻な，重大な　②真剣な，まじめな
- ★「重病」は，serious illnessだ。heavy illnessとは言わない。

462
particular 〔アク？〕
[pərtíkjulər]

①ある特定の；特有の　②好みのやかましい(+about)
- ◆in particular 「特に」(＝particularly)

MINIMAL PHRASES　　　　　　　　　　　　　　　Disc2-08

☐ information **available** *to* everyone	みんなが<u>利用できる</u>情報
☐ a **local** television station	<u>地方の</u>テレビ局
☐ I *am* **ready** *to* start.	出発の<u>用意ができている</u>
☐ the **correct** answer	<u>正しい</u>答
☐ be **familiar** *with* Japanese culture	日本の文化に<u>くわしい</u>

463
available
[əvéiləbl]

①手に入る，利用できる
②〈人が〉手が空いている（＝free）
◆be available to A 「Aに利用できる」

464
local
[lóukəl]

その土地の，地元の，現地の
◆local government 「地方自治体」

★localには，都会に対する「田舎の」という意味はない。cf. provincial「（けなして）田舎臭い」，rural「（良い意味で）田舎の，田園の」

465
ready　多義
[rédi]

①用意ができた
②(be ready to V)進んでVする（＝be willing to V）
◆get ready for A 「Aの用意をする」
◇réadily　　　　　　　副快く，進んで；容易に
◇réady-máde　　　　形できあいの，既製の

466
correct
[kərékt]

正しい，適切な（＝right）
動〜を訂正する
反？
⇔incorréct　　　　　　形まちがった（＝wrong）

467
familiar　多義
[fəmíljər]

①よく知られた，見覚えのある，親しい
②〈人が〉熟知している，くわしい
◆A be familiar with B 「A(人)がBをよく知っている」
◆B be familiar to A 「BがA(人)によく知られている」
◇familiárity　　　　　名親しい関係，熟知

1 Basic Stage・形容詞　副詞　● 81

MINIMAL PHRASES　　　　　　　　　　　Disc2-09

❏ **physical** beauty	肉体美
❏ The book is **worth** read*ing*.	その本は読む価値がある
❏ be **involved** *in* the accident	事故に巻き込まれている
❏ All men are created **equal**.	全ての人は平等につくられている

468
physical　多義

[fízikəl]

①身体の，肉体の(⇔spiritual)　②物理的な；物質の
◇phýsics　　　　　名物理学
◇phýsicist　　　　名物理学者

469
worth

[wə́ːrθ]

(be worth A) Aの価値がある
(be worth Ving) Vする価値がある　名価値
◆be worth (A's) while
　　　　　　　「(Aが)時間[労力]をかける価値がある」
◆be worthy of A　「Aの価値がある」

Q His speech is worth (　).　　A ①「彼の話は聞く価値がある」worth＋Vingの後に，主語の名詞を
　① listening to　② listening　　　置ける形にする必要がある。listening to his speechから考える。

470
involved

[inválvd]

(be involved in A) Aに関係している，参加している
★次のように名詞を後から修飾することが多い。
　例 the people involved「関係する人々」
◇invólve　　　　動～を伴う，含む；～を巻き込む，
　　　　　　　　　　関係させる
◇invólvement　　名かかわり合い，関与

471
equal　アク？　名？

平等な，等しい，匹敵する　動～に等しい
[íːkwəl]
◆be equal to A　「①Aと等しい②Aに耐えられる」
◇equálity　　　　名平等

MINIMAL PHRASES　Disc2-10

- her **private** life 　　　　　　彼女の<u>私</u>生活
- an **obvious** mistake 　　　　<u>明白な</u>まちがい
- a **native** language 　　　　　<u>母</u>語
- a **complex** system 　　　　　<u>複雑な</u>システム
- I *am* **willing** *to* help her. 　<u>喜んで</u>彼女を助けるつもりだ

472
private
[práivit]　反?

名?

個人の，私有の；私的な，秘密の
⇔públic　　　　　　形公の，公的な
◆private school　　「私立学校」
◆in private　　　　「内密に，非公式に」
◇prívacy　　　　　名プライバシー，秘密

473
obvious
アク?

明白な
[ábviəs]
◇óbviously　　　　副明らかに

474
native
[néitiv]

母国の，原住民の；生まれ故郷の
名(ある土地の)生まれの人

475
complex
[kampléks]

Q 「劣等感」は英語で？

複雑な
名[kámpleks]　①強迫観念　②建物の集合体(名は少数)
◇compléxity　　　　名複雑さ
A inferiority complex

476
willing
[wíliŋ]

(be willing to V) 進んで[喜んで] Vする，Vする気がある
◇wíllingly　　　　副進んで，快く

1 Basic Stage・形容詞 副詞　● 83

MINIMAL PHRASES　　　　　　　Disc2-11

▫ the **current** international situation	今日の国際状況
▫ **male** workers	男性の労働者
▫ the **proper** use of words	言葉の適切な使い方
▫ He is **capable** *of* doing the job.	彼はその仕事をする能力がある
▫ He is **independent** *of* his parents.	彼は親から独立している

477
current
[kə́:rənt]

最新の，現時点の；広く世に行われる
名流れ，風潮　　例 electric current「電流」
◆current events　「時事問題」
◇cúrrency　　　　名通貨

478
male
[méil]　反?

男の，雄の　　名男，雄
⇔fémale　　　　　形女の，雌の　名女，雌

479
proper
[prápər]

適切な，ふさわしい；礼儀正しい

480
capable
[kéipəbl]
反?

①～する能力がある，～する可能性がある　②有能な
◆be capable of Ving　「Vする能力[可能性]がある」
⇔incápable　　　　形能力[可能性]がない
◇capabílity　　　　名能力

Q He is capable to teach English. はどこがいけない？
A capableはto Vと用いない。He is capable of teaching English. が正しい。

481
independent
[indipéndənt]

独立した(⇔dependent)
◆be independent of A　「Aから独立している」
◇indepéndence　　　名独立

MINIMAL PHRASES　　Disc2-12

☐ **positive** thinking	<u>積極的な</u>考え方
☐ a **pleasant** experience	<u>楽しい</u>経験
☐ a **significant** difference	<u>重要な</u>違い
☐ the **former** President	<u>前</u>大統領
☐ a **chemical** reaction	<u>化学</u>反応

1 形容詞 副詞

482
positive
[pázitiv]
(反？)

①積極的な，前向きの；肯定的な
②明確な；〈人が〉確信している（= sure）
⇔ négative　☞ p. 88
◇ pósitively　　副 確かに，きっぱりと

483
pleasant
(発音？)

(名？)

Q I'm ( ) with my new house.
　① pleasant　② pleased

〈人にとって〉楽しい，愉快な（= pleasing）；心地よい
[plézənt]
◇ pleased　　　形〈人が〉喜んでいる，満足している
◇ please　　　動 〜を喜ばす，〜を満足させる
◇ pleasure　(発音) 名 [pléʒər] 喜び，楽しみ

A ②「私は新しい家が気に入っている」cf. My new house is pleasant to live in.「私の新しい家は住み心地がよい」

484
significant
[signífikənt]

(動？)

①重要な，意味のある　②かなり多くの
例 a small but significant number「少数だがかなりの[無視できない]数」
◇ signíficance　　名 重要性，意味
◇ sígnify　　　　動 〜を示す，意味する

485
former
[fɔ́ːrmər]

前の，昔の
名 (the former) 前者（⇔ the latter「後者」）
◇ fórmerly　　　副 以前は，昔は

486
chemical
[kémikəl]　(名？)　(2つ)

化学的な　名 化学物質
◇ chémistry　　　名 化学；(化学的な)性質
◇ chémist　　　　名 化学者

1 Basic Stage ・形容詞 副詞　● 85

MINIMAL PHRASES

Disc2-13

☐ be **upset** by the accident	事故で<u>動揺している</u>
☐ from the **previous** year	<u>前の</u>年から
☐ **global** warming	<u>地球の</u>温暖化
☐ a **specific** individual	<u>特定の</u>個人
☐ health-**conscious** Americans	健康を<u>意識する</u>アメリカ人

487
upset
[ʌpsét]

〈人が〉**動揺している**，取り乱している
動 ①〈人〉の心を乱す　②〈計画など〉を駄目にする

488
previous
[príːviəs]
発音?
反?

(時間・順序で)**前の**，以前の

⇔ fóllowing　　　形 次の，下記の
◇ préviously　　　副 以前に，前もって

★ the previous night は，「(ある日の)前日の夜」のことで，last night「昨夜」とは違う。

489
global
[glóubəl]

世界的な，地球規模の
◇ globalizátion　　名 国際化 (= internationalization)
◇ globe　　　　　　名 地球，球体

490
specific
[spəsífik]
反?

①**特定の**；特有の　②明確な，具体的な
◇ specifically　　　副 特に，明確に；正確に言えば
① ⇔ géneral　　　　形 一般的な

491
conscious
[kánʃəs]
同?

意識している；意識的な　★ A-conscious の形が多い。
例 class-conscious 「階級意識がある」
　fashion-conscious 「流行を気にする」
= awáre
◆ be conscious of A 「Aを意識している」
◇ self-conscious　　形 恥ずかしがる，人の目を気にする

86

MINIMAL PHRASES　　　　　　　　　Disc2-14

▢ be **superior** *to* others	他の人より**すぐれている**
▢ an **efficient** use of energy	**効率のよい**エネルギーの使い方
▢ **fundamental** human rights	**基本的**人権
▢ a **narrow** street	**狭い**道
▢ a **reasonable** explanation	**理にかなった**説明

1 形 副

492
superior
アク？
反？
[supíəriər]
名？

よりすぐれている，まさっている　名上役，上司
⇔inférior　　形より劣っている
◆be superior to A「Aよりすぐれている」
◇superióriry　　名優越，優勢

493
efficient
アク？
[ifíʃənt]
名？

効率がいい，能率的な；(人が)有能な
◇effíciency　　名能率

494
fundamental
[fʌndəméntəl]

基本的な，初歩の；根本的な
名(fundamentals)基本事項，原則

495
narrow
[nǽrou]
副？

狭い，細い(⇔broad; wide)　　動～を狭くする
例 a narrow escape「かろうじて逃れること」
◇nárrowly　　副①かろうじて，危うく(＝barely)
　　　　　　　　②狭く

Q 「狭い部屋」は？
A a small room　「面積が狭い」はsmallを用いる。narrowは川，道など細長いものについて言う。

496
reasonable 多義
[ríːznəbl]

①**理にかなった**，適切な　②(値段が)**手ごろな**，安い
例 at reasonable prices「手ごろな価格で」

1 Basic Stage・形容詞 副詞　● 87

MINIMAL PHRASES　　Disc2-15

▫ feel **nervous** about the future	将来のことで<u>不安</u>になる
▫ The brothers look **alike**.	その兄弟は<u>似ている</u>
▫ **domestic** violence	<u>家庭内</u>暴力
▫ a **negative** answer	<u>否定的な</u>答
▫ make a **moral** judgment	<u>道徳的な</u>判断をする

497

nervous

[nə́ːrvəs]　名?

神経質な，不安な；神経の
◇nerve　　　　名①神経　②勇気，ずうずうしさ
◆get on A's nerves　　　「Aの神経にさわる」
◆(the) nervous system　「神経系(統)」

498

alike

[əláik]

似ている，同様な　副同様に
★Tom looks like Jim.＝Tom and Jim look alike. に注意。
◆A and B alike　　「AもBも同様に」
◇likewise　　　　副同様に(＝similarly)

499

domestic　多義

[dəméstik]

①家庭の，家庭的な　　例 a domestic animal「家畜」
②国内の(⇔foreign)　例 the domestic market「国内市場」
◇domesticate　　　動～を飼いならす

500

negative

[négətiv]

反?

①否定の，拒否の
②消極的な
⇔positive　☞ p. 85

501

moral

[mɔ́(ː)rəl]

道徳的な，道徳の
名(～s；複数扱い)道徳
◇morality　　　　名道徳(性)

88

MINIMAL PHRASES　　　　　　　　　　　　Disc2-16

◻ be **eager** *to* study in the US	アメリカ留学を熱望する
◻ the brain's **remarkable** ability	脳のすばらしい能力
◻ drive away **evil** spirits	悪い霊を追い払う
◻ stay **awake** all night	夜通し目が覚めている
◻ his **aged** parents	彼の年老いた父母

502
eager
[íːgər]

熱心な
◆ be eager to V　　　　　「強くVしたがる」★6割以上がこの形。
◇ éagerly　　　　　　　　副熱心に

503
remarkable
[rimáːrkəbl]

すばらしい，すぐれた，注目すべき
◇ remárk　　　　　　　　動～と述べる，言う　☞ p.28
◇ remárkably　　　　　　副著しく，目立って；珍しく

504
evil
発音?

(道徳的に)悪い，邪悪な　名悪，悪事
[íːvəl]

505
awake
[əwéik]

目を覚まして(⇔asleep)
動目覚める；～を目覚めさせる(＝wake)
(awake; awoke; awoken)

語法　★ awake, asleep は名詞の前に置かない。補語として用いる。

動?
◇ awáken　　　　　　　　動～を目覚めさせる；目覚める

506
aged
[éidʒid]

①年老いた，老齢の(＝very old)　②[éidʒd] ～歳の
例 people aged 65 and over「65歳以上の人」
◆ the aged　　　　　　　「高齢者」
◇ age　　　　　　　　　　名年齢；時代　動年老いる
◆ aging population　　　「高齢人口」
◆ aging society　　　　　「高齢化社会」

1 Basic Stage ・形容詞 副詞　● 89

MINIMAL PHRASES　　　　　　　　　　Disc2-17

☐ I am **anxious** *about* your health.	君の健康が<u>心配だ</u>
☐ walk on **thin** ice	<u>薄い</u>氷の上を歩く
☐ **nuclear** energy	<u>原子力</u>エネルギー
☐ the British **legal** system	イギリスの<u>法律の</u>制度
☐ be **curious** *about* everything	何にでも<u>好奇心を持つ</u>

507
anxious　　(多義)
[ǽŋkʃəs]

①(未知のことを)心配して，不安な　②切望して
◆ be anxious about A 「Aを心配している」
　　　　　　　　　　　　　(= be worried about A)
◆ be anxious to V 「Vすることを切望する」
　　　　　　　　　　　　　(= be eager to V)

(名?)　◇ anxiety　(発音)　名[æŋzáiəti] 心配，不安

Q　He is anxious to find a girlfriend. の意味は？
A　「彼は恋人を見つけたいと切望している」

508
thin
[θín]　(反?)

①<u>薄い</u>；細い　②やせた
⇔ thick　　　　　　　形厚い；太い；濃い

509
nuclear
[njúːkliər]

核の，原子力の
◆ nuclear weapon 「核兵器」
◆ nuclear family 「核家族」
◆ nuclear power plant 「原子力発電所」
◆ nuclear reactor 「原子炉」

510
legal
[líːgəl]　(反?)

合法の，法律の，法的な
⇔ illégal　　　　　　　形違法の

511
curious
[kjúəriəs]　(名?)

①<u>好奇心が強い</u>，知りたがる(+ about)　②奇妙な
◇ curiósity　　　　　　名好奇心；珍奇なもの

MINIMAL PHRASES

Disc2-18

☐ Always keep **calm**.	つねに冷静でいなさい
☐ a **tough** boxer	たくましいボクサー
☐ **civil** rights	市民権

512
calm (発音?)

冷静な, 静かな　動静まる; ~を静める　名静けさ, 落ち着き
[káːm]

513
tough　(多義)　(発音?)

①たくましい　②骨の折れる, 難しい　③厳しい
[tʌ́f]

514
civil
[sívl]

一般市民の; 国内の
◆the Civil War 「南北戦争」
◆civil war 「内戦」
◆the civil rights movement 「(黒人の)公民権運動」
◇civílian 名(軍に対して)民間人

1 Basic Stage ・形容詞 副詞

副詞；etc.

MINIMAL PHRASES　　　　　　　　　　　　Disc2-19

◻ He looks happy, but **actually** he is sad.	彼はうれしそうだが実は悲しいのだ
◻ **nearly** 30 years ago	30年近く前に
◻ The car is small and **therefore** cheap.	その車は小さい。それゆえ，安い。
◻ at **exactly** *the same* time	ぴったり同時に

515
actually
[ǽktʃuəli]

①実は，(ところが)実際は　②実際に
◇áctual　　　　　　　形現実の

516
nearly
[níərli]

①ほとんど，ほぼ(= almost)　②危うく〜しかける
◆not nearly　　　「まったく…ない」= not at all
◇néarby　　　　　副形近くに；近くの

(語法)　★nearlyはalmostと同様，ある状態にまだ達していないことを意味する。たとえば，nearly 60もalmost 60も，60より少ないことを表す。

Q　He nearly fell into the river. の意味は？
A　「彼は危うく川に落ちそうだった」= He almost fell into the river.

517
therefore
[ðéərfɔːr]

それゆえに，従って(= and so)

518
exactly
[igzǽktli]

正確に，完全に；(強い肯定の答)全くそのとおりです
★Not exactly. は「ちょっと違います」。
◇exáct　　　　　　形正確な

MINIMAL PHRASES　Disc2-20

☐ He may **possibly** come.	ひょっとすると彼は来るかもしれない
☐ **contrary** *to* expectations	予想に反して
☐ I **occasionally** go to the theater.	私はたまに芝居を見に行く
☐ **Somehow** I feel lonely.	なぜか寂しい
☐ I **seldom** see him.	彼に会うことはめったにない

519
possibly　多義　語法
[pάsəbli]

① ひょっとすると
② (cannot possibly V) どうしてもVできない
◇ póssible　形 可能な
◇ possibílity　名 可能性

Q He can't possibly come. の意味は？
A 「彼はどうしても来られない」　cf. He possibly can't come. は「ひょっとすると彼は来られないかもしれない」

520
contrary
[kάntreri]

反対に，逆に　形 反対の
◆ on the contrary 「それどころか，とんでもない」
　★文頭で用いる。
◆ contrary to A 「Aに反して」
◆ to the contrary 「逆の(に)」

521
occasionally
[əkéiʒənəli]

時々，たまに (= on occasion)
★ sometimes より低い頻度を示す。
◇ occásional　形 時々の，時折の

522
somehow
[sΛmhau]

① どういうわけか，なぜか
② 何とかして，何らかの方法で

523
seldom　語法
[séldəm]

めったに…ない (= hardly ever)
★助動詞またはbe動詞がある場合はその直後にseldomを置く。
例 This is seldom used.「これはめったに使われない」

1 Basic Stage・形容詞 副詞　● 93

MINIMAL PHRASES　　　　　　　　　　　　　　Disc2-21

- This is smaller and **thus** cheaper. | この方が小さく，したがって安い
- The British say "lift," **whereas** Americans say "elevator." | イギリス人は「リフト」と言うが，アメリカ人は「エレベータ」と言う
- **Besides** being rich, he is kind. | 彼は金持ちの上にやさしい

524
thus　　〈多義〉
[ðʌ́s]

① それゆえ，したがって＝therefore　★後ろに結果が来る。
② そのように，このように＝in this way
③ これほど，この程度
★ thus＝so と考えればどの意味もわかる。

525
whereas
[hweəræz]

接 〜だが一方，〜であるのに
★ while より堅い語で比較・対照を表す。

526
besides
[bisáidz]

前 〜に加えて，〜の上に（＝in addition to）
副 その上に　★ beside「〜の横に」と混同しないように！

ジャンル別英単語

植物

redwood [rédwud]	セコイア	bamboo [bæmbúː]	竹
maple [méipl]	カエデ	cedar [síːdə]	スギ
pine [páin]	マツ	chestnut [tʃésnʌt]	クリ（の木）
oak [óuk]	オーク（ナラ・カシ類）	walnut [wɔ́ːlnʌt]	クルミ（の木）

MINIMAL PHRASES　　　　　　　　　　　　　　　Disc2-22

527
□ **the general public**
[dʒénərəl]

	一般大衆
	全体的な
◆in general	「一般に，一般の」
◇génerally	副一般に；たいてい
◇géneralize	動(〜を)一般化する
◇generalizátion	名一般化

528
□ **various kinds of flowers**
[véəriəs]

さまざまな種類の花
(= varied)

名?
- ◇varíety — 名多様(性)，変化
- ◆a variety of A — 「さまざまなA」= various
- ◇váry — 動変わる，さまざまである；〜を変える ☞ p. 19

529
□ **be similar *to* each other**
[símələr]

お互いに似ている

- ◆be similar to A — 「Aに似ている」
- ◇similárity — 名類似(点)

530
□ **a complete failure**
[kəmplí:t]

完全な失敗
動〜を完成する

反?
- ⇔incompléte — 形不完全な
- ◇complétely — 副すっかり，完全に

531
□ **recent news**
[rí:snt]

最近のニュース

- ◇récently — 副最近，先ごろ
- ◇nówadays — 副近ごろ，今日では

★nowadaysは現在形と用いる。現在完了形とはめったに用いない。

Q I often see him recently. の誤りは？

A recentlyは，過去形か現在完了形の文に用い，現在形の文は不可。these days「最近」は，現在・現在完了形の文に用いる。

1 Basic Stage・形容詞 副詞　●　95

MINIMAL PHRASES

Disc2-23

532
□ an **expensive** restaurant
[ikspénsiv]

名?
⇔ inexpénsive
◇ expénse
◇ expénditure

高価なレストラン
金のかかる（= costly）
形安価な
名費用，経費，犠牲
名支出

533
□ a **political** leader
アク?

◇ politics アク

◇ politícian

政治的な指導者
[pəlítikəl]

[púlətiks] 名政治；政策；政治学
★-ics で終わる語はその直前にアクセントがあるが，これは例外。
名政治家

534
□ be **aware** *of* the danger
[əwéər]

◆ be aware of A
◆ be aware that ～
◇ awáreness

危険に気づいている
意識している（= conscious）
「Aに気づいている，意識している」
「～に気づいている」
名意識，認識

535
□ **ancient** Greece and Rome
発音?

◇ áncestor

古代のギリシャとローマ
[éinʃənt]
名先祖

536
□ a **medical** study
[médikəl]

◆ medical care
◇ médicine

医学の研究
医療の
「医療，治療」
名薬；医学

537
□ Water is **essential** *to* life.
アク?

名? ◇ éssence

水は生命に不可欠だ
[isénʃəl] 本質的な
名本質

538
□ a **huge** city
[hjú:dʒ]

巨大な都市
莫大な

MINIMAL PHRASES　　　　　　　　　　　　　Disc2-24

539
□ **a terrible accident** | ひどい事故
[térəbl] | 恐ろしい

動? ◇térrify | 動〜を恐れさせる
　　◇térrified | 形〈人が〉おびえている, 恐れる
　　◇térrifying | 形恐ろしい
名? ◇térror | 名恐怖；テロ
　　◇térrorism | 名テロリズム

540
□ **practical English** | 実用的な英語
[præktikəl] | 現実的な

◇práctically | 副① ほとんど（= almost）
　　　　　　　② 実際的に

541
□ **the entire world** | 全世界
[intáiər] | 完全な（= whole）

◇entírely | 副完全に（= completely, altogether）

542
□ **my favorite food** | 私のいちばん好きな食べ物
[féivərət] | 名お気に入りの物［人］

★「いちばん」の意味があるから most はつかない。

543
□ **enjoy a comfortable life** | 快適な生活を楽しむ
　発音? アク? | [kʌ́mfərtəbl] くつろいだ（+ with）

例 Make yourself comfortable [at home]. | （来客に）「楽にしてください」
名? ◇cómfort | 名快適さ, 慰め　動〜を慰める
　　◇discómfort | 名不快

544
□ **play an active role** | 積極的な役割を演じる
[æktiv] | 活動的な

反? ⇔pássive | 形受動的な；消極的な
名? ◇actívity | 名活動
　　◇áctivist | 名活動家, 運動家

1 Basic Stage ・形容詞　副詞

MINIMAL PHRASES

545
- **a typical American American family**
  [típikl]
  発音?

  ◆be typical of A

典型的なアメリカの家族
[típikl]

「典型的なAである, Aに特有である」

546
- **an ideal place to live**
  [aidíːəl]

生活するのに理想的な土地
名 理想

547
- **the vast land of Russia**
  [vǽst]

  例 the vast majority

ロシアの広大な土地
ばく大な(=large)

「大多数」

548
- **the most appropriate word**
  [əpróupriət]
  反?   ⇔inapprópriate

最も適切な語
(=suitable)

形 不適切な

549
- **an empty bottle**
  [émpti]

からのビン
動 ~をからにする

550
- **rapid economic growth**
  [rǽpid]

  ◇rápidly

急速な経済成長

副 急速に

551
- **a mental illness**
  [méntəl]
  反?   ⇔phýsical
  名?   ◇mentálity

精神の病
知能の

形 肉体の(=bodily)
名 思考方法, 心的傾向

552
- **an excellent idea**
  [éksələnt]
  動?   ◇excél
         ◇éxcellence

すばらしいアイディア
優秀な

動 優れている; ~にまさる
名 優秀さ

MINIMAL PHRASES　　　　　　　　　　　　　　　　Disc2-26

553

□ when it's **convenient** *for* you
　　[kənví:niənt]

君の<u>つごうがいい</u>ときに
便利な

　　◇convénience
Q Call me when you are convenient. の誤りは？

名便利さ，便利な道具
A 「君のつごうがよい」は you are convenient ではなく it is convenient for you と言う。

554

□ **potential** danger
　　[pəténʃəl]

<u>潜在的な</u>危険
可能性のある　名潜在能力，可能性

555

□ **financial** support from the US
　　[fainǽnʃəl]

アメリカからの<u>財政的</u>援助

　　◇fínance

名財政

556

□ an **enormous** amount of damage
　　[inɔ́:rməs]

<u>ばく大な</u>額の損害
巨大な

　同?　　= huge, vast

557

□ a **rare** stamp
　　[réər]

<u>珍しい</u>切手

　　◇rárely

副めったに…ない（= seldom）

558

□ a **complicated** problem
　　アク?

<u>複雑な</u>問題
[kámpləkeitəd]　（= complex）

559

□ a **tiny** kitten
　　[táini]

<u>ちっちゃな</u>子猫
ごく小さい

560

□ spend **considerable** time
　　[kənsídərəbl]

<u>かなりの</u>時間を費やす

★considerate「思いやりがある」と混同するな！

　　◇considerably

副かなり

1 Basic Stage ・形容詞　副詞

MINIMAL PHRASES

561
Her skin is sensitive to sunlight.
[sénsətiv]

◇ sénsible
◇ sensitívity

Q a ( ) approach to the problem
① sensible ② sensitive

彼女の肌は日光に敏感だ

形賢明な, 分別のある
名感受性, 敏感さ
A ①「問題に対する賢明な取り組み方」

562
high intellectual ability
[intəléktʃuəl]

名? ◇ íntellect アク

Q intelligentとどう違う？

高度な知的能力
名知識人

名知性
A intelligentは人や動物の知能が高いことだが, intellectualは人に限られ, 高度な知性・教養を持つという意味。

563
in a broad sense
発音?

◇ bréadth

広い意味では
[brɔ́ːd] (= wide ; ⇔ narrow)

名はば

564
be polite to ladies
[pəláit]

反? ⇔ impolíte

女性に対して礼儀正しい

形不作法な, 無礼な

565
accurate information
アク?

同? = exáct
名? ◇ áccuracy

正確な情報
[ǽkjərət]

名正確さ

566
a sharp rise in prices
[ʃáːrp]

物価の急激な上昇
鋭い

567
rude behavior
[rúːd]

失礼な振る舞い
不作法な (= impolite)

MINIMAL PHRASES

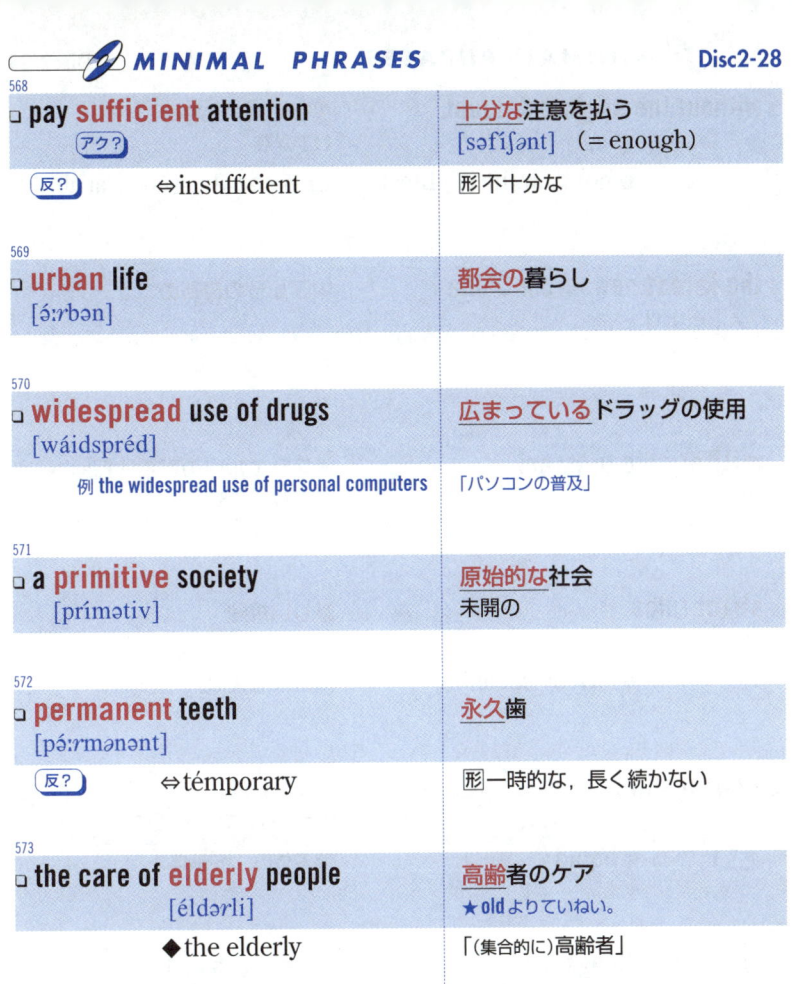

568
□ pay **sufficient** attention
アク?
[səfíʃənt] (= enough)
十分な注意を払う

反? ⇔insuffícient
形 不十分な

569
□ **urban** life
[ə́ːrbən]
都会の暮らし

570
□ **widespread** use of drugs
[wáidspréd]
広まっているドラッグの使用

例 the widespread use of personal computers 「パソコンの普及」

571
□ a **primitive** society
[prímətiv]
原始的な社会
未開の

572
□ **permanent** teeth
[pə́ːrmənənt]
永久歯

反? ⇔témporary
形 一時的な, 長く続かない

573
□ the care of **elderly** people
[éldərli]
高齢者のケア
★ old よりていねい。

◆ the elderly 「(集合的に)高齢者」

574
□ **severe** winter weather
[sivíər]
厳しい冬の天候
〈痛みなどが〉ひどい

575
□ a **brief** explanation
[bríːf]
簡潔な説明
短い(= short)

◆ in brief 「手短に言うと」

1 Basic Stage・形容詞 副詞 ● 101

MINIMAL PHRASES

576
without the **slight**est doubt [sláit]	少しの疑いもなく わずかな
◆not ... in the slightest	「全然〜ない」(= not ... at all)

577
the **latest** news from China [léitist]	中国からの最新のニュース
	源 late「遅い」の最上級。

578
military aid to Israel [mílətèri]	イスラエルへの軍事的援助 名 軍隊, 軍部

579
strict rules [stríkt]	厳しい規則
◆strictly speaking	「厳密に言えば」

580
a **solid** state [sálid]	固体の状態 がっしりした 名 固体
反? ⇔ líquid	形 液体の 名 液体

581
say **stupid** things [stjú:pid]	ばかなことを言う

582
biological weapons [baiəládʒikəl]	生物兵器 生物学的な
名? ◆biological clock ◇biólogy ◇biólogist	「体内時計, 生物時計」 名 生物学 名 生物学者

副詞；etc.

MINIMAL PHRASES

583
Probably he won't come.
[prábəbli]

おそらく彼は来ないだろう

◇ próbable
形 ありそうな，起こりそうな
★形式主語構文で使うことが多い。

◇ probabílity
名 見込み，可能性
★ **probably** は，十中八九ありそうな場合に用いる。**maybe, perhaps, possibly** は，可能性が 50％以下の場合に用いる。

584
I hardly know Bill.
[há:rdli]

ビルのことは**ほとんど**知ら**ない**

◆ hardly ... when [before] ～
「…してすぐに～した」

Q I studied (　　).
① hard ② hardly

A ① hardly に「一生けんめいに」の意味はない。

585
leave **immediately** after lunch
[imí:diətli]

昼食後**すぐに**出発する

◇ immédiate
形 目の前の，直接の，即座の

586
He **eventually** became President.
[ivéntʃuəli]

ついに彼は大統領になった
結局（＝finally）

同熟? ＝ at last, in the end

587
a **frequently** used word
[frí:kwəntli]

しばしば使われる言葉
（＝ often）

◇ fréquent
形 よく起きる，高頻度の
◇ fréquency
名 頻度

1 Basic Stage・形容詞 副詞 ● 103

MINIMAL PHRASES

Disc2-31

588
□ **an extremely difficult problem**
[ikstríːmli]

非常に難しい問題

◇ extréme

形 極端な，過激な　名 極端

589
□ **gradually become colder**
[grǽdʒuəli]

だんだん冷たくなる

◇ grádual

形 徐々の，段階的な

590
□ **It is merely bad luck.**
[míərli]

単に運が悪いだけです
(= only; just)

◇ mere

形 ほんの，単なる

591
□ **He is rich; nevertheless he is unhappy.**
[nevərðəlés]

彼は金持ちだが，それにもかかわらず，不幸だ

◇ nonethelèss

副 それにもかかわらず

592
□ **He's kind; moreover, he's strong.**
[mɔːróuvər]

彼は親切で，その上強い

593
□ **relatively few people**
[rélətivli]

比較的少数の人々
相対的に

同？　= compáratively
◇ rélative

副 比較的
形 相対的な，比較上の　名 親せき

594
□ **an apparently simple question**
アク？

一見簡単な問題
[əpǽrəntli]　見たところでは

★ **Apparently he is old.** は **It appears that he is old.** とほぼ同じ。

◇ appárent

形 ①明らかだ　②外見上の，うわべの
★補語の時は①の意。名詞限定では②が多い。

Q 訳しなさい。
1) The difference became apparent.
2) the apparent difference

A
1) 「違いが明らかになった」
2) 「見かけ上の違い」

MINIMAL PHRASES

595
It's absolutely necessary.
[ǽbsəluːtli]

絶対に必要だ
全く

★会話で「全くそのとおり」という強い肯定を表す用法も重要。

◇ábsolute 形 絶対の，完全な
⇔rélative 形 相対的な

596
largely because of the problem
[láːrdʒli]

主にその問題のせいで

同? = máinly, chíefly

597
The class is mostly Japanese.
[móustli]

クラスの大部分は日本人だ
たいていは

例 I sometimes drink whisky, but mostly I drink beer.
「私は時にはウィスキーも飲むが，たいていはビールを飲む」
★このようにsometimesと対照的に使われることがある。

598
somewhat better than last year
[sʌ́mhwɑt]

去年より多少よい

599
***not* necessarily true**
[nesəsérəli]

必ずしも本当でない

◆Not necessarily. 「必ずしもそうではない」
◇nécessary 形 必要な；必然の
◇necéssity 名 必要(性)

600
He lost despite his efforts.
[dispáit]

前 努力にもかかわらず彼は負けた
★despiteは前置詞。

同熟? = in spite of

1 Basic Stage・形容詞 副詞

ジャンル別英単語

虫

- **beetle** [bíːtl] 甲虫, カブトムシ
- **caterpillar** [kǽtərpilər] イモムシ, 毛虫
- **worm** [wə́ːrm] イモムシ, ミミズ, 寄生虫
- **snail** [snéil] カタツムリ
- **spider** [spáidər] クモ
- **mosquito** [məskíːtou] カ
- **fly** [flái] ハエ
- **bee** [bíː] ハチ
- **butterfly** [bʌ́tərflai] チョウ
- **moth** [mɔ́(ː)θ] ガ
- **bug** [bʌ́g] (一般に)虫
- **cockroach** [kákroutʃ] ゴキブリ

魚介類

- **salmon** [sǽmən] サケ
- **shark** [ʃáːrk] サメ
- **trout** [tráut] マス
- **shell** [ʃél] 貝, 貝殻
- **octopus** [áktəpəs] タコ

鳥

- **swallow** [swálou] ツバメ
- **sparrow** [spǽrou] スズメ
- **eagle** [íːgl] ワシ
- **hawk** [hɔ́ːk] タカ
- **pigeon** [pídʒən] ハト
- **dove** [dʌ́v] (小型の)ハト ★平和の象徴
- **crow** [króu] カラス
- **owl** 発音? [ául] フクロウ
- **hen** [hén] めんどり
- **robin** [rábin] コマドリ
- **goose** [gúːs] ガチョウ ★複数形はgeese

図形

- **circle** [sə́ːrkl] 円 動円を描く, せん回する
- **square** [skwéər] 正方形
- **triangle** [tráiæŋgl] 三角形
- **rectangle** [réktæŋgl] 長方形
- **angle** [ǽŋgl] 角, 角度
- **cube** [kjúːb] 立方体

第2章

この章をやり終えれば，センター試験なんか怖くない！ここまでは，全受験生必須だ。前章同様，単語の意味ばかりじゃなくて，ポイント・チェッカーやQ&Aにも十分注意して，進んでいこう！

Essential Stage

✣ *Verbs* 動詞 ✣

MINIMAL PHRASES　　　　　　　　　　Disc2-33

▫ **proceed** straight ahead	まっすぐ前に進む
▫ **ensure** the safety of drivers	ドライバーの安全を確保する
▫ **interpret** the meaning of the word	その言葉の意味を解釈する
▫ The Soviet Union **ceased** *to* exist.	ソ連は存在しなくなった
▫ **spoil** the party	パーティを台無しにする

601
proceed
[prəsíːd]

①進む　②(proceed to V) V しはじめる
◇ prócess　　名過程, 経過　☞ p.329
源 pro (前に) + ceed (行く)
cf. precede 「～に先行する」

602
ensure
[inʃúər]
(同熟?)

～を確実にする, 確保する；保証する　★+that 節が多い。
例 ensure that food is safe to eat 「食品の安全を確保する」
= make sure

603
interpret
(アク?)

①～を解釈する　②～を通訳する
[intə́ːrprit]
◇ interpretátion　名解釈, 通訳(すること)
◇ intérpreter　名通訳

604
cease
(発音?)

(cease to V) V しなくなる, ～をやめる；終わる
[síːs]　　　　★50％以上が to V を伴う。
◇ céaseless　形絶え間ない

605
spoil
[spɔ́il]

～を台無しにする；〈子供〉を甘やかしてだめにする
諺 Too many cooks spoil the broth.「料理人が多すぎると料理がだめになる」（船頭多くして船山に上る）

MINIMAL PHRASES　　　　　　　　　　Disc2-34

❏ **obey** the law	法に従う
❏ **eliminate** nuclear weapons	核兵器をなくす
❏ **resist** pressure from the US	アメリカの圧力に抵抗する
❏ **accompany** the President	大統領に同伴する
❏ **weigh** 65 kilograms	65キロの重さがある

2 動

606
obey
[oubéi]　形?　名?

~に従う，〈規則など〉を守る（⇔disobey）
◇obédient　形従順な，おとなしい
◇obédience　名服従

Q obey to your parents はどこがいけない？

A obeyは他動詞だから，toは不要。形容詞は，**be obedient to your parents** となる。

607
eliminate
[ilímineit]

〈不要なもの〉を除去する，根絶する

608
resist
[rizíst]　名?

~に抵抗する；〈誘惑など〉に耐える
◇resístance　名抵抗(力)
◇resístant　形抵抗する，抵抗力のある
◇irresístible　形抵抗できない；大変魅力的な

609
accompany
[əkʌ́mpəni]

〈人〉に同伴する，おともする，~に付随する
◆(be) accompanied by A 「Aを伴う，連れている」
例 **a man accompanied by a dog**「犬を連れた人」
★3分の1以上がこの形だ。

610
weigh
[wéi]　多義

①~の重さがある　②~を比較検討する，よく考える
③(weigh on A) Aを苦しめる
例 **weigh one plan against another**「ある計画と別の計画を比較検討する」
例 **The problem weighed on his mind.**「その問題が彼の心を苦しめた」
◇wéight　名重さ　☞ p.69
◇overwéight　形太りすぎの
　　　　　　　名肥満，太りすぎ，過重［´-－］

2 Essential Stage・動詞

MINIMAL PHRASES　　Disc2-35

☐ **pursue** the American Dream	アメリカンドリームを追い求める
☐ **demonstrate** *that* it is impossible	それが不可能なことを示す
☐ **amuse** students with jokes	冗談で学生を笑わせる
☐ **ruin** his life	彼の人生を破滅させる
☐ **regret** leaving home	家を出たのを後悔する

611 pursue
[pərsjú:]　名?

① ～を追求する，追う
② 〈政策，仕事など〉を続ける，実行する(=carry out)
◇ pursúit　　　　　名追求，追跡
◆ in pursuit of A　「Aを求めて」

612 demonstrate
アク?

〈証拠などが〉～を明らかに示す(=show)，証明する(=prove)
[démənstreit]
◇ demonstrátion　名デモ；実証，実演

613 amuse
[əmjú:z]　形?(2つ)

～を楽しませる，笑わせる(=entertain)
◇ amúsing　　　　形〈人にとって〉ゆかいな，楽しい(=funny)
◇ amúsed　　　　形〈人が〉おもしろがっている
◇ amúsement　　名楽しみ，娯楽

★同じ「おもしろい」でも，**amusing**は「ゆかいな」(=**funny**)，**interesting**は「知的興味をそそる」。

614 ruin
[rú:in]

～を台無しにする，破滅させる
名廃墟(ruins)；荒廃，破滅

615 regret
[rigrét]　語法

～を後悔する；残念に思う　名後悔，遺憾
◆ regret Ving　「Vしたことを後悔する」

★**regret having Ved**もある。

◇ regrétful　　　形〈人が〉後悔している
◇ regréttable　　形〈物事が〉残念な，悲しむべき

Q I regret to say that ～の意味は？

A 「残念ながら～です」。この場合，「言ったことを後悔する」ではない。

MINIMAL PHRASES　Disc2-36

◻ a bookcase attached *to* the wall	壁に取り付けられた本だな
◻ reverse the position	立場を逆転する
◻ restrict freedom of speech	言論の自由を制限する
◻ The body is composed *of* cells.	体は細胞で構成されている
◻ capture wild animals	野生動物を捕らえる

616
attach
[ətǽtʃ]

(attach A to B) AをBにくっつける，付属させる
★過去分詞が60%を超える。
◆be attached to A 「Aに愛着を持つ」
◆attach importance to A 「Aを重視する」
◇attáchment　　名愛着；付属物

Q He is attached (　) old customs.
A to 「彼は古い習慣に愛着を持っている」

617
reverse
[rivə́ːrs]

〜を反対にする，逆転する　形名逆(の)，反対(の)
源 re (逆に) + verse (回す)
◆in reverse 「反対に，逆に」
◇revérsal　　名逆転，反転

618
restrict
[ristríkt]

〜を制限する，限定する (= limit)
◆be restricted to A 「Aに制限されている」
◇restríction　　名制限(条件)，限定

619
compose
[kəmpóuz]

〜を組み立てる，〈曲・文〉を作る
源 com (いっしょに) + pose (置く)
◆A be composed of B 「AがBで構成されている」
　= A be made up of B, A consist of B
◇compositíon　　名構成，創作，作文
◇compóser　　名作曲家

620
capture
[kǽptʃər]

〜を捕らえる (= catch)；〈注意など〉を引きつける
◇cáptive　　形捕らわれた　名とりこ

2 Essential Stage・動詞

MINIMAL PHRASES　Disc2-37

◻ **substitute** margarine *for* butter	マーガリンをバターの代わりに用いる
◻ **trace** human history	人類の歴史をたどる
◻ **interrupt** their conversation	彼らの会話をじゃまする
◻ **confront** a difficult problem	困難な問題に立ち向かう
◻ This example **illustrate**s his ability.	この例が彼の能力を示す

621 substitute
アク? 語法
[sʌ́bstətʃuːt]

～を代わりに用いる　名代用品，代理人
◆substitute A for B 「AをBの代わりに用いる」

622 trace
[tréis]

①～の跡をたどる　②〈由来，出所など〉を追跡[調査]する，突きとめる　名跡，足跡

623 interrupt
アク?
[ìntərʌ́pt]

～を妨げる，中断する；口をはさむ
源 inter(間を)＋rupt(破る)
◇interrúption　名妨害，中断

624 confront
[kənfrʌ́nt]

①〈障害などが〉〈人〉の前に立ちふさがる(＝face)
②〈人が〉〈障害など〉に立ち向かう，直面する(＝face)
◆A be confronted with [by] B 「A(人)がBに直面する」
　＝B confront A
例 He is confronted with difficulties. 「彼は困難に直面している」
　＝Difficulties confront him.
◇confrontátion　名対立，衝突，直面

625 illustrate
[íləstreit]

①～を(例で)示す，説明する(＝explain, show)
②～にさし絵を入れる，図解する (②は入試ではまれ)
◇illustrátion　名例示，説明；イラスト，図

MINIMAL PHRASES　Disc2-38

□ **arrest** him *for* speeding	スピード違反で彼を逮捕する
□ **stimulate** the imagination	想像力を刺激する
□ **assure** you *that* you will win	君が勝つことを保証する
□ **consult** a doctor for advice	医者に相談して助言を求める
□ feel too **depressed** to go out	憂鬱で出かける気がしない
□ **crash** *into* the wall	壁に激突する

626
arrest
[ərést]

～を逮捕する　名逮捕
例 You are under arrest. 「君を逮捕する」

627
stimulate
[stímjəleit]

名?

①～を刺激する；～を元気づける(= encourage)
②～を促す
◆ stimulate A to V「Aを刺激してVさせる」
◇ stímulus　　名刺激(物)(複数形：stimuli)

628
assure
[əʃúər]

(～を)保証する, 信じさせる；安心させる(= reassure)
◆ assure A + that ～「A(人)に～と保証する, 請け負う」

629
consult　多義
[kənsʌ́lt]

①〈専門家・医者など〉に相談する　②〈辞書など〉を参照する
◆ consult with A 「Aと相談する」
◇ consúltant　　名顧問, コンサルタント

630
depress
[diprés]

～を憂鬱にさせる, 落胆させる　源 de(下に) + press(押す)
◇ depréssed　　形〈人が〉憂鬱な, 落胆した★頻度約70%。
◇ depréssing　　形〈人を〉憂鬱にさせる
◇ depréssion　　名①憂鬱, 落ち込み　②不景気

Q depressionの2つの意味は？　A ↑

631
crash
[kræʃ]

激突する, 墜落する；(音を立てて)壊れる
名①衝突事故, 墜落　②衝撃音　例 a plane crash「墜落事故」

MINIMAL PHRASES　Disc2-39

☐ **inspire** him *to* write a poem	彼に詩を書く気を起こさせる
☐ **specialize** *in* Chinese history	中国史を専攻する
☐ **cultivate** friendships	友情を育てる
☐ **fulfill** the promise	約束を果たす
☐ **transmit** messages	メッセージを伝える
☐ **found** a computer company	コンピュータ会社を設立する

632
inspire
[inspáiər]

①〈人〉を奮起させる，やる気にさせる（= encourage）
②〈作品などに〉ヒントをあたえる
③〈感情〉を起こさせる　★受け身が多い。
源 in(中に) + spire(息)
◇inspirátion　名霊感，ひらめき，インスピレーション

633
specialize
[spéʃəlaiz]

(specialize in A) Aを専門にする，専攻する，研究する（= major in A）
◇spécialized　形専門的な
◇spécialist　名専門家

634
cultivate　多義
[kʌ́ltəveit]

①〈感情・能力など〉を育む
②〈土地〉を耕作する，〜を栽培する
◇cultivátion　名耕作，栽培，〈能力などの〉養成，開発

635
fulfill
[fulfíl]

〈約束・夢など〉を果たす；〈必要など〉を満たす

636
transmit
[trænsmít]　名?

〜を送る，伝える；(病気など)をうつす，伝染させる
◇transmíssion　名伝達，伝導

637
found
[fáund]　同?

〜を創立する，設立する
= estáblish
◇foundátion　名基礎，土台

Q 過去・過去分詞形は？　　A 変化は found; founded; founded。find; found; found と混同するな。

MINIMAL PHRASES　　　　Disc2-40

☐ cheer *up* the patients	患者たちを元気づける
☐ burst *into* tears	急に泣き出す
☐ bow *to* the queen	女王様におじぎする
☐ dismiss the idea *as* nonsense	その考えをばからしいと無視する
☐ how to breed animals	動物を繁殖させる方法
☐ prohibit children *from* smoking	子供がタバコを吸うのを禁じる

2 動

638 cheer
[tʃíər]
形?

① ～を励ます　② 声援する（＋for）　图声援，励まし
◆ cheer A up 「Aを励ます，元気づける」
◆ cheer up 「元気を出す」★命令文が多い。
◇ chéerful 形陽気な

639 burst
[bə́ːrst]
多義

① 破裂する　② 突然～し出す（burst; burst; burst）
图破裂，突発
◆ burst into tears 「急に泣き出す」
◆ burst into laughter 「急に笑い出す」
　= burst out laughing

640 bow
発音?

おじぎする；屈服する（＋to）　图おじぎ
[báu] ★同じbowでも「弓」は[bóu]。

641 dismiss
[dismís]

① 〈考えなど〉を無視する，しりぞける
② 〈人〉を解雇する，解散させる
◇ dismíssal 图解雇，解散；却下

642 breed
[bríːd]

～を繁殖させる，繁殖する；～を育てる；
〈悪いもの〉を生み出す（breed; bred; bred）
图品種

643 prohibit
[prouhíbət]

〈法・団体が〉～を禁じる，～をさまたげる（＝prevent）
◆ prohibit A from Ving 「AがVするのを禁じる」

2 Essential Stage・動詞 ● 115

MINIMAL PHRASES　　Disc2-41

☐ *be* obliged *to* pay taxes	税金を払わざるをえない
☐ qualify *for* the position	その地位に適任である
☐ invest money *in* a business	ビジネスにお金を投資する
☐ grasp what he is saying	彼の言うことを理解する
☐ The Soviet Union collapsed.	ソビエト連邦が崩壊した
☐ overlook the fact	事実を見逃す

644
oblige
[əbláidʒ]

〜に強いる　★be obliged to Vの形が約70%だ。
◆be obliged to V　　「Vせざるをえない」
◆be obliged to A for B「BのことでA(人)に感謝している」
　　　　　　　　　　(= be thankful to A for B)
名? ◇obligátion　　　　名義務；恩義

645
qualify
[kwáləfai] 形?

(qualify for A) Aに適任である；〜の資格をえる(+ as)
◇quálified　　　　　形資格のある，有能な
◇qualificátion　　　名資格，技能

646
invest
[invést]

(金)を投資する；〈金・時間など〉を使う(+ in)
★50%以上がinを伴う。
◇invéstment　　　　名投資，出資

647
grasp
[grǽsp]

〜を理解する，つかむ　名理解力，つかむこと；届く範囲

648
collapse
[kəlǽps]

崩壊する，つぶれる，倒れる　名崩壊，挫折

649
overlook
[ouvərlúk]

①〜を見落とす，〜を見逃す　②〜を見渡す
★②を最初に挙げている本もあるが，実際には少ない。
◆look over A　　　　「Aを調べる」= examine A

MINIMAL PHRASES　　　　Disc2-42

・accuse him *of* being cold	彼を冷たいと非難する
・be frustrated by the lack of money	金がなくて欲求不満になる
・deprive him *of* the chance	彼からチャンスを奪う
・an astonishing memory	驚異的な記憶力
・register a new car	新車を登録する
・The fact corresponds *to* my theory.	その事実は私の理論と一致する

650 accuse
[əkjúːz]

①~を非難する　②~を告訴する
◆ accuse A of B 「A(人)をBの理由で非難する, 告訴する」　★この of は穴埋め頻出！
◇ accusátion　　名①非難　②告訴

651 frustrate
[frʌ́streit]

①〈人〉を欲求不満にさせる, いらだたせる
②〈計画など〉を挫折させる（②はまれ）
◇ frústrated　　形〈人が〉欲求不満である
◇ frústrating　　形〈人を〉いらだたせる
◇ frustrátion　　名欲求不満；挫折

652 deprive
[dipráiv]

(deprive A of B) AからB(機会・自由・睡眠など)を奪う
★穴埋め(of), 整序問題に頻出！

653 astonish
[əstániʃ]

~を驚嘆させる　★下の形容詞として使うことが多い。
◇ astónishing　　形驚異的な(= amazing)
◇ astónished　　形驚いている

654 register
[rédʒistər]

~を登録する, 記録する　　名登録(表)
◇ registrátion　　名登録

655 correspond
アク？
[kɔːrəspánd]

①一致する, 相当する　②(手紙で)連絡する(+ with)
◆ correspond to [with] A 「Aに一致する, 相当する」
◇ correspónding　　形相当した, 比例する
◇ correspóndence　名連絡；一致, 対応

MINIMAL PHRASES　Disc2-43

☐ **cast** a shadow on the wall	壁に影を投げかける
☐ His success *is* **attributed** *to* luck.	彼の成功は幸運のせいだとされる
☐ **freeze** to death	凍えて死ぬ
☐ **starve** to death	飢え死にする
☐ **resolve** the problem	問題を解決する
☐ **embrace** a new idea	新しい考えを受け入れる

656
cast
[kǽst]

①〜を投げる，〈影〉を投げかける，〈疑い・目など〉を向ける
②〈俳優〉に役を与える (cast; cast; cast)　名配役

657
attribute

アク？

(+A to B) AをBのせいにする；AがBのものだと考える　★40%以上が受身形。　名特性(= characteristic)
動[ətríbjuːt]　名[ǽtribjuːt]

658
freeze
[fríːz]

①凍りつく　②動かなくなる　(freeze; froze; frozen)
例 Freeze!「動くな」

659
starve
[stάːrv]

飢える，餓死する；〈人〉を飢えさせる
◇starvátion　名餓死，飢餓

660
resolve
[rizάlv]

名？

①〈問題など〉を解決する (= solve)　②〜と決心する
(②は少ない)
◇resolútion　名解決；決議，決心

661
embrace　多義
[imbréis]

①〈思想など〉を受け入れる　②〜を含む (= include)
③〜を抱く　名抱擁
★③は約20%にすぎない。

118

MINIMAL PHRASES　Disc2-44

□ **exhibit** Picasso's works	ピカソの作品を展示する
□ **convert** sunlight *into* electricity	太陽の光を電気に転換する
□ The noise **scare**s him.	その音が彼をおびえさせる
□ Cars **constitute** 10% of exports.	車が輸出の10%を占める
□ *be* **appointed** *to* an important post	重要なポストに任命される

662
exhibit
発音？
名？
[igzíbit]

〜を**展示する**，示す（＝ display）　名 展示物，展覧会
◇ <u>ex</u>hibition　発音　名 [eksəbíʃən]　展覧会，展示

663
convert
[kənvə́ːrt]

〜を**転換する**（＝ change）；改宗させる
◆ convert A into [to] B 「AをBに転換する」
★ 60%以上がこの形。

664
scare
発音？
[skéər]

〜を**おびえさせる**，こわがらす　名 恐怖，不安
◇ scared　形〈人が〉おびえた，こわがった
◇ scáry　形〈人を〉こわがらせる，こわい

665
constitute 多義
アク？
[kánstətjuːt]

① 〜を**構成する**，**占める**（＝ make up, account for）
② 〜**である**（＝ be），〜とみなされる
★ ②をのせていない辞書があるが，重要だ。
例 Brain death constitutes legal death. 「脳死は法的な死である」

666
appoint
[əpɔ́int]
名？

① 〜を**任命する**，指名する　② 〈会う日時・場所〉を**指定する**
（②は少数）★ 80%以上が受身形。
◆ appointed time 「指定された時刻」
◇ appóintment　名（人に会う）約束；任命　☞ p. 136

2 Essential Stage・動詞　● 119

MINIMAL PHRASES　　　　　　　　　Disc2-45

❏ **sew** a wedding dress	ウエディングドレスを縫う
❏ **assign** work *to* each member	各メンバーに仕事を割り当てる
❏ **nod** and say "yes"	うなずいて「はい」と言う
❏ *be* **elected** President	大統領に選ばれる
❏ **acknowledge** the fact	事実を認める

667
sew
発音?

～を縫う
[sóu]　★saw [sɔ́ː] と区別しよう。
◆sewing machine「ミシン」

668
assign
[əsáin]

Q assignment の意味は？

〈仕事・物〉を割り当てる；〈人〉を任務につかせる (＋to V)
例 I was assigned to help him. 「私は彼を手伝えと命じられた」
◆assign A to B ＝ assign B A　「AをBに割り当てる」
◇assígnment　　　　名宿題，(仕事などの)割り当て
A ↑

669
nod
[nád]

うなずく　名会釈，うなずき

670
elect
[ilékt]

①～を選挙で選ぶ　②〈～すること〉を選ぶ (＋to V)(②はまれ)
◆elect A B　　　　「AをBに選ぶ」
★受身形 A be elected B「AがBとして選ばれる」が多い。
◇eléction　　　　名選挙

671
acknowledge
[əknálidʒ] 同?

〈事実，重要性など〉を認める
＝ admít

120

MINIMAL PHRASES　　　Disc2-46

- **rob** the bank *of* $50,000 　　　銀行から5万ドル奪う
- **lean** against the wall 　　　壁にもたれる
- **undertake** the work 　　　仕事を引き受ける
- save a **drown**ing child 　　　おぼれている子供を救う
- **split** into two groups 　　　2つのグループに分裂する

672
rob
[ráb]
名?

(rob A of B) AからBを奪う，AからBを盗む
(= steal B from A)
◇róbbery　　名盗難(事件)，盗み

673
lean
[líːn]

寄りかかる，もたれる；～を傾ける
★leanには，形で「やせた，貧弱な」もあるが，入試では非常に少ない。

674
undertake
[ʌndərtéik]

①(仕事など)を引き受ける　②～に取りかかる，～を始める

675
drown
発音?

おぼれ死ぬ；～を溺死させる
[dráun]
諺 A drowning man will catch [clutch] at a straw.
「おぼれる者はわらをもつかむ」

676
split
[splít]

～を割る，裂く；分裂する，割れる　名裂け目，割れ目
例 split the bill「割り勘にする」

2 Essential Stage・動詞

MINIMAL PHRASES　　　　　　　　　　Disc2-47

- resort *to* violence　　　　　　　暴力に訴える
- descend to the ground　　　　　地面に降りる
- irritating noise　　　　　　　　　いらいらさせる騒音
- pronounce the word correctly　正確にその語を発音する
- cars equipped *with* air bags　エアバッグを装備した車

677
resort
[rizɔ́ːrt]

(resort to A) A(手段)に**訴える**　图行楽地, リゾート
例 (as) a last resort 「最後の手段として」

678
descend
発音？

①**下る, 降りる**　②(祖先から)**伝わる**
[disénd]
★②は少ないが②から派生する次の語句は重要。
◆be descended from A 「Aの子孫である, Aに由来する」
名？(2つ)
◇descént　　　　图①家系, 血統　②降下
◇descéndant　　图子孫

679
irritate
[íriteit]

~を**いらだたせる, 怒らせる**
★約50%は次の-ing, -ed形で形容詞として用いる。
◇írritating　　　形〈人を〉いらいらさせる
◇írritated　　　　形〈人が〉いらいらしている

680
pronounce
[prənáuns] 名？

①〈単語など〉を**発音する**　②~と言う, 断言する
◇pronunciátion　　图発音　★つづりに注意。

681
equip
[ikwíp]
名？

~を**装備させる, 準備させる**
★equipped with A 「Aを備えている」の形が50%近い。
◇equípment　　　图設備, 装備

122

MINIMAL PHRASES　　　　　　　　　　　　Disc2-48

□ Don't **cheat** on your taxes!	税金を<u>ごまかす</u>な！
□ trees **decorated** _with_ lights	電球で<u>飾られた</u>木々
□ **Pardon** me.	<u>ごめんなさい</u>
□ Time **heal**s all wounds.	時はすべての傷<u>をいやす</u>
□ **forgive** him _for_ being late	彼の遅刻<u>を許す</u>

2 動

682
cheat
[tʃíːt]

いかさまをする；〜をだます

Q　cheat on an exam の意味は？

A　「試験でカンニングする」（cunning 形「ずるい」には「カンニング」という意味はない）

683
decorate
[dékəreit]

〜を装飾する，〜に飾りをつける
◇decorátion　　　　　名装飾

Q　She decorated flowers on the table. は正しいか？

A　だめ。decorate flowers だと花に飾りをつけることになる。She decorated the table with flowers. が正しい。

684
pardon
[páːrdn]

〜を許す　　名許し，容赦

Q　Pardon (me). の3つの使い方は？

A　①過失・無礼をわびる時に「ごめんなさい」，②[？をつけて]相手の言葉を聞き漏らして「もう一度言ってください」，③見知らぬ人に話しかける時に，「失礼ですが」。なお、I beg your pardon. も同様である。

685
heal
[híːl]

〈けがなど〉を治す；治る
◇héaling　　　　　名治療(法)

686
forgive
[fərgív]

〈過ち・人〉を許す

諺 To err is human, to forgive divine.「過ちは人の常，許すは神のわざ」
◆forgive A for B　「BのことでAを許す」

2 Essential Stage・動詞　● 123

MINIMAL PHRASES

▫ **envy** the rich	金持ちをうらやむ
▫ **chase** the car	その車を追跡する
▫ **prompt** him to speak	彼に話をするよう促す
▫ **withdraw** my hand	手を引っ込める
▫ how to **detect** lies	うそを発見する方法

687
envy
[énvi]

～をうらやむ　名①うらやみ　②羨望の的
◇ énvious　　　形うらやんでいる
◆ be envious of A 「Aをうらやんでいる」

688
chase
[tʃéis]

～を追いかける，捜し求める　名追跡

689
prompt
[prámpt]

～を促す　形すばやい，敏速な
◆ prompt A to V 「AにVするよう促す」
◇ prómptly　　　副すばやく

Q take prompt action を訳せ。　**A**「すばやい行動をとる」形容詞としてもよく使われるので注意。

690
withdraw 多義
[wiðdrɔ́ː]

①～を引っ込める　②引きこもる，退く　③〈預金など〉を引き出す (withdraw; withdrew; withdrawn)
例 withdraw into oneself「自分の世界に引きこもる」
◇ withdráwal　　　名引っ込めること；撤退；撤回

691
detect
[ditékt]

～を探知する，〈誤り・病気など〉を発見する (＝discover)，検出する
◇ detéctive　　　名刑事，探偵
◆ detective story 「推理小説」

MINIMAL PHRASES

Disc2-50

☐ **interfere** *with* his work	彼の仕事をじゃまする
☐ **launch** a space shuttle	スペースシャトルを発射する
☐ **endangered** species	絶滅の危機にある種
☐ **foster** creativity	創造性を養う
☐ His power **diminished**.	彼の力は衰えた

692
interfere
アク?
[intərfíər]

(interfere with A) **Aをじゃまする**, Aに干渉する
◇interférence　　名妨害，干渉

693
launch　多義
[lɔ́:ntʃ]

①〈ロケットなど〉を**打ち上げる**　②〈事業など〉を**始める**
(②も多い)　例 launch a campaign「キャンペーンを始める」

694
endanger
[endéindʒər]

〜を**危険にさらす**　★80%以上が過去分詞。
◇dánger　　　　名危険
◇dángerous　　形〈人に対して〉危険な
◆be in danger　「危険にさらされている」

695
foster
[fɔ́(:)stər]

①〜を**促進する**，**育成する**(＝promote, encourage)
②〈他人の子〉を**養育する**　(入試では②は少ない)

696
diminish
[dimíniʃ]

減少する，**衰える**；〜を**減らす**(＝decrease, decline)
源 mini(小さい)

2 Essential Stage・動詞

MINIMAL PHRASES　Disc2-51

▫ **spill** coffee on the keyboard	キーボードにコーヒーをこぼす
▫ be **infected** *with* the virus	ウイルスに感染している
▫ **stem** *from* an ancient tradition	古い伝統に由来する
▫ **tap** her on the shoulder	彼女の肩を軽くたたく
▫ I **bet** you'll win.	きっと君は勝つと思う

697
spill
[spíl]

〜をこぼす，まく　名流出

諺 It's no use crying over spilt milk.
「こぼれたミルクのことを嘆いても無駄だ」（覆水盆に返らず）

698
infect
[infékt]

〈人〉に感染する　★infected「感染している」の形が多い。
◇inféction　　　名感染

699
stem
[stém]

(stem from A) Aから生じる，Aに由来する
名(草の)茎，(木の)幹
◇root　　　　　名根　動(be rooted)根付いている

700
tap
[tǽp]

①〜を軽くたたく　②〜を開発[利用]する；〈能力など〉を引き出す　名蛇口
例 tap water「水道水」

701
bet
[bét]

①きっと〜だと思う　②〈金など〉を賭ける
★①は「賭けてもいい」から「確信がある」の意味になった。50％以上がこの意味だ。
◆I ('ll) bet (that) 〜　「きっと〜だと思う」
★thatは普通省略する。
◆you bet　　　　「そのとおりだ，もちろんそうだ」

126

MINIMAL PHRASES

Disc2-52

702
□ **declare** independence from Britain
[dikléər]
◇declarátion
例 the Declaration of Independence

イギリスからの独立を宣言する
〜と明言する（+ that 〜）
名 宣言，明言
「アメリカ独立宣言」

703
□ **alter** the pattern of behavior
発音？
◇alterátion

行動パターンを変える
[ɔ́:ltər] 変わる（= change）
名 変更，改変（= change）

704
□ **retire** *from* work at sixty
[ritáiər]
◇retírement

60で仕事を辞める
退職する，引退する
名 退職，引退
★定年で退職するときに retire を使う。単に「仕事をやめる」は quit one's job。

705
□ **transform** food *into* energy
[trænsfɔ́:rm]
名？
◆transform A into B
◇transformátion

食べ物をエネルギーに変える
〜を変形する
「AをBに変える」
名 変形，変化

706
□ **defeat** the champion
[difí:t]

Q Brazil won Italy. の誤りは？

チャンピオンを打ち負かす
（= beat） 名 敗北，失敗
★名詞の意味に注意。
A Brazil defeated Italy. が正しい。win は敵・相手ではなく試合や賞を O にとる。
ex. He won the match [first prize].

707
□ **investigate** the cause of her death
[invéstəgeit]
同熟？ = look into
◇investigátion

彼女の死因を調査する

名 調査，捜査

708
□ **pretend** *to* be asleep
[priténd]

眠っているふりをする
（= make believe）
★+ to V が 50%。+ Ving は不可。

2 Essential Stage・動詞 ● 127

MINIMAL PHRASES

Disc2-53

709
The noise annoys me.
[ənɔ́i]

◇annóyed — 形〈人が〉いらだっている（＋with, at）
◇annóying — 形〈人を〉いらだたせる
◇annóyance — 名いらだち（の原因）

その音が私をいらだたせる

710
deserve *to be* punished
[dizə́ːrv]

罰を受けて当然だ
〜を受けるに値する

711
bury the dead body
発音？

◆be buried
◇búrial

死体を埋める
[béri] 〜を埋葬する ★受け身がほとんど。
「埋葬され（てい）る, 埋まっている」
名埋葬

712
cope *with* problems
[kóup]

問題にうまく対処する
★80％近くがwithを伴う。

713
pour wine into the glass
発音？

グラスにワインを注ぐ
[pɔ́ːr]

714
score 10 goals
[skɔ́ːr]

◆scores of A

10点を取る
〜を得点する　名得点
「たくさんのA」★scoreには「20」の意味があり, そこから派生した表現。

715
accomplish the difficult task
[əkámpliʃ]

同？　＝achíeve, attáin
◇accómplishment
◇accómplished

困難な仕事をやりとげる
（＝carry out）

名完遂, 達成；業績
形熟練した；できあがった

716
Don't hesitate *to* ask questions.
[héziteit]

◇hesitátion
◇hésitant

質問するのをためらうな
★約50％がto Vを伴う。

名ためらい
形ためらっている

MINIMAL PHRASES　　　　　　　　　Disc2-54

717
endure great pain
[endjúər]

| ひどい苦痛に耐える |
| 持続する |

同? 同熟? = stand, bear, put up with
◇ endúrance　名忍耐，耐久力
◇ endúring　形長続きする
◇ dúrable　形耐久性のある

718
translate a novel *into* English
[trænsléit]

小説を英語に翻訳する

◇ translátion　名翻訳

719
guarantee your success
アク?

君の成功を保証する
[gærəntí:]　〜を請け負う　名保証

720
dominate the world economy
[dáməneit]

世界経済を支配する
(= control, rule)

◇ dóminant　形優位の，支配的な

721
confirm Darwin's theory
[kənfə́:rm]

ダーウィンの理論を裏づける
〜を確認する　源 firm (確かな)

722
greet people with a smile
[grí:t]

笑顔で人にあいさつする
〜を迎える

◇ gréeting　名あいさつ

723
entertain the audience
アク?

観客を楽しませる
[entərtéin]　〜をもてなす

★動詞の語尾-tainにはアクセントがある。
名?　◇ entertáinment　名娯楽，歓待
　　 ◇ pástime　名娯楽，趣味(= hobby)

724
defend ourselves *against* attack
[difénd]

攻撃から自分たちを守る
〜を弁護する

◇ defénse　名防衛；弁護

2 Essential Stage・動詞

MINIMAL PHRASES

Disc2-55

725
forbid him *to* go out
[fərbíd]

彼の外出を禁じる
(forbid; forbade; forbidden)

反? ◆forbid A to V
⇔ allów, permít

「AがVするのを禁じる」
★ forbid A from Ving も可。

726
broadcast the concert live
[brɔ́:dkæst]

生でコンサートを放送する
名 放送，番組

727
sacrifice everything for love
[sǽkrəfais]

愛のためすべてを犠牲にする
名 犠牲，いけにえ

728
punish him *for* the crime
[pʌ́niʃ]

その罪で彼を罰する

◆ punish A for B
◇ púnishment

「AをB(悪事など)のことで罰する」
名 罰すること，処罰

729
glance *at* the clock
[glǽns]

時計をちらりと見る
名 ちらりと見ること

◆ at first glance

「一見したところでは」

730
retain the world title
[ritéin]

世界タイトルを保持する
〜を保つ（＝keep）

源 tain (＝hold 保つ，持つ)

731
calculate the cost
[kǽlkjəleit]

コストを計算する
〜と推定する（＋that〜）

◇ calculátion
名 計算

732
leave a **sink**ing ship
[síŋk]

沈む船から逃げる
〜を沈める　名(台所の)流し

733
rescue a man from a fire
[réskju:]

火事で人を救助する
名 救助

MINIMAL PHRASES　　　　　　　　　　Disc2-56

734
- **beg** him *to* come back
  [bég]

  ◇béggar

彼に帰って来てと乞う
請い求める（＋for）

名乞食

735
- **apologize** *to* him *for* being late
  [əpάlədʒaiz]

  ◆apologize (to A) for B
  名?　◇apólogy
  Q I apologized him. はどこがいけない？

遅れたことを彼に謝る

「(Aに)Bのことで謝る」
名謝罪
A I apologized to him. が正しい。

736
- It is easy to **deceive** people.
  発音?
  [disí:v]

  同熟?　＝take in
  ◇decéption
  ◇decéit

人をだますのは簡単だ

名だますこと
名詐欺，ぺてん

737
- **convey** a message on the Internet
  [kənvéi]

インターネットでメッセージを伝える

738
- energy to **sustain** life
  [səstéin]

  ◇sustáinable

生命を維持するためのエネルギー
源 sus (＝under) ＋ tain (＝hold)

形地球にやさしい，(環境破壊をせず)
持続可能な

739
- a body **float**ing in the river
  [flóut]

川に浮かぶ死体
〜を浮かべる

740
- **vanish** from sight
  [vǽniʃ]

視界から消える
（＝disappear）

741
- Memories of the war **fade** *away*.
  [féid]

戦争の記憶が薄れる
色あせる，弱まる

742
- **regulate** traffic
  [régjəleit]

  ◇regulátion

交通を規制する
〜を調整する

名規制，規則

2 Essential Stage・動詞　●　131

MINIMAL PHRASES

743
distribute food equally
アク？
[distríbju:t]
平等に食料を分配する
～を配布する

◇ distribútion
名 分配；分布

744
enhance the quality of life
[inhǽns]
生活の質を向上させる
〈力・価値〉を高める

745
chat *with* friends
[tʃǽt]
友達とおしゃべりする
名 おしゃべり

◆ have a chat
◇ chátter
「おしゃべりする」
動 ぺちゃくちゃしゃべる, うるさく鳴く

746
Demand **exceed**s supply.
[iksíːd]
需要が供給を超える
～にまさる

747
wipe the table
[wáip]
テーブルをふく

◇ wíper
名 (自動車の) ワイパー；ふく物

748
cooperate *with* each other
[kouǽpəreit]
お互いに協力する
★約40％がwithを伴う。

◇ cooperátion
◇ coóperative
名 協力
形 協力的な

749
inherit genes *from* our parents
[inhérit]
親から遺伝子を受け継ぐ

名？   ◇ inhéritance
名 継承, 遺伝, 遺産

750
restore the old building
[ristɔ́ːr]
古い建物を修復する
～を回復する

MINIMAL PHRASES

Disc2-58

751
unite the Arab world
[juːnáit]

- ◆ the United Nations
- ◇ únity
- ◇ únify

アラブ世界を団結させる
源 uni（一つ）

「国際連合；国連」
名 統一(体)，単一(性)
動 ～を一つにする，統合する

752
Look before you leap.
[líːp]

例 by leaps and bounds

跳ぶ前によく見よ（諺）
名 跳ぶこと，跳躍

「どんどん，トントン拍子で」

753
exaggerate the size of the fish
[igzǽdʒəreit]

◇ exaggerátion

魚の大きさを誇張する
〈重要性など〉を強調しすぎる

名 誇張，大げさな表現

754
conquer the world
発音？

名？ ◇ cónquest

世界を征服する
[káŋkər]

名 [káŋkwest]　征服

755
The snow will melt soon.
[mélt]

例 a melting pot

雪は間もなく溶けるだろう
〈固体〉を溶かす

「(人種・文化などの)るつぼ」

756
invade Poland
[invéid]

◇ invásion

ポーランドに侵入する
～を侵略する

名 侵入，侵略

757
modify the plan
[mádifai]

名？ ◇ modificátion

計画を修正する
～を変更する

名 修正，変更

2 Essential Stage・動詞　● 133

MINIMAL PHRASES

Disc2-59

758
- **scatter** toys on the floor
  [skǽtər]

  床におもちゃ**をばらまく**
  〜をまき散らす

  ◇ scáttered
  例 scattered islands

  形 点在する，散在する，散らばった
  「点在する島」

759
- **undergo** great changes
  [ʌndərgóu]

  大きな変化**を経験する**
  (= experience)；〈苦難〉を受ける

760
- **evaluate** the student's ability
  [ivǽljueit]

  学生の能力**を評価する**
  〜を見積もる 源 value（価値）

  ◇ evaluátion

  名 評価

761
- **bend** down to pick up the can
  [bénd]

  カンを拾おうと**身をかがめる**
  曲がる；〜を曲げる

762
- **assist** *in* my father's business
  [əsíst]

  父の仕事を**手伝う**
  〜を助ける（= help, aid）

  ◇ assístant
  ◇ assístance

  名 助手
  名 援助

763
- a girl **scream**ing for help
  [skríːm]

  助けを求め**悲鳴をあげる**少女
  名 悲鳴，金切り声

764
- **gaze** *at* the stars
  [géiz]

  星を**見つめる**
  名 視線，凝視 ★約35％が at を伴う。

  同? = stare

765
- **rub** the skin with a towel
  [rʌ́b]

  タオルで肌**をこする**

  ◆ rub against A
  ◇ rúbber

  「Aをこする，摩擦する」
  名 ゴム 源 こするもの

MINIMAL PHRASES

Disc2-60

766

□ **polish** the shoes
[páliʃ]

靴を磨く

767

□ **classify** man *as* an animal
[klǽsifai]

人間を動物として分類する
★40％近くが as を伴う。

◇ classificátion

名 分類

768

□ **assert** *that* it is impossible
[əsə́ːrt]

それは不可能だと主張する

◆ assert oneself
◇ assértion

「自己主張する」
名 主張

769

□ **grab** the cat by the tail
[grǽb]

ネコのしっぽをつかむ
〈注意など〉をひきつける

770

□ **fold** a piece of paper
[fóuld]

紙を折りたたむ
〈腕など〉を組む

◇ unfóld

動 進展する；（～を）展開する

771

□ **sweep** the floor
[swíːp]

床を掃く
～を一掃する, 運び去る

772

□ **whisper** in her ear
[hwíspər]

彼女の耳にささやく
名 ささやき（声）

773

□ **imitate** human behavior
アク?

人間の行動をまねる
[íməteit]　模造する

◇ imitátion

名 まね, 模造品

2 Essential Stage ・動詞

✻ *Nouns* 名詞 ✻

MINIMAL PHRASES Disc2-61

▫ the **proportion** of boys *to* girls	男子と女子の<u>比率</u>
▫ sign a **contract** *with* Google	グーグルとの<u>契約</u>にサインする
▫ make an **appointment** *with* the doctor	医者に<u>予約</u>する
▫ discover **treasure**	<u>財宝</u>を発見する
▫ the Tokyo **stock** market	東京<u>株式</u>市場

774
proportion
[prəpɔ́ːrʃən]

①**比率**；つり合い ②部分 ③規模
◆in proportion to A 「Aに比例して」
◆a large proportion of A 「大部分のA」

775
contract
[kɑ́ntrækt]

契約
動[— —́] ①契約する ②縮まる，〜を縮める（少数）
③〈病気〉にかかる（まれ）
◇contráction 名 短縮(形)，収縮

776
appointment
[əpɔ́intmənt]

(人と会う)**約束**，(医院などの)**予約**
◇appóint 動〈会う日時・場所〉を指定する；
〜を任命する ☞ p. 119
例 the appointed time「指定の時刻」

Q promise とどう違う？

A promise はある行為を実行する約束。appointment は用事で人に会う時と場所を決めること。

777
treasure
[tréʒər]

財宝，貴重品　動 〜を大事にする

778
stock
[stɑ́k]

①**株(式)** ②在庫品，貯蔵品

MINIMAL PHRASES　　　　　　　　　　　Disc2-62

◻ public **facilities**	公共施設
◻ a large **sum** of money	多額のお金
◻ a man of high **rank**	高い地位の人
◻ a modern **democracy**	近代民主国家
◻ an **emergency** room	救急治療室
◻ a **protest** *against* the Vietnam War	ベトナム戦争に対する抗議

779
facility
[fəsíləti]

①設備, 施設　②能力, 器用さ（②は少数）
★①の意味では複数形。

780
sum　　　多義
[sÁm]

①金額　②合計　③要約　動 (sum A up) Aを要約する
◇súmmary　　　名要約
◇súmmarize　　動～を要約する

781
rank
[rǽŋk]
Q Japan ranks second in income. の意味は？

地位, 階級
動位置する, (上位を)占める；～を評価する, 順位をつける
A 「所得では日本は2位を占める」

782
democracy　　アク?
[dimákrəsi]

民主主義, 民主制；民主国家
◇democrátic　　形民主的な
◇démocrat　　　名民主党員, 民主主義者

783
emergency
[imə́ːrdʒənsi]

緊急事態　形非常の, 救急の

784
protest　　アク?

抗議　動抗議する
名[próutest]　動[prətést]

2 Essential Stage ・ 名詞　● 137

MINIMAL PHRASES　　　　　　　　　　　Disc2-63

❏ the **track**s of a lion	ライオンの足跡
❏ a **vehicle** for communication	意思伝達の手段
❏ a healthy daily **routine**	健康的ないつもの日課
❏ write really good **stuff**	本当によいものを書く
❏ sit in the front **row**	最前列に座る
❏ a water **wheel**	水車

785
track
[trǽk]

Q 物を運ぶ「トラック」は？

小道, 足跡, (鉄道の)軌道　動 ～の足跡を追う
◆keep track of A　「Aの跡をたどる, Aを見失わない」
◆lose track of A　「Aを見失う」

A truck [trʌ́k]　発音の違いに注意。

786
vehicle　多義
[víːəkl]

①車, 乗り物　②(伝達)手段, 媒体

787
routine　アク?
[ruːtíːn]

決まりきった仕事, 日課　形 決まりきった, 型どおりの

788
stuff
[stʌ́f]

(漠然と)物, こと, 材料　動 ～を詰め込む
★ stuffは, 文脈次第で, 様々なもの, 考え, 出来事を表す。
★ staff [stǽf] は「人員, スタッフ」だから混同しないこと。

789
row
[róu]

列, 並び　動 (ボートを)こぐ
◆in a row　　　　　「①1列に②連続して」

790
wheel　多義
[hwíːl]

①車輪　②(自動車の)ハンドル
動 (車輪の付いたもの)を動かす；向きを変える
◆steering wheel　　「ハンドル」
◆behind the wheel　「運転して」
◇wheelchair　　　　名 車いす

MINIMAL PHRASES　　　　　　　　　　　　　　Disc2-64

❏ *at* the **dawn** of the 21st century	21世紀の夜明けに
❏ social **welfare**	社会福祉
❏ see life *from* a new **perspective**	新しい見方で人生を考える
❏ his **enthusiasm** *for* soccer	彼のサッカーに対する情熱
❏ blind **faith** *in* technology	技術への盲目的信頼

791
dawn
[dɔ́ːn]　反?

夜明け；(文明などの)始まり　動 わかりはじめる；始まる
⇔ dusk　　　　　名 たそがれ
◆ at dawn　　　「夜明けに」
◆ dawn on [upon] A「A(人)にだんだんわかってくる」

792
welfare
[wélfeər]　同?

福祉, 幸福；生活保護
★健康・快適な生活を含めた幸福を言う。
= wéll-béing　　　名 幸福, 繁栄, 福祉

793
perspective
[pərspéktiv]

① 見方；正しい見方, 大局的な見方　② 遠近法
◆ put[get/see] A in perspective「Aを正しく判断する」
源 per(全体的に) + spect(見る)

794
enthusiasm
アク?　[inθjúːziæzm]
形?

熱意, 情熱, 熱中(= eagerness, passion)

◇ enthusiástic　　形 熱心な, 熱狂的な

795
faith
[féiθ]　形?

① 信頼(= confidence, belief)　② 信仰
★約30％が in を伴う。
◇ fáithful　　形 忠実な, 信心深い

MINIMAL PHRASES

Disc2-65

☐ a well-paid **occupation**	給料のよい職業
☐ a **witness** to the accident	事故の目撃者
☐ the **kingdom** of Denmark	デンマーク王国
☐ There's no English **equivalent** *to* haiku.	俳句に相当するものは英語にない
☐ achieve the **objective**	目標を達成する
☐ put the plates in a **pile**	皿を積み重ねて置く

796
occupation 多義
[ɑkjəpéiʃən]

①職業 ②占領, 占拠
★ occupy「〜を占める」(☞ p. 31) の名詞形だ。
◇vocátion　　　　名天職；職業
◇vocátional　　　形職業(上)の

797
witness
[wítnis]

証人, 目撃者 (= eyewitness)　動〜を目撃する
★動詞で使う例も非常に多い。

798
kingdom
発音?

①王国 ②(学問などの)世界, 領域
[kíŋdəm]
◆the animal kingdom　「動物界」

799
equivalent
[ikwívələnt]

同等のもの, 相当するもの (+ of, to)
形同等の (= equal)
源 equi (同じ) + valent (= value)

800
objective 多義
[əbdʒéktiv]

目的, 目標　形客観的な

Q objective facts の意味は？　A 「客観的な事実」

801
pile
[páil]

①積み重ね ②(a pile of A/piles of A) たくさんのA
動〜を重ねる, 〜を積む

MINIMAL PHRASES

Disc2-66

☐ find **shelter** *from* the cold	寒さから逃れる場所を見つける
☐ **trial** and error	試行錯誤
☐ It's a great **honor** to work here.	ここで働けるのは大変名誉です
☐ defend a **territory**	なわ張りを守る
☐ a window **frame**	窓わく
☐ cross the Russian **border**	ロシア国境を越える

802
shelter
[ʃéltər]

避難(所)　動避難する；〜を保護する
◆ food, clothing, and shelter 「衣食住」

803
trial （多義）
[tráiəl]

①試み，試し　②裁判
例 be on trial 「裁判にかけられている」

804
honor
[ánər]

名誉，光栄　動〜を尊敬する；〜に栄誉を授ける
◆ in honor of A 「Aに敬意を表して，Aのために」
◇ hónorable 形立派な，名誉な

805
territory
[térətɔ:ri]

①領土，なわ張り　②地域，領域

806
frame
[fréim]

わく，額縁，骨組み
動①〜をわくにはめる　②〜を組み立てる
◆ frame of mind 「気分」(= mood)
◇ frámework 名わく組み

807
border
[bɔ́:rdər]

国境地帯，境界　動〜に接する

2 Essential Stage ・名詞

MINIMAL PHRASES　Disc2-67

▫ according to official **statistics**	公式の統計によると
▫ a private **enterprise**	民間企業
▫ pay school **fee**s	授業料を払う
▫ carry a heavy **load**	重い荷物を運ぶ
▫ world **grain** production	世界の穀物生産高
▫ a **review** of the law	その法律の再検討

808
statistics
[stətístiks]

統計（学），統計の数字　★「統計」は複数扱い。
◇ statistical　　形 統計の，統計上の

809
enterprise　アク？
[éntərpraiz]

企業，事業；企て

810
fee
[fíː]

謝礼；料金
★医師・弁護士・教師など専門職への謝礼，会費，授業料，入場料などの料金。

811
load
[lóud]

荷物，積み荷；重荷，負担
動 〈荷など〉を積む，詰め込む

812
grain
[gréin]

①穀物　②粒；少量

813
review
[rivjúː]

①再検討；批評　②復習
動 ①～を批評する　②～を復習する
源 re (= again) + view (見る)

142

MINIMAL PHRASES　Disc2-68

☐ **prejudice** against women	女性に対する偏見
☐ put a **strain** *on* the heart	心臓に負担をかける
☐ fall into a **trap**	わなにはまる
☐ have a quick **temper**	すぐかっとなる気性である
☐ a black **slave**	黒人の奴隷
☐ a knife **wound**	ナイフの傷

814
prejudice
[prédʒədəs]

偏見，先入観
源 pre（先に）＋judice（判断）

815
strain
[stréin]

負担，重圧；緊張　動～に無理な負担をかける，酷使する
◇ stráined　　　　形緊張した

816
trap
[trǽp]

わな，計略　動～をわなにかける；わなをしかける
（動詞が多い）

817
temper
[témpər]

①気性，気分（＝mood）　②平静な気分
◆lose one's temper　「かっとなる，腹を立てる」★頻出！
◆keep one's temper　「平静を保つ」

818
slave
[sléiv]

奴隷
◇ slávery　　　　名奴隷制度，奴隷の身分

819
wound
発音?

傷，けが　動～を傷つける
[wúːnd]　★wind「曲がる」の過去形woundは[wáund]。
◇ wóunded　　　　形負傷した，けがをしている
★woundは，戦闘やけんかなどで受けた傷。事故による負傷はinjury。

2 Essential Stage・名詞　● 143

MINIMAL PHRASES　　　　　　　　　　　　　Disc2-69

◻ an increase in the **divorce** rate	離婚率の増加
◻ the melody of the **tune**	その曲のメロディー
◻ Summer is *at* its **height**.	夏真っ盛りだ
◻ the science **faculty**	理学部
◻ the average *life* **span**	平均寿命
◻ the moral **dimension** of science	科学の道徳的側面

820
divorce
[divɔ́ːrs]

離婚(⇔marriage)
動 ～と離婚する；～を切り離す(＝separate)

821
tune
[tjúːn]

曲，メロディー
動 (番組に)チャンネルを合わせる；～を調和させる
◆be in tune with A 　「Aと合っている」

822
height 　発音?
[háit]

高さ；高地；最盛期，絶頂期　★highの名詞形だ。

823
faculty 　多義
[fǽkəlti]

①(大学の)学部，教授スタッフ　②(心身の)能力(＝ability)
例 mental faculties「知的能力」

824
span
[spǽn]

期間，長さ
◆life span 　　　　　　「寿命」　★半分近くがこの形だ。

825
dimension 　多義
[dimén ʃ ən]

①〈問題などの〉側面(＝aspect)，要素(＝factor)　②次元
③(dimensions)大きさ，規模
◆three-dimensional 　「3次元の，立体の」

MINIMAL PHRASES　　Disc2-70

□ the **worship** of God	神に対する崇拝
□ the latest **version** of the software	そのソフトの最新版
□ have no **parallel** in history	歴史上匹敵するものがない
□ sink below the **horizon**	地平線の下に沈む
□ friends and **acquaintance**s	友人と知人

826
worship
[wə́ːrʃip]

崇拝，礼拝　動～を崇拝する

827
version　多義
[vɚ́ːrʒən]

①型，…版　②翻訳，脚色　③(ある立場からの)説明
(③は入試ではまれ)

828
parallel
[pǽrəlel]

類似(物)，匹敵するもの(+ to)
形①類似した　②平行の　動～に似ている，匹敵する

829
horizon　発音?

①地平線，水平線　②(horizons)視野
[həráizn]
例 broaden [expand] one's horizons 「視野を広げる」
◇horizóntal　　　　　　形水平な(⇔vertical)

830
acquaintance
[əkwéintəns]

①知人　②交際　③知識 (②，③は少ない)
◆be acquainted with A　「Aを知っている」
　= be familiar with A
◆acquaint A with B　「AにBを教える，知らせる」

2 Essential Stage・名詞　● 145

MINIMAL PHRASES　　　　　　　　　　　Disc2-71

☐ become a **burden** *on* society	社会の重荷になる
☐ avoid *traffic* **jam**s	交通渋滞を避ける
☐ **poison** gas	毒ガス
☐ the Japanese **Constitution**	日本国憲法
☐ business **administration**	企業の経営
☐ a city full of **charm**	魅力にあふれた都市

831
burden
[bə́ːrdn]

重荷，負担，重圧　　動(重荷を)〜に負わせる（少数）
★精神的・経済的意味で使うことが多い。

832
jam
[dʒǽm]

①渋滞，込み合い　②ジャム　　動〜を詰め込む
◆be jammed　　「〈場所が〉ぎゅうぎゅう詰めである，いっぱいだ」

833
poison
[pɔ́izn]

毒，毒物　　動〜を毒殺する，〜を害する
◇póisonous　　形有毒な，有害な
諺 One man's meat is another man's poison.
「ある人の食べ物が別の人には毒になる」（甲の薬は乙の毒）

834
constitution
[kɑ̀nstətjúːʃən]

①憲法　②体質，体格（②はまれ）

835
administration
[ədmìnistréiʃən]（多義）

①経営，運営(= management)　②行政，政府；〜局
例 the Food and Drug Administration 「食品医薬品局」(= FDA)
例 the Obama Administration　　「オバマ政権」
◇adminíster　　動〜を管理する
◇admínistrative　　形行政の，管理上の

836
charm
[tʃáːrm]

①魅力　②まじない；お守り　　動〈人〉を魅了する
◇chárming　　形魅力的な，感じのいい

MINIMAL PHRASES　　　　　　　　　　　　　　Disc2-72

◻ sense **organ**s	感覚**器官**
◻ the **prey** of the lion	ライオンの**えじき**
◻ a *joint* **venture** with Taiwan	台湾との共同**事業**
◻ carry out a dangerous **mission**	危険な**任務**を果たす
◻ **inquiry** into the cause of the fire	火事の原因に関する**調査**

837
organ
[ɔ́ːrgən]

①**臓器**，(動植物の)**器官**　②**オルガン**
◇ orgánic　　　　　形 有機的な；生物の
◇ órganism　　　　名 生物　☞ p. 167

838
prey
[préi]

獲物，えじき　動 (prey on A) A を捕まえて食べる
例 fall prey to A「A のえじきになる」

839
venture
[véntʃər]

冒険的事業；冒険
動 危険を冒して行く；~を思い切ってする
例 venture into the unknown「未知の世界へ乗り出す」
◇ advénture　　　　名 冒険

840
mission
[míʃən]

①**使命，任務**　②**[宇宙]飛行任務**　③**布教(団)**
◇ míssionary　　　名 伝道師，宣教師
★ mission の miss は「送る」という意味で，míssile「ミサイル」の miss と同語源だ。

841
inquiry
[inkwáiəri]
動?

①**調査**；**探究**(+ into)
②**質問，問い合わせ**(= question)
◇ inquire　　　　　動 ~を質問する(= ask)
★ inquire into A「A を調査する」はまれ。
　inquire after A「A の安否をたずねる」は超まれ。

2 Essential Stage ・ 名詞　● 147

MINIMAL PHRASES　　　　　　　　　　　　　　Disc2-73

▫ the Academy **Award** *for* Best Picture	アカデミー最優秀作品<u>賞</u>
▫ a long **strip** of paper	長い紙<u>切れ</u>
▫ be in economic **distress**	経済的<u>苦難</u>におちいる
▫ increase blood **circulation**	血液の<u>循環</u>を高める
▫ keep the beer in the **shade**	ビールを<u>日陰</u>に置く
▫ a **stereotype** of Americans	アメリカ人に関する<u>型にはまったイメージ</u>

842
award　(発音?)
[əwɔ́ːrd]

賞，賞品，賞金(＝prize)　 動 ～を授与する

843
strip
[stríp]

細長い一片　 動 ～を裸にする，～から取り除く
★紙，土地，布などの細長い一片のこと。
◆comic strip 　　「(数コマからなる)漫画」

844
distress
[distrés]

苦しみ，悲嘆，苦難　 動 ～を苦しめる

845
circulation　多義
[sə́ːrkjuléiʃən]

①循環；流通　②発行部数
◇círculate　　 動 循環する，流通する
◇círcular　　　 形 円形の；循環的な

846
shade
[ʃéid]

①陰，日陰　②(濃淡の)色合い　③(意味などの)わずかな違い　④(a ～)ほんの少し(＝a little)
例 delicate shades of meaning「微妙な意味の違い」

Q shadeとshadowはどう違う？　　A shadeは日陰の場所を言うが，shadowは光によってできる像としての影を言う。

847
stereotype
[stériətaip]

典型的なイメージ，類型；固定観念

MINIMAL PHRASES

☐ a lawyer and his **client**	弁護士とその依頼人
☐ the factory's **output**	その工場の生産高
☐ praise the **Lord**	神をたたえる
☐ follow social **convention**s	社会の慣習に従う
☐ discover a gold **mine**	金鉱を発見する
☐ a traditional Japanese **craft**	日本の伝統工芸

848
client
[kláiənt]

(弁護士などの)依頼人，(会社・店などの)顧客

849
output
[áutput] 反?

①生産高　②出力，アウトプット
◆put A out 「①A(火など)を消す ②Aを生産する」
⇔ ínput　　　　名 入力，インプット

850
lord
[lɔ́ːrd]

①(Lord)神，キリスト　②領主，貴族
◇ lándlord　　　名 家主，地主，主人

851
convention 多義
[kənvénʃən]

①慣習，しきたり　②(大規模な)会議，大会　③協定
◇ convéntional　　形 平凡な，慣習的な

852
mine
[máin]

鉱山　動 ～を掘る
例 landmine「地雷」
◇ míneral　　　名 鉱物，鉱石
◇ míner　　　　名 鉱夫

853
craft 多義
[krǽft]

①工芸，技術　②船，乗り物
◇ áircraft　　　名 航空機
◇ cráftsman　　名 職人
◇ spácecraft　　名 宇宙船

2 Essential Stage・名詞

MINIMAL PHRASES　Disc2-75

▫ the **core** *of* the problem	問題の<u>核心</u>
▫ die of a **stroke**	<u>脳卒中</u>で死ぬ
▫ America's last **frontier**	アメリカ最後の<u>辺境</u>
▫ set him apart from his **peers**	彼を<u>仲間</u>から離す
▫ a fishing **vessel**	漁<u>船</u>
▫ people with **disabilities**	<u>障害</u>を持つ人々

854
core
[kɔ́ːr]

中心，(問題の)**核心**
形 (名詞の前で)主要な，中心的な

855
stroke 多義
[stróuk]

①脳卒中，発作　②打撃，一撃　③字画，一筆
動 ～をなでる，さする
例 **a stroke of luck**「思いがけない幸運」

856
frontier
[frʌntíər]

①国境，辺境　②未開拓の分野，最前線
源 front「前面」

857
peer 多義
[píər]

同僚，仲間　動 じっと見る
★「貴族」を一番にあげる本があるが，実際にはまれ。動詞は多い。
例 **peer pressure**「仲間[周囲]の圧力」(グループ内で周囲から受ける心理的圧力)

858
vessel 多義
[vésl]

①船　②血管，管　③器
◆ blood vessel　「血管」

859
disability
[dìsəbíləti] 同?

〈身体・精神の〉障害
= hándicap　★handicapは古くさく，disabilityより差別的とされる。
◇ disábled　　　形 障害を持つ(= handicapped)

150

MINIMAL PHRASES　　　　　　　　　　　Disc2-76

◻ zero **gravity** in space	宇宙の無重力状態
◻ a question of medical **ethics**	医学の倫理の問題
◻ a railroad **terminal**	鉄道の終点
◻ swim against the **tide**	潮流に逆らって泳ぐ
◻ child **abuse**	児童虐待

860
gravity
[grǽvəti]

①重力, 引力 (= gravitation)　②重大さ, 重み

861
ethic
[éθik]

倫理, 価値観；(ethics) 倫理(学)
◆the work ethic　「労働を善とする価値観」
◇éthical　　　　形 倫理的な, 道徳的な

862
terminal
[tə́ːrmənl]

（動？）

Q terminal illness の意味は？

①（バスなどの）終点, ターミナル
②（コンピュータなどの）端末
形 末期の, 終わりの, 終点の
◇términate　　　動 〜を終わらせる；終わる
A 「末期[命取り]の病気」

863
tide
[táid]

①潮流, 潮の干満　②傾向, 時流
諺 Time and tide wait for no man. 「歳月人を待たず」

864
abuse
（発音？）

①虐待　②（薬などの）乱用　動 〜を虐待する；〜を乱用する
名 [əbjúːs]　動 [əbjúːz]

2 Essential Stage・名詞　● 151

MINIMAL PHRASES　　　　　　　　　　　Disc3-01

865 the small **incident**s of everyday life [ínsidənt]	日常生活の小さな<u>出来事</u> 事件
◇incidéntal	形付随的な，ささいな
866 a space science **laboratory** [lǽbərətɔːri]	宇宙科学<u>研究所</u> 源 labor（働く）＋atory（場所）
867 an international **conference** [kánfərəns]	国際<u>会議</u> （＋on A；Aに関する）
◆press conference ◇cháirman	「記者会見」　cf. press　☞ p. 338 名議長（＝chairperson）
868 cross the American **continent** [kántinənt]	アメリカ<u>大陸</u>を横断する ★continue が語源。「ずっと続く陸地」の意。
◇continéntal	形大陸の
869 national health **insurance** [inʃúərəns]	国民健康<u>保険</u>
動？　◇insúre	動①〜に保険をかける ②〜を確実にする（＝ensure）
870 a construction **site** for a new hotel [sáit]	新しいホテルの建設<u>用地</u> 場所，位置
◇Wébsite	名（インターネットの）ウェブサイト
871 live in **poverty** [pávərti]	<u>貧乏</u>な生活をする
872 food **shortage** [ʃɔ́ːrtidʒ]	食糧<u>不足</u>
◆be short of A ◆run short of A	「Aが不足している」 「Aが不足する」

MINIMAL PHRASES　　　　　　　　　　　　　　　Disc3-02

873 **international affairs** [əféər]	国際**情勢**
◆love affair ◆the state of affairs	「性的関係，情事」 「情勢，事態」
874 **the only exception *to* the rule** [iksépʃən]	その規則の唯一の**例外**
◆with the exception of A 形? ◇excéptional	「Aという例外を除き」 形 特に優れた，例外的な
875 **work for *low* wage**s [wéidʒ]	安い**賃金**で働く
	★wageは，主に肉体労働に対する時間給・日給を言う。salaryは，月給などを指す。
876 **knowledge and wisdom** [wízdəm]	知識と**知恵**
◆conventional wisdom 形? ◇wise	「世間一般の通念」 形 賢い，賢明な
877 **pay tax**es *on* **the land** [tǽks]	その土地にかかる**税金**を払う
878 **have no leisure time for sports** 発音?	スポーツをする**暇**がない [líːʒər], [léʒər]
◇pástime	★leisureには娯楽の意味はない。日本語の「レジャー」は，leisure activityに近い。 名 娯楽，気晴らし
879 **the language barrier** アク?	言葉の**壁** [bǽriər] 障害(＋to)
880 **fall into the same category** [kǽtəgɔːri]	同じ**範ちゅう**に属する カテゴリー，分類(＝group)

2 Essential Stage ・名詞　● 153

MINIMAL PHRASES

881
- the family as a social **unit**
  [júːnit]

社会の単位としての家族

882
- the restaurant's **reputation**
  [repjutéiʃən]

そのレストランの評判
名声

883
- the **virtue** of hard work
  [vɔ́ːrtʃuː]

勤勉の美徳

反?	⇔vice	名悪徳　☞ p.345
	◆by virtue of A	「Aの理由で」= because of A
	◇vírtuous	形有徳の，高潔な

884
- have the **courage** *to* tell the truth
  [kɔ́ːridʒ]

真実を話す勇気を持つ

| 動? | ◇encóurage | 動〜をはげます，勇気づける |
| 形? | ◇courágeous | 形勇敢な |

885
- feel **sympathy** *for* the victim
  [símpəθi]

犠牲者に同情する
共感

	= compássion	名同情
	◇sympathétic	形同情に満ちた，共感する
動?	◇sýmpathize	動同情する，賛同する(= agree)
		源 **sym**(共に，同じ)+ **pathy**(感情)

886
- a labor **union**
  [júːnjən]

労働組合
同盟；連邦

887
- sign important **document**s
  [dákjumənt]

重要書類にサインする
文書

888
- a 10,000-**volume** library
  アク?

蔵書1万冊の図書館
[válju(ː)m] 本；量，容積

MINIMAL PHRASES

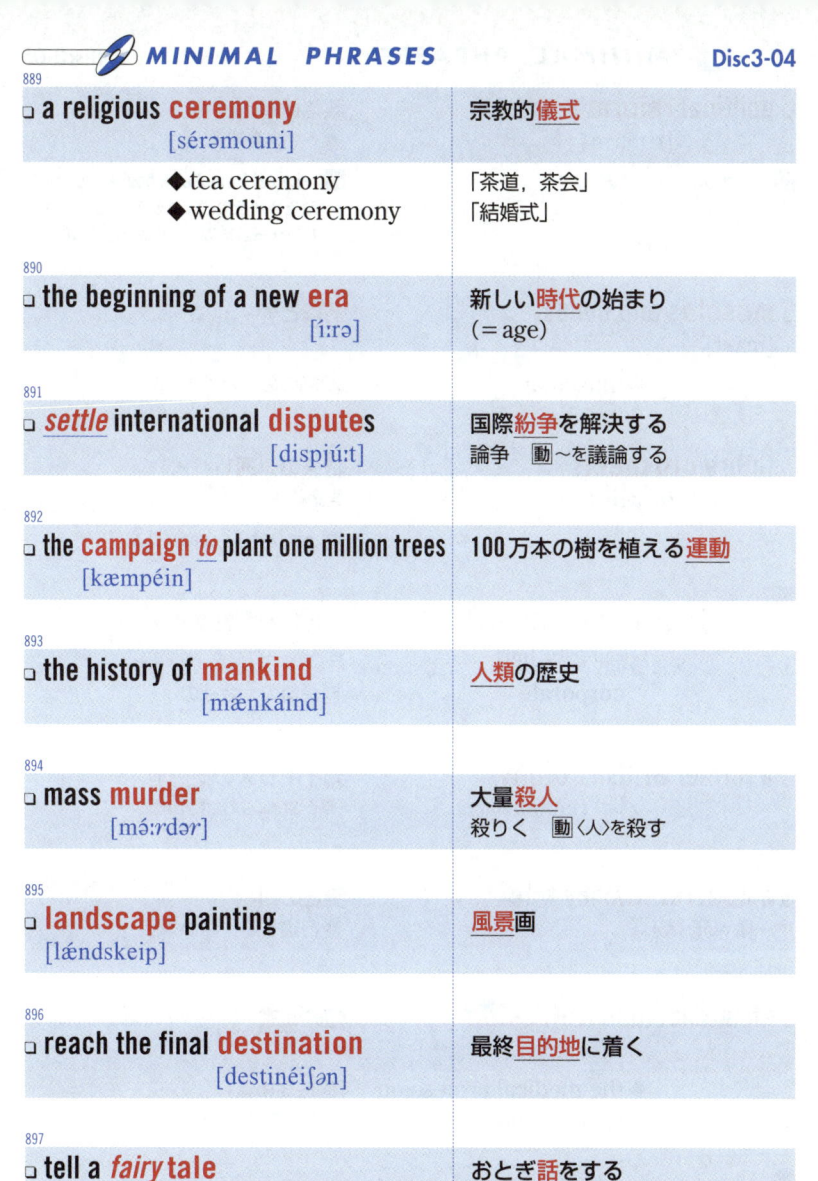

Disc3-04

889
- a religious **ceremony**
  [sérəmouni]

宗教的儀式

  ◆tea ceremony 「茶道，茶会」
  ◆wedding ceremony 「結婚式」

890
- the beginning of a new **era**
  [íːrə]

新しい時代の始まり
(＝age)

891
- *settle* international **disputes**
  [dispjúːt]

国際紛争を解決する
論争　動〜を議論する

892
- the **campaign** *to* plant one million trees
  [kæmpéin]

100万本の樹を植える運動

893
- the history of **mankind**
  [mænkáind]

人類の歴史

894
- mass **murder**
  [mə́ːrdər]

大量殺人
殺りく　動〈人〉を殺す

895
- **landscape** painting
  [lǽndskeip]

風景画

896
- reach the final **destination**
  [destinéiʃən]

最終目的地に着く

897
- tell a *fairy* **tale**
  [téil]

おとぎ話をする
物語（＝story）

★fairyは「妖精」の意味。

2 Essential Stage・名詞　●　155

MINIMAL PHRASES

Disc3-05

898

□ political **reform**
[rifɔ́ːrm]

政治改革
動 ~を改善する

Q 「家をリフォームする」は？

A remodel [remake] a house。reformは政治や制度の改革に使う言葉で、「家をリフォームする」の意味では使わない。

899

□ **muscle**s and bones
[mʌ́sl]

筋肉と骨

◇ múscular

形 筋肉の；たくましい

900

□ future **prospect**s
[práspekt]

将来の見通し
見込み

源 pro(前を)+ spect(見る)

901

□ run a large **corporation**
[kɔːrpəréiʃən]

大企業を経営する
法人

◇ córporate

形 企業の，会社の

902

□ a former British **colony**
[káləni]

元イギリスの植民地
(ある場所に住む生物の)群

903

□ a **quarrel** *with* my wife
[kwɔ́(ː)rəl]

妻との口論
動 口論する，言い争う

904

□ an intellectual **profession**
[prəféʃən]

知的職業

◆ the medical profession
◇ proféssional

「医療従事者」
形 専門的な，プロの

905

□ have a high **fever**
発音？

高熱を出している
[fíːvər] 熱病，熱狂

MINIMAL PHRASES　　　　　　　　　　Disc3-06

906
a three-minute pause
[pɔ́:z]

3分間の休止
動 休止する，一休みする

907
a room with little furniture
[fə́:rnitʃər]

家具の少ない部屋

◇fúrnish
◇cúpboard 発音
◇clóset

Q The room has few furnitures. はどこがいけない？

動〈家具など〉を備えつける
名 [kʌ́bərd] 食器だな ★pは黙字。
名 押し入れ，戸だな

A furniture は不可算名詞で，複数形がなく many, few もつかない。little furniture が○。数えるには a piece/pieces of をつける。

908
white privilege
[prívilidʒ]

白人の特権

◇prívileged

形 特権のある

909
economic prosperity
[praspérəti]

経済的繁栄

◇prósperous
◇prósper

形 繁栄している
動 栄える，成功する

910
a musical genius
発音?

音楽の天才
[dʒí:njəs] 天才的才能

911
plant pumpkin seeds
[sí:d]

カボチャの種をまく

◇sow

動 (種を)まく

912
symptoms of cancer
[símptəm]

ガンの症状
兆候，きざし

2 Essential Stage・名詞　157

MINIMAL PHRASES　　　　　　　　　　　　　　Disc3-07

913
his greatest **merit** [mérit]	彼の最大の長所
反? ⇔ demérit	名欠点，短所

914
destroy the ozone **layer** [léiər]	オゾン層を破壊する

915
a **clue** *to* the mystery [klúː]	その謎を解く手がかり ヒント　★25%以上が to を伴う。

916
Truth is stranger than **fiction**. [fíkʃən]	事実は小説よりも奇なり（諺）
◇ fíctional	形架空の，虚構の

917
the city's business **district** [dístrikt]	その都市の商業地区 地域
◆ school district	「学区」

918
spend two years in **prison** [prízn]	刑務所で2年過ごす
◇ prísoner ◇ impríson 同? ＝ jail	名囚人，捕虜 動～を投獄する 名刑務所，監獄，拘置所 動～を投獄する

919
my traveling **companion** [kəmpǽnjən]	私の旅行仲間 道連れ

MINIMAL PHRASES　　　　Disc3-08

920
- **tobacco company executives**
  [igzékjətiv]

  タバコ会社の<u>重役</u>たち
  幹部

921
- **a strong sense of justice**
  [dʒʌ́stis]

  強い<u>正義</u>感

  動？　◇jústify
  　　　◇justificátion

  動〜を正当化する
  名正当化

922
- **the check-in procedure**
  [prəsíːdʒər]

  チェックインの<u>手続き</u>
  手順；処置

  ★proceed「進む」(☞ p.108)と同語源。

923
- **the sun's rays**
  [réi]

  太陽<u>光線</u>
  放射線

  ◆X-ray
  ◆ultraviolet rays

  「レントゲン写真；X線」
  「紫外線」

924
- **go to heaven**
  [hévən]

  <u>天国</u>に昇る
  (the heavens)空

  反？　⇔hell
  　　　◆heavenly body

  名地獄　cf. earth「地上, この世」
  「天体」

925
- **lead a life of luxury**
  [lʌ́gʒəri]

  <u>ぜいたく</u>な生活を送る

  　　　例 a luxury hotel
  形？　◇luxúrious

  「豪華なホテル」　★形容詞用法も多い。
  形豪華な, 一流好みの

926
- **oxygen in the air**
  [ɑ́ksidʒən]

  空気中の<u>酸素</u>
  源 oxy (酸) + gen (生む)

  　　　◇hýdrogen
  　　　◇nítrogen

  名水素　源 hydro (水) + gen (生む)
  名窒素

2 Essential Stage・名詞　●　159

MINIMAL PHRASES

Disc3-09

927
lack of funds
[fʌ́nd]

資金不足
基金 動~に資金を出す

928
the theme of the book
発音?

その本の主題
[θíːm] テーマ

929
the boundary between two countries
[báundəri]

二国間の境界
(= border); 範囲, 限界

930
his ambition _to_ be a writer
[æmbíʃən]

作家になりたいという彼の熱望
野心, 野望

◇ambítious
形?

形 野心的な, 熱望している
(+ to V, + for)

931
the weather forecast
[fɔ́ːrkæst]

天気予報
予測 動~を予報する

932
study social psychology
発音?

社会心理学を研究する
[saikálədʒi]

◇psychólogist
◇psychológical

名 心理学者
形 心理学の

933
give money to charity
[tʃǽrəti]

慈善のために寄付する

◇cháritable

形 寛容な, 情け深い

934
the International Olympic Committee
アク?

国際オリンピック委員会 (IOC)
[kəmítiː]

源 commit (委任する) + ee (~された)

935
a physician at the hospital
[fizíʃən]

その病院の医者
内科医

160

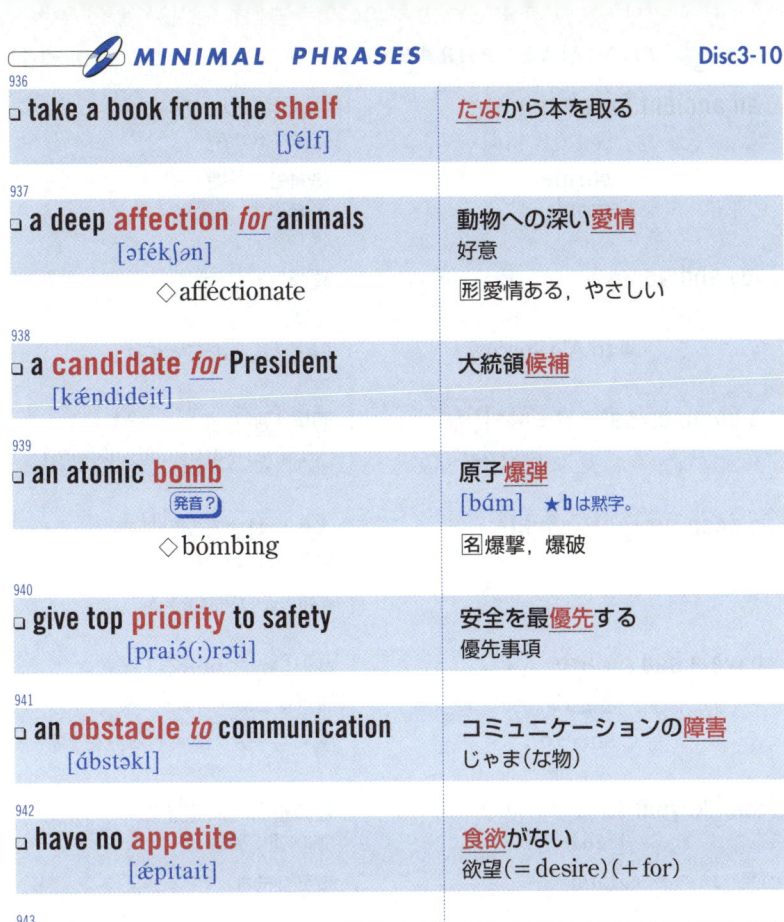

MINIMAL PHRASES　　　　　　　　　Disc3-10

936 **take a book from the shelf** [ʃélf]	たなから本を取る
937 **a deep affection *for* animals** [əfékʃən]	動物への深い愛情 好意
◇afféctionate	形 愛情ある，やさしい
938 **a candidate *for* President** [kǽndideit]	大統領候補
939 **an atomic bomb** 発音?	原子爆弾 [bάm] ★bは黙字。
◇bómbing	名 爆撃，爆破
940 **give top priority to safety** [praió(ː)rəti]	安全を最優先する 優先事項
941 **an obstacle *to* communication** [άbstəkl]	コミュニケーションの障害 じゃま（な物）
942 **have no appetite** [ǽpitait]	食欲がない 欲望（＝desire）（＋for）
943 **relieve tension** [ténʃən]	緊張を緩和する
形? ◇tense	形 緊張した；張りつめた　名 時制
944 **a Native American tribe** [tráib]	アメリカ先住民の部族 種族
945 **cut the defense budget** [bʌ́dʒit]	防衛予算を削減する 予算案

2 Essential Stage・名詞

MINIMAL PHRASES Disc3-11

946
□ **an ancient Greek temple**
[témpl]
◇ shríne
◇ monk

古代ギリシャの**神殿**
(仏教などの)寺
名神社,神殿
名修道士,僧侶

947
□ **joy and sorrow**
[sárou]
◆ to A's sorrow

喜びと**悲しみ**

「Aが悲しんだことには」

948
□ **a communications satellite**
[sǽtəlait]

通信**衛星**
人工衛星(= artificial satellite)

949
□ **a deep insight _into_ life**
[ínsait]

人生に対する深い**洞察**
見識,理解(力)

★**40**%近くが into を伴う。

950
□ **have a bad cough**
発音?   [kɔ́(:)f]
◇ sneeze

ひどい**せき**が出る
動せきをする
名くしゃみ 動くしゃみをする

951
□ **decide your fate**
[féit]
形? ◇ fátal

君の**運命**を決定する
(悪い)運;破滅
形致命的な

952
□ **a training scheme for pilots**
発音?   [skí:m] (= plan)

パイロットの訓練**計画**

953
□ **an insult to women**
アク?

女性に対する**侮辱**
名[ínsʌlt] 動[insʌ́lt] 〜を侮辱する

954
□ **the inhabitants _of_ the country**
[inhǽbitənt]
動? ◇ inhábit

その国の**住民**
(= resident) ☞ p.62
動〜に住む(= live in)

162

MINIMAL PHRASES　　　　　　　　　　　　　　　　Disc3-12

955
□ burn **fossil** *fuels*
[fá(:)səl]

化石燃料を燃やす
★この形が50％を超える。

956
□ the **motive** for the killing
[móutiv]

殺しの動機

<u>動?</u>　　◇ mótivate

動〈人に〉動機[刺激]を与える
(= stimulate)

◇ motivátion

名動機づけ, 刺激

957
□ human **instinct** to fight
<u>アク?</u>

人間の闘争本能
[ínstiŋkt]　直観

◇ instínctive

形本能的な

958
□ the **legend** of Robin Hood
[lédʒənd]

ロビン・フッドの伝説
言い伝え

◇ légendary

形伝説の, 伝説上の

959
□ the Roman **Empire**
<u>アク?</u>

ローマ帝国
[émpaiər]

◇ émperor
◇ impérial

名皇帝
形帝国の

960
□ live in the **suburb**s of London
[sʌ́bə:rb]

ロンドンの郊外に住む

961
□ study modern **architecture**
<u>発音?</u>

近代建築を学ぶ
[á:rkitektʃər]　建築様式

◇ árchitect
◇ architéctural

名建築家
形建築の

962
□ love and **passion**
[pǽʃən]

愛と情熱

◇ pássionate

形情熱的な, 熱烈な

2 Essential Stage・名詞　● 163

MINIMAL PHRASES

Disc3-13

963
a horror movie
[hɔ́(ː)rər]

恐怖映画
嫌悪感

形? ◇hórrible
◇hórrify

形 身の毛がよだつ, ひどい
動 ~をぞっとさせる

964
persuade him with logic
[ládʒik]

彼を論理で説得する
論理学

◇lógical

形 論理的な, 筋の通った

965
two dozen eggs
[dʌ́zn]

2ダースの卵
★数詞の後では複数のsをつけない。

◆dozens of A

「何ダースものA」

966
a good harvest of rice
[háːrvist]

米の豊かな収穫
動 ~を収穫する

967
the ingredients of the cake
[ingríːdiənt]

ケーキの材料
構成要素, 成分 (+in, of)

968
***test* the hypothesis**
[haipáθəsis]

仮説を検証する
仮定 ★複数形は hypotheses。

969
the first voyage of Columbus
[vɔ́iidʒ]

コロンブスの最初の航海
宇宙旅行

970
the editor of a fashion magazine
[éditər]

ファッション雑誌の編集長
編集者

◇édit
◇edítion
◇editórial

動 ~を編集する
名 (出版物の)版
名 社説 形 編集の

MINIMAL PHRASES

Disc3-14

971

□ have no **option**
  [ápʃən]

選択の自由がない
(＝choice)；選択肢

形? ◇óptional

形随意の，自由に選択できる
(⇔compulsory 形義務的な)

972

□ the southern **hemisphere**
  [hémisfiər]

南半球
(左右の)脳半球

973

□ the **mechanism** of a clock
  アク?

時計の仕組み
[mékənizm] 機構，装置

  ◇mechánical
  ◇mechánics
  ◇mechánic

形機械の，機械的な
名力学；仕組み，構造
名機械工

974

□ **Anthropologist**s study people.
  [ænθrəpálədʒist]

人類学者は人間を研究する

  ◇anthropólogy

名人類学

975

□ the **crew** of the space shuttle
  [krúː]

スペースシャトルの乗組員たち
(作業の)チーム

976

□ Greek **tragedy**
  [trǽdʒədi]

ギリシャ悲劇

反? ⇔cómedy
  ◇trágic

名喜劇
形悲劇の，悲劇的な

977

□ put the meat in the **refrigerator**
  [rifrídʒəreitər]

肉を冷蔵庫に入れる
★fridge(略)とも言う。

978

□ pay the bus **fare**
  [féər]

バスの運賃を払う

---

2 Essential Stage・名詞 ● 165

MINIMAL PHRASES

979 **pay the debt** 発音?	借金を返す [dét] 恩, 借り ★bは黙字。
980 **the high school curriculum** [kəríkjələm]	高校の教育課程
981 **the components of the body** [kəmpóunənt]	人体の構成要素 部分 (= part), 成分 ★compose (☞ p.111) の関連語だ。
982 **plant wheat and corn** [hwíːt]	小麦とコーンを植える
983 **modern English usage** [júːsidʒ]	現代英語の語法 使用 (法)
984 **take out the garbage** [gáːrbidʒ]	ゴミを出す 生ゴミ, がらくた
985 **a terrible famine in Africa** [fǽmin]	アフリカのひどい飢饉
986 **animals in danger of extinction** [ikstíŋkʃən] ◇extínct	絶滅の危機にある動物たち 形 絶滅した
987 **take money out of the purse** [páːrs] ◇wállet	財布からお金を取り出す ハンドバッグ (米) 名 札入れ, 財布

166

MINIMAL PHRASES　　　　　　　　　　　　　　　　Disc3-16

988
English folk music
発音?

	イギリスの民族音楽 [fóuk] 人々, 国民
◇fólklore	名民間伝承

989
the population explosion
[iksplóuʒən]

動?

◇explóde　　動爆発する(= blow up, go off), ～を爆発させる
◇explósive　　形爆発的な　名爆発物

990
_a_ large portion _of_ your salary
[pɔ́ːrʃən]

給料の大部分
(= part)

991
marine organisms
[ɔ́ːrgænizm]

海洋生物
微生物

◆living organism　　「生物, 生体」

992
The Merchant of Venice
[mə́ːrtʃənt]

ヴェニスの商人
(シェイクスピアの戯曲)

◇mérchandise　　名(集合的に)商品(= goods)

993
ancient Greek myths
[míθ]

古代ギリシャの神話

994
a priest in the church
[príːst]

教会の神父
牧師, 聖職者

995
weddings and funerals
[fjúːnərəl]

結婚式と葬式

996
protect wildlife
[wáildlaif]

野生生物を保護する
★不可算名詞だ。

2 Essential Stage・名詞　● 167

MINIMAL PHRASES

997
the United States Congress [káŋgrəs]	合衆国議会
◇(the) Párliament	名 (イギリスの)国会
◇the Díet	名 (日本などの)国会

998
a boat in Tokyo bay [béi]	東京湾に浮かぶ船
同? = gulf	

999
the death penalty [pénəlti]	死刑
	刑罰, 罰金

1000
Japanese cultural heritage [héritidʒ]	日本の文化遺産
	伝統
◆World Heritage Site	「世界遺産」

1001
American cultural diversity [divə́ːrsəti]	アメリカの文化的多様性
同? = varíety	
形? ◇divérse	形 多様な(= various)
◇biodivérsity	名 生物の多様性

1002
the thumb of my left hand 発音?	私の左手の親指 [θʌ́m] ★bは発音しない。
◇palm	名 手のひら
◇fist	名 握りこぶし
◇wrist	名 手首
◇ánkle	名 足首
◇toe	名 足の指
◇fórefinger	名 人差し指 = index finger

1003
history and geography [dʒiágrəfi]	歴史と地理
	地形　源 geo(土地)+graphy(記述)
◇geográphical	形 地理的な(= geographic)

MINIMAL PHRASES　　　　　　　　　　　　　Disc3-18

1004
□ put the letter in a pink **envelope**
[énvəloup]

ピンクの封筒に手紙を入れる

1005
□ **discrimination** *against* women
[diskrimínéiʃən]

女性に対する差別

　　◆ racial discrimination
　　◇ discríminate

「人種差別」
動差別する（+ against）

1006
□ the AIDS **virus**
発音?

エイズのウイルス
[váiərəs]

　　◇ vaccíne

名ワクチン

1007
□ the **Statue** of Liberty
[stǽtʃuː]

自由の女神像
彫像

1008
□ a professional **athlete**
アク?

プロの運動選手
[ǽθliːt]　運動の得意な人

　　◇ athlétic
　　例 an athletic meet (ing)
　　◇ athlétics

形運動の
「運動会」
名運動競技

1009
□ a rock'n'roll **pioneer**
アク?

ロックンロールの先駆者
[paiəníər] 開拓者　動～を開拓する

1010
□ personality **traits**
[tréit]

人格の特徴
（= characteristic）

2 Essential Stage・名詞　● 169

MINIMAL PHRASES

1011
- **strong family bond**s
  [bánd]

  家族の強いきずな

1012
- **go to the grocery store**
  [gróusəri]

  食料品店に行く
  (groceriesで)食料品

1013
- **his secretary's desk**
  [sékrəteri]

  彼の秘書の机
  書記官，(各省の)長官

  ◆the Secretary of State 「国務長官」
  ◆the Secretary General 「(国連などの)事務総長」

1014
- **speak the local dialect**
  [dáiəlekt]

  地元の方言を話す

1015
- **Galileo's astronomy**
  [əstrάnəmi]

  ガリレオの天文学
  源 astro (星) + nomy (法則)

  ◇astrónomer 名 天文学者
  ◇ástronaut   名 宇宙飛行士

1016
- **today's youngster**s
  [jʌ́ŋstər]

  今日の子供たち

1017
- **a tree in the yard**
  [já:rd]

  庭の木
  ヤード(長さの単位)

  ★ a yard = three feet ≒ 0.91m

1018
- **the finding**s **of the study**
  [fáindiŋ]

  その研究による発見

  ★複数形が普通。

1019
- **British military strategy**
  [strǽtədʒi]

  イギリスの軍事戦略
  作戦，計画

MINIMAL PHRASES

Disc3-20

1020
□ **his heart and lungs** [lʌ́ŋ] | 彼の心臓と肺

◇ stomach 発音 | 名[stʌ́mək] 胃, 腹
◇ líver | 名肝臓

1021
□ **beat an opponent** [əpóunənt] | 敵を倒す
(ゲームなどの)相手, 対抗者

★ oppose「〜に反対する」(☞ p.42) が語源。

1022
□ **a religious ritual** [rítʃuəl] | 宗教的な儀式

◇ rite | 名儀式(= ritual)

1023
□ **the outcome of the race** [áutkʌm] | レースの結果
成果(= result)

◆ come out | 「現れる；(本が)出版される」

★ income「収入」は, outcome の反意語ではない。

1024
□ **conservation groups** [kɑnsərvéiʃən] | 環境保護団体
(資源などの)節約

◇ consérve | 動〜を保護する, 保存する
◇ conservátionist | 名環境保護論者
(= environmentalist)

1025
□ **whales and other sea mammals** [mǽməl] | 鯨などの海の哺乳類

◇ réptile | 名は虫類
◇ vértebrate | 名脊椎動物

1026
□ **NASA's space telescope** [téləskoup] | NASAの宇宙望遠鏡
源 tele(遠く)＋scope(見る)

◇ télegram | 名電報
◇ mícroscope | 名顕微鏡

2 Essential Stage・名詞 ● 171

MINIMAL PHRASES

Disc3-21

1027
- **refugee** camps in Palestine
  [refjudʒíː]

  ◇réfuge
  ◆take refuge (from A)

パレスチナの難民キャンプ
亡命者

名避難(所)
「(Aから)避難する」

1028
- break the dress **code**
  [kóud]

  ◆genetic code
  ◆Morse code
  ◆area code

服装規則を破る
規範

「遺伝子情報」
「モールス信号」
「市外局番」

1029
- the **flavor** of fresh fruit
  [fléivər]

新鮮なフルーツの風味
動～に味をつける

1030
- the **particle**s of light
  [páːrtikl]

光の粒子
微粒子

1031
- 24-hour **nursing**
  [nə́ːrsiŋ]

  ◆nursing home

  ◇nurse
  ◇núrsery
  ◆nursery school

24時間看護

「療養所；老人ホーム」
★nursingの用例の半分がnursing homeだ。
名看護師　動～を看護する
名託児所，保育所；養殖場
「保育所」

1032
- commit **suicide** by hanging
  [súːəsaid]

  ◆assisted suicide

首つり自殺をする

「ほう助自殺」
★医師などの助けをかりた自殺。

Q 「自殺する」を英語で言うと？

A commit suicide ; kill oneself

MINIMAL PHRASES

Disc3-22

1033
- the natural **habitat** of bears
  [hǽbitæt]

クマの自然生息地

1034
- **bullying** in schools
  [búliiŋ]

学校のいじめ

◇ búlly

動 ～をいじめる 名 いじめっ子

1035
- **Dinosaur**s died out.
  [dáinəsɔːr]

恐竜は絶滅した

1036
- the New York City **Council**
  [káunsl]

ニューヨーク市議会
会議

1037
- age and **gender**
  [dʒéndər]

年齢と性別
★主に文化・社会的文脈で使う。

◆ gender difference

「性差，男女の違い」

1038
- have open heart **surgery**
  [sə́ːrdʒəri]

心臓切開手術を受ける
外科

◇ súrgeon

名 外科医

1039
- technological **innovation**
  [inəvéiʃən]

技術革新
源 in(入れる)+nova(新しい)+tion(名詞語尾)

◇ ínnovative

形 革新的な

1040
- high-**protein** food
  [próutiːn]

高タンパク質の食べ物

◇ fat

名 脂肪 形 太った

---

2 Essential Stage ・名詞

MINIMAL PHRASES　　Disc3-23

1041 **enough sleep and nutrition** [njuːtríʃən]	十分な睡眠と栄養 栄養をとること
◇nútrient	名栄養素, 栄養になる食べ物［薬］
1042 **be caught in a spider's web** [wéb]	クモの巣にかかる 網
例 a web of expressways ◇nest ◆the World Wide Web	「高速道路網」 名(鳥・虫などの)巣 「(インターネットの)ワールド・ワイド・ウェブ」
1043 **reduce carbon dioxide emissions** [imíʃən]	二酸化炭素の排出を減らす
◇emít	動〜を排出する
1044 **monkeys and apes** [éip]	猿と類人猿
1045 **a single DNA molecule** [máləkjuːl]	一つのDNA分子
◇molécular ◇átom	形分子の, 分子的な 名原子
1046 **the smell of sweat** 発音?	汗の臭い [swét] ★ sweet [swíːt]「甘い」と区別せよ!
1047 **a heart transplant operation** [trǽnsplænt]	心臓移植の手術 動[－́－́]〈木・臓器など〉を移植する 源 trans(移して) + plant(植える)
1048 **a sand castle** [kǽsl]	砂の城

174

MINIMAL PHRASES

Disc3-24

1049
□ a popular **cartoon** character
[kɑːrtúːn]

人気マンガのキャラクター

1050
□ the **tip** of my finger
[típ]

私の指の先
先端　動 ～の先に付ける

◆ the tip of the iceberg 「氷山の一角」

1051
□ raise sheep and **cattle**
[kǽtl]

羊と牛を育てる

★ people に似た用法の名詞で、「牛の集合」を指す。a cattle, cattles とは言わない。

◇ sheep　名 羊（複数形も sheep）

1052
□ high population **density**
[dénsəti]

高い人口密度

◇ dense　形 密集した、（霧などが）濃い（= thick）

◆ densely populated 「人口が密集した」

2 Essential Stage ・ 名詞　● 175

Adjectives & Adverbs　形容詞・副詞；etc.

MINIMAL PHRASES　　　　　　　　　　Disc3-25

feel **guilty** about leaving him	彼を捨てたことに罪の意識を感じる
play a **vital** role	重要な役割を果たす
a **rough** sketch	大ざっぱなスケッチ
contemporary Japanese society	現代の日本社会
his **annual** income	彼の年収
become **accustomed** *to* driv*ing*	車の運転に慣れる

1053
guilty
[gílti]
名?

有罪の(⇔innocent)；罪の意識がある，うしろめたい
◆be guilty of A　「Aの罪で有罪だ」
◇guilt　　　　名罪の意識；有罪

1054
vital　多義
[váitl]

①きわめて重要な，必要な　②活気のある
◇vitálity　　　　名生命力，活気

1055
rough　多義
発音?
反?
[rÁf]

①荒い；手荒い　②大ざっぱな　③つらい，厳しい

⇔smóoth　　　　形なめらかな

1056
contemporary
アク?
[kəntémpəreri]

①現代の　②同時代の　名同時代人

1057
annual
[ǽnjuəl]

①年に一度の，恒例の　②一年間の
◇ánnually　　　　副年に一度

1058
accustomed
[əkÁstəmd]

慣れた
◆be accustomed to A [Ving]　「A [Vすること]に
　= be used to A　　　　　　　慣れている」

176

MINIMAL PHRASES　　　　　　　　　　Disc3-26

◦ **steady** economic growth	着実な経済成長
◦ very **dull** work	とても退屈な仕事
◦ a **keen** eye for art	芸術に対する鋭い目
◦ wear **loose** clothes	ゆったりとした服を着る
◦ the **delicate** balance of nature	自然界の微妙なバランス
◦ **internal** medicine	内科

1059
steady
[stédi]　同?

しっかりした；変わらない，一定の
= cónstant
例 **a steady job**「定職」
◇ stéadily　　　副 着々と，絶えず

1060
dull
[dʌ́l]

① (人を)退屈させる (= boring)
② 〈刃物・色彩・人が〉鈍い；頭が悪い
諺 All work and no play makes Jack a dull boy.
「勉強ばかりで遊ばないとばかになる」

1061
keen
[kíːn]

〈刃物などが〉鋭い；〈頭・感覚が〉鋭敏な
◆ be keen on A 「Aに熱中している，Aが好きだ」

1062
loose　発音?

① ゆるい，たるんだ　② 解き放たれた，自由の
[lúːs]　★ looseの発音は，lose [lúːz] と混同しないこと。

1063
delicate　多義

① 繊細な，上品な；か弱い　② (問題など)微妙で難しい，慎重を要する
アク?
[délikət]

1064
internal
[intə́ːrnəl]　反?

① 内部の (= interior)　② 国内の (= domestic)
⇔ extérnal　　形 外部の，国外の

2 Essential Stage・形容詞 副詞　● 177

MINIMAL PHRASES　　Disc3-27

☐ wear **casual** clothes	気楽な服装をする
☐ **mature** adults	成熟した大人
☐ give a **concrete** example	具体的な例をあげる
☐ How **awful**!	なんてひどい！
☐ a **senior** member of the club	クラブの先輩の部員

1065
casual
[kǽʒuəl] 反?

①形式ばらない，気楽な，さりげない　②偶然の，ふとした
①⇔fórmal　　形形式ばった，堅苦しい

1066
mature
[mətúər]
反?
同?

成熟した
動成熟する，大人になる(＝grow)；〜を成熟させる
⇔immatúre　　形未熟な，大人げない(＝childish)
＝ripe　　　　形熟した，円熟した
★ mature「成熟した」は人に，ripe「熟した」は果物などに使うことが多い。
◇prematúre　　形早すぎる
◇matúrity　　　名成熟(期)，円熟

1067
concrete
[kánkri:t] 反?

具体的な，形のある　名コンクリート
⇔ábstract　　形抽象的な

1068
awful
[ɔ́:fl]

ひどい，いやな(＝terrible)　副すごく
例 an awful lot of time　「すごく多くの時間」
◇áwfully　　　副ひどく
例 I'm awfully sorry.　「本当にすみません」
◇awe　　　　名畏敬，おそれ多い気持ち

1069
senior
[sí:njər]
反?

(役職などが)上級の;先輩の　名(高校・大学の)最上級生，上役
◆senior citizens　「高齢者，お年寄り」(＝seniors)
⇔júnior　　　形後輩の，(地位が)下級の
★ be senior to A「Aよりも年上だ」は，実際にはめったに使われない。
　名詞のseniorで「年上の人」はあるが，まれ。

MINIMAL PHRASES　　　　　　　　　　　　　　Disc3-28

▫ part of an **overall** plan	**全体的な**計画の一部
▫ **tight** jeans	**きつい**ジーンズ
▫ the **prime** cause	**主要な**原因
▫ **genuine** interest in science	科学に対する**真の**関心
▫ a **modest** dress	**控えめな**服装
▫ an **intimate** relationship	**親密な**関係

1070
overall
[óuvərɔ̀ːl]

全面的な，全体的な　　副全体として，概して

1071
tight
[táit]
（動?）

①**引き締まった，**（服などが）**きつい**　②**厳しい**
副きつく，堅く
◇tíghten　　　　　　　　動~を引き締める，きつくする

1072
prime
[práim]

最も重要な，主要な，第一の
◆the Prime Minister「総理大臣」
◇prímary　　　　　　　　形第一の；主要な
◆primary school「小学校」

1073
genuine
[dʒénjuin]

本物の（＝real），〈関心・愛情などが〉**真の，心からの**

1074
modest
[mɑ́dəst]
（多義）

①**控えめな，謙虚な**（⇔arrogant）　②**質素な**
③**少しの，わずかな**　(③は盲点だ)
例 **a quite modest number of books**「わずかな数の本」

1075
intimate
[íntəmət]
（発音?）

親密な，親しい
★性的ニュアンスがあるので，代わりにcloseを用いることがある。
◇intimacy　　　　　　　名親密さ

2 **Essential Stage**・形容詞 副詞　　179

MINIMAL PHRASES

◻ **minimum** effort	最小の努力
◻ **sophisticated** computer technology	高度なコンピュータ技術
◻ I have a dog and a cat. *The* **latter** is bigger.	犬と猫を飼っているが，後者の方が大きい
◻ a **bitter** experience	苦い経験
◻ expressions **peculiar** *to* English	英語特有の表現
◻ a **passive** attitude	消極的な態度

1076
minimum
[míniməm] 反?

最小限の，最低限の　名最小限，最低限
⇔ máximum　　　形 名最大限(の)
◇ mínimal　　　形最小の，非常に少量の

1077
sophisticated
[səfístikeitid]

①高度な，精巧な　②洗練された，教養のある

1078
latter
[lǽtər]

後者の；後の，後半の
cf. later　形 副「もっと遅い；後で」(⇔earlier)
◆the latter　　　「後者」

Q「前者」は？
A the former ☞ p. 85

1079
bitter 多義
[bítər]

①苦い；つらい　②腹を立てた，いまいましい気持ちの

1080
peculiar
[pikjú:liər]

①独特の，固有の　②変な，妙な
◇ peculiárity　　　名特性，特色

Q The custom is peculiar ( ) Japan.
A to「その習慣は日本独特のものだ」

1081
passive
[pǽsiv] 反?

受動的な，消極的な，活発でない
⇔ áctive　　　形活動的な，積極的な
◆passive smoking　「受動喫煙」
（他人のタバコの煙を吸わされること）

MINIMAL PHRASES

□ different **ethnic** groups	異なる<u>民族</u>集団
□ a person of **noble** birth	<u>高貴な</u>生まれの人
□ make a **vain** effort	<u>むだな</u>努力をする
□ kill **innocent** people	<u>罪の無い</u>人々を殺す
□ the **underlying** cause	<u>根本的な</u>原因
□ an **alien** culture	<u>異質な</u>文化

1082
ethnic
[éθnik]

民族的な，民族の
◆ethnic group 「民族集団」
★生物学的「人種」に対し，主に文化的集団を指す。
◆ethnic minority 「少数民族」

1083
noble 発音？
[nóubl]

高貴な，気高い 名(nobles)貴族

1084
vain
[véin]

①むだな，むなしい ②虚栄心の強い (②は少ない)
◆in vain 「むだに，むなしく」★頻出！
◇vánity 名①虚栄心 ②むなしさ

Q He tried ( ) vain to save her.
A in 「彼は彼女を助けようとしたがむだだった」

1085
innocent 多義
アク？
反？

①無罪の，罪の無い ②無邪気な，うぶな
[ínəsənt]
⇔guílty 形有罪の
◇ínnocence 名無罪；無邪気

1086
underlying
[ʌ̀ndərláiiŋ]

根本的な，基礎となる；根底にある
◇underlíe 動〜の背後にある；
〈理論・行動など〉の基礎となる

1087
alien
[éiljən]

①外国(人)の(＝foreign) ②異質な，なじみのない
(＝strange) 名①外国人(市民権が無い人) ②宇宙生物
◇álienate 動〜を疎外する

2 Essential Stage・形容詞 副詞

MINIMAL PHRASES　　　　　　　　　Disc3-31

□ be **relevant** *to* the question	その問題に関係がある
□ I *am* **inclined** *to* believe him.	彼の言葉を信じたい気がする
□ an **awkward** silence	気まずい沈黙
□ That's a **brilliant** idea!	それはすばらしいアイディアだ！
□ a **desperate** attempt	必死の試み

1088
relevant
[réləvənt] 反?

関連のある；適切な
⇔ irrélevant　　　形 不適切な，無関係な
◇ rélevance　　　名 関連(性)

1089
inclined
[inkláind]

(be inclined to V) ① V する傾向がある　② V したい気がある　★①＝ tend to V, be likely to V, ②＝ feel like Ving
◇ inclinátion　　　名 ①(～したい)気持ち　②傾向

1090
awkward
[ɔ́:kwərd]

①〈状況などが〉気まずい，やっかいな　②〈物が〉扱いにくい　③〈人・動作が〉ぎこちない(＝ clumsy)

1091
brilliant
[bríljənt]

すばらしい，輝かしい；(人・才能などが)極めて優秀な

1092
desperate
[déspərət]

①〈人・努力が〉必死の　②(事態が)絶望的な
◆ be desperate for A 「A を死ぬほど欲しい」
◇ désperately　　　副 必死に，ひどく

MINIMAL PHRASES

▫ a **refreshing** drink	<u>さわやかな</u>飲み物
▫ a **miserable** life	<u>惨めな</u>生活
▫ a **substantial** number of people	<u>多くの</u>人々
▫ be **consistent** *with* the theory	理論と<u>一致する</u>
▫ The book is written in **plain** English.	その本は<u>平易な</u>英語で書かれている

1093
refreshing
[rifréʃiŋ]

さわやかな, すがすがしい, 清新な
◇ refrésh 動 ①〈人〉の気分をさわやかにする
　　　　　　　　②〈記憶〉を思い出させる

例 The cool air refreshed me.
「冷たい空気のおかげで私はさわやかな気分になった」

1094
miserable
[mízərəbl]

惨めな, 不幸な；不十分な
◇ mísery 名 悲惨さ, 惨めさ, 不幸

1095
substantial (多義)
[səbstǽnʃəl]

①たくさんの, 多大な　②実質的な, 重要な
◇ súbstance 名 物質；中身　☞ p.76

1096
consistent
[kənsístənt]

①矛盾のない, 一致した(+with)　②一貫した, 不変の
★ 30％以上が with を伴う。
◇ consístency 名 一貫性

1097
plain (多義)
[pléin]

①明白な, わかりやすい　②簡素な, 無地の　名 平野

2 Essential Stage・形容詞 副詞

MINIMAL PHRASES　　　　　　　　　　　　　Disc3-33

▫ have **vivid** memories	鮮やかな思い出がある
▫ I'm **thrilled** to hear your voice.	君の声が聞けてとてもうれしい
▫ her **inner** self	彼女の内なる自分
▫ She is very **fond** *of* reading.	彼女は読書が大好きだ

1098
vivid
[vívid]

①鮮やかな，鮮明な　②(描写などが)生き生きした
源 viv (生きる)

1099
thrilled
[θríld]

〈人が〉とてもうれしい，わくわくしている
◇thrill　　名(感動・喜び・恐怖などで)**わくわくする気持ち**
★thrill の動詞用法は比較的少ない。
◇thrílling　　　　形〈人を〉わくわくさせるような

1100
inner
[ínər]

内側の，心の奥の
◆the inner city　「都心部周辺の貧困層が住む地域，スラム」

1101
fond
[fánd]

(be fond of A) Aが**好きだ**
★約**80**%がこの形で，補語として用いる。
★be fond of A very much は誤り。

副詞；etc.

MINIMAL PHRASES　　　　　　　　　　　　Disc3-34

◻ **precisely** at noon	<u>ちょうど</u>正午に
◻ She was cooking. **Meanwhile**, I was drinking.	彼女は料理をしていた。<u>その間</u>, 私は酒を飲んでいた。
◻ disappear **altogether**	<u>完全に</u>消滅する
◻ Have you seen him **lately**?	<u>最近</u>彼に会いましたか
◻ **barely** survive the war	<u>かろうじて</u>戦争を生き延びる

1102
precisely
[prisáisli]

正確に, まさに, ちょうど(= exactly)
◇precíse　　　　　形 正確な, まさに
◇precísion　　　　名 正確さ

1103
meanwhile
[míːnhwail]

①その間に　②一方では
◆in the meantime「その間に」
源 mean（中間）+ while（時間）　whileには「時間（= time）」の意味がある。

1104
altogether
[ɔːltəgéðər]

①完全に, まったく　②全部で

1105
lately
[léitli]

最近, 近頃
★現在完了形と共に用いられることが多い。(☞ p.95 **recently**)
★latelyには「遅く」の意味はない。cf. late 形 副「遅い；遅く」

1106
barely
[béərli]

①かろうじて, やっとのことで
②ほとんど～ない(= hardly)
◇bare　　　　　　形 ①むき出しの；
　　　　　　　　　　　〈部屋などに〉なにもない
　　　　　　　　　　②ぎりぎりの, 最小限の
◇bárefoot　　　　副 裸足で

2 Essential Stage・形容詞 副詞

MINIMAL PHRASES

- I could **scarcely** believe it. | ほとんど信じられなかった
- You're an adult, so act **accordingly**. | 君は大人なのだからそれ相応に行動しなさい
- **deliberately** ignore him | 彼をわざと無視する
- **beneath** the surface of the water | 水面下で

1107 scarcely
[skéərsli]

Q We ( ) scarcely reached the station when the train left.

ほとんど〜ない (= hardly)
◆ scarcely...when [before] 〜「…してすぐに〜した」
◇ scarce　形 乏しい，不十分な

A had 「私たちが駅に着くとすぐに，列車は出発した」 過去完了形に注意。

1108 accordingly
[əkɔ́ːrdiŋli]

① それ相応に，それに応じて
② したがって (= therefore)
★特に②は穴埋め問題に出る。
◆ according to A 「①A (情報源)によると ②Aに応じて」

1109 deliberately
アク？
同熟？

① わざと，故意に (= intentionally)　② 慎重に
[dilíbərətli]
= on purpose　「わざと」
◇ delíberate　形 意図的な，慎重な

1110 beneath
[biníːθ]

前 〜の下で (= under, below)　副 下の方に (まれ)

MINIMAL PHRASES

1111
feel lonely in the crowd | 人ごみで**孤独だ**と感じる
[lóunli] | ひとりぼっちの

◇ lone | 形 ひとりの，連れのない

1112
precious jewels | **貴重な**宝石
[préʃəs] | 高価な (= valuable)

源 preci (価値) = price

1113
a minor problem | **小さい**問題
[máinər] | 重要でない

反? ⇔ májor | 形 主要な，より大きい ☞ p.329
◇ minórity | 名 少数，少数派；少数民族
◆ minority group | 「(一国の中での)少数民族」

1114
be isolated *from* the world | 世界から**孤立している**
[áisəleitid] | 源 isola (島)

◇ ísolate | 動 ～を孤立させる，隔離する
◇ isolátion | 名 孤立，隔離

1115
a generous offer | **気前のよい**申し出
[dʒénərəs] | たっぷりした

◇ generósity | 名 気前のよさ

1116
tropical rain forests | **熱帯**雨林
[trápikəl] | 熱帯地方の

◇ trópics | 名 熱帯地方
◇ témperate | 形 温帯の，温暖な
◇ frígid | 形 寒帯の，寒冷な

2 Essential Stage ・形容詞 副詞

MINIMAL PHRASES

Disc3-37

1117
- ***be* reluctant *to* talk about the past**
  [rilʌ́ktənt]

  同？
  ◆be reluctant to V
  = be unwilling to V
  ◇relúctance

過去について話<u>したがらない</u>

「～したがらない」

名 気が進まないこと，不承不承

1118
- **a vague feeling of uneasiness**
  発音？

<u>漠然とした</u>不安感
[véig]　はっきりしない⇔clear

1119
- **the principal cities of Europe**
  [prínsəpl]

ヨーロッパの<u>主要な</u>都市
名 校長

★ principle「原則」と同音。

1120
- **numerous species of birds**
  [njúːmərəs]

<u>たくさんの</u>種の鳥
(= many ; countless)

1121
- **move to a small rural town**
  [rúərəl]

  反？　⇔úrban

小さな<u>田舎の</u>町に引っ越す

形 都会の，都市の
★ local との違いは ☞ p.81。

1122
- **temporary loss of memory**
  [témpəreri]

<u>一時的な</u>記憶喪失

1123
- **artificial intelligence**
  [ɑːrtəfíʃəl]

  反？　⇔nátural

<u>人工</u>知能
不自然な

形 自然な

1124
- **make visible progress**
  [vízəbl]

  ◇vísual

<u>目に見える</u>進歩をとげる
(⇔invisible)

形 視覚の，視覚による

1125
- **eat raw meat**
  [rɔ́ː]

  ◆raw material

<u>生の</u>肉を食べる
加工されていない

「原料」

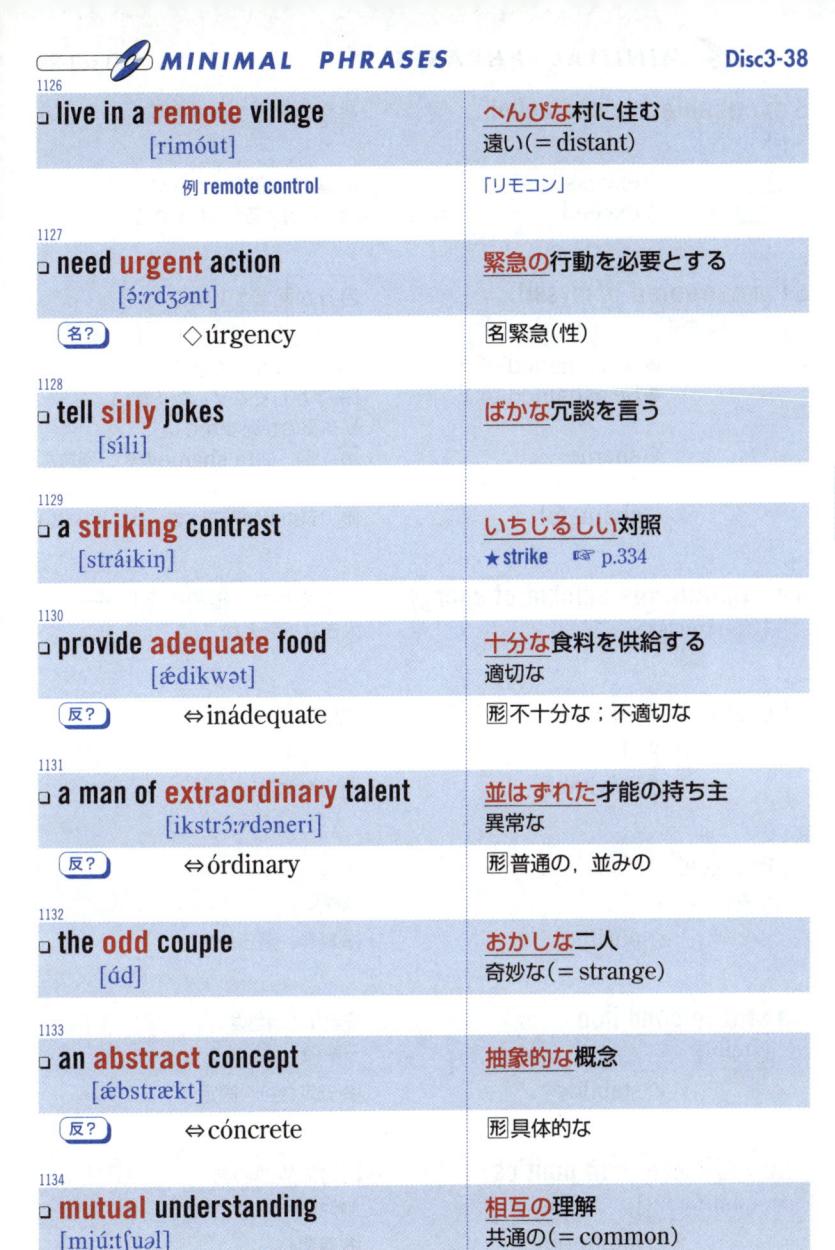

MINIMAL PHRASES

1126
□ live in a **remote** village
[rimóut]

へんぴな村に住む
遠い(= distant)

例 remote control 「リモコン」

1127
□ need **urgent** action
[ə́ːrdʒənt]

緊急の行動を必要とする

名? ◇úrgency 名 緊急(性)

1128
□ tell **silly** jokes
[síli]

ばかな冗談を言う

1129
□ a **striking** contrast
[stráikiŋ]

いちじるしい対照
★strike ☞ p.334

1130
□ provide **adequate** food
[ǽdikwət]

十分な食料を供給する
適切な

反? ⇔inádequate 形 不十分な;不適切な

1131
□ a man of **extraordinary** talent
[ikstrɔ́ːrdəneri]

並はずれた才能の持ち主
異常な

反? ⇔órdinary 形 普通の,並みの

1132
□ the **odd** couple
[ád]

おかしな二人
奇妙な(= strange)

1133
□ an **abstract** concept
[ǽbstrækt]

抽象的な概念

反? ⇔cóncrete 形 具体的な

1134
□ **mutual** understanding
[mjúːtʃuəl]

相互の理解
共通の(= common)

2 Essential Stage・形容詞 副詞 ● 189

MINIMAL PHRASES

1135
excessive use of alcohol
[iksésiv]

名? ◇excéss	過度のアルコール摂取
動? ◇excéed	名 過剰, 超過
	動 ~を超える, ~にまさる

1136
I'**m** ashamed **of** myself.
[əʃéimd]

- ◆be ashamed of A 「Aを恥ずかしく思う」
- ◆be ashamed to V 「恥ずかしくてVしたくない, Vするのが恥ずかしい」
- ◇shame 名①恥 ②(a shameの形で)残念なこと ☞ p.344
- ◇shámeful 形〈行為などが〉恥ずべき, みっともない

1137
a **tremendous** amount of energy
[triméndəs]

とてつもない量のエネルギー
大きな, 巨大な

1138
Death is **inevitable**.
[inévitəbl]

死は避けられない
必然的な

- ◇inévitably 副 必然的に

1139
pure gold
[pjúər]

純金
純粋な

- ◇púrity 名 純粋, 清らかさ

1140
a **stable** condition
[stéibl]

安定した状態
一定の

- ◇stabílity 名 安定(性), 固定

1141
be **indifferent** _to_ politics
[indífərənt]

政治に無関心だ
★約50%がtoを伴う。

- ◇indífference 名 無関心

190

MINIMAL PHRASES

1142
children's aggressive behavior
[əgrésiv]

◇aggréssion

子供の攻撃的な行動
積極的な，強引な

名攻撃，侵略

1143
the ultimate goal
[ʌ́ltimət]

究極の目標
最終の

1144
a quiet, shy girl
[ʃái]

静かで内気な女の子
恥ずかしがりな

1145
solar energy
[sóulər]

◆the solar system
◆solar cell
◇lúnar

太陽エネルギー

「太陽系」
「太陽電池」
形月の

1146
a profound meaning
[prəfáund]

深い意味
(=deep)；〈影響・変化などが〉大きい

1147
a subtle difference
[sʌ́tl]

微妙な違い
★bは黙字。

1148
the Conservative Party
[kənsə́ːrvətiv]

反? ⇔progréssive

保守党
控えめな

形進歩的な

1149
a brave young soldier
[bréiv]

勇敢な若い兵士
(=courageous)

1150
feel intense pressure
[inténs]

◇inténsive
◇inténsify
◇inténsity

強烈なプレッシャーを感じる
〈関心・感情が〉強い，〈競争などが〉激しい

形集中的な，激しい
動～を強める
名激しさ，強さ

2 Essential Stage・形容詞 副詞

MINIMAL PHRASES

Disc3-41

1151
a fantastic experience
[fæntǽstik]
◇ fántasy

すばらしい経験
空想の(= unreal)
名幻想

1152
acid rain
[ǽsid]

酸性雨
名酸 ★40％近くがこの形で出る。

1153
cruel treatment of animals
[krúːəl]
◇ crúelty

動物に対する残酷なしうち
(+ to)
名残酷さ，残虐な行為

1154
rational thought
[rǽʃənəl]
反? ⇔ irrátional

理性的な思考
合理的な
形理性のない，分別のない

1155
the initial stages of development
アク?
動? ◇ inítiate
◇ inítially

発達の最初の段階
[iníʃəl] 名頭文字
動～を始める，〈計画など〉に着手する
副最初は(= at first)，最初に

1156
rigid rules
[rídʒid]

厳格な規則
がんこな

1157
the linguistic ability of children
[liŋgwístik]
◇ línguist
◇ linguístics

子供の言語能力
言語学の
名言語学者
名言語学

1158
play a crucial role
[krúːʃəl]

重大な役割を果たす
(= essential)；決定的な

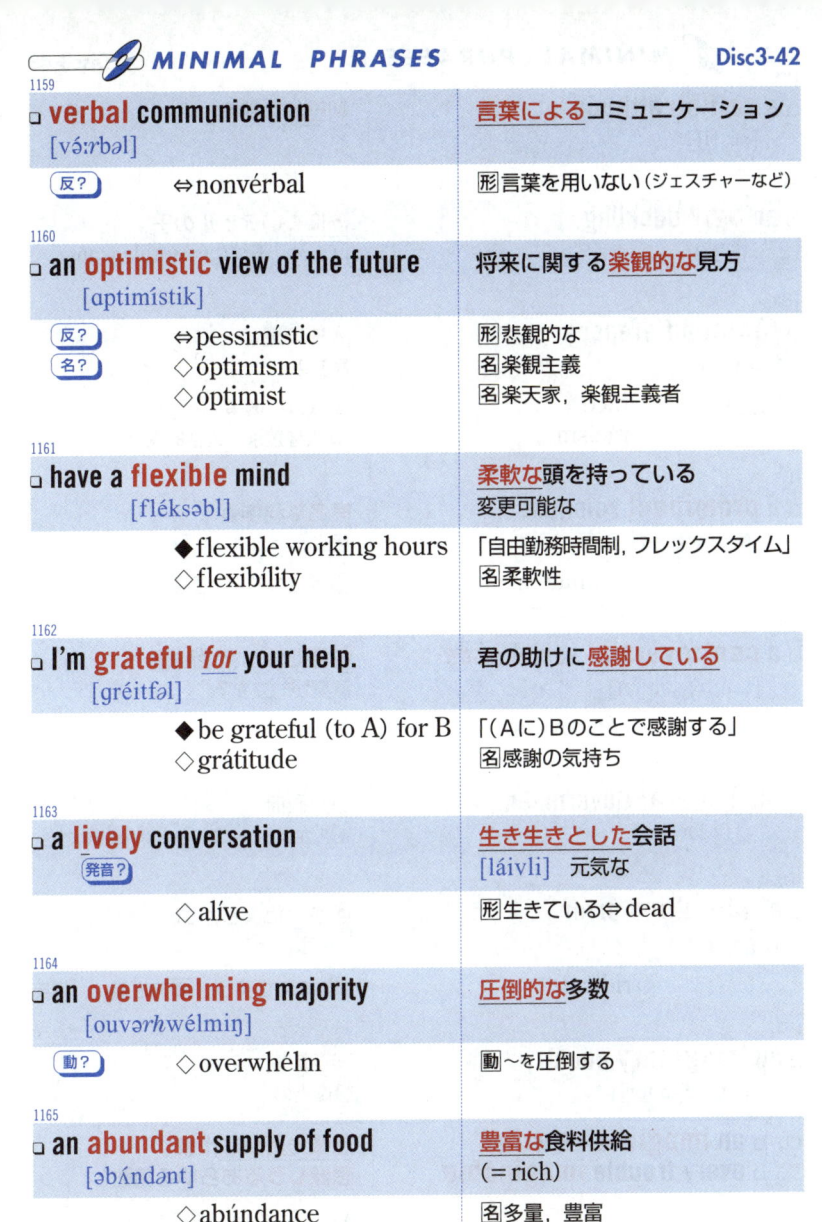

MINIMAL PHRASES

1159
verbal communication
[vɔ́ːrbəl]

反? ⇔nonvérbal

言葉によるコミュニケーション

形 言葉を用いない (ジェスチャーなど)

1160
an **optimistic** view of the future
[ɑptimístik]

反? ⇔pessimístic
名? ◇óptimism
◇óptimist

将来に関する楽観的な見方

形 悲観的な
名 楽観主義
名 楽天家, 楽観主義者

1161
have a **flexible** mind
[fléksəbl]

◆flexible working hours
◇flexibílity

柔軟な頭を持っている
変更可能な

「自由勤務時間制, フレックスタイム」
名 柔軟性

1162
I'm **grateful** *for* your help.
[gréitfəl]

◆be grateful (to A) for B
◇grátitude

君の助けに感謝している

「(Aに) Bのことで感謝する」
名 感謝の気持ち

1163
a **lively** conversation
発音?

◇alíve

生き生きとした会話
[láivli] 元気な

形 生きている⇔dead

1164
an **overwhelming** majority
[ouvərhwélmiŋ]

動? ◇overwhélm

圧倒的な多数

動 ~を圧倒する

1165
an **abundant** supply of food
[əbʌ́ndənt]

◇abúndance
◇abóund

豊富な食料供給
(= rich)

名 多量, 豊富
動 富む(+in)

MINIMAL PHRASES　　　　　　　　　　　　　　　　　Disc3-43

1166
□ a **selfish** attitude
　[sélfiʃ]

利己的な態度

1167
□ an **ugly** duckling
　発音?

みにくいアヒルの子
[ʌ́gli]　不快な (= unpleasant)

1168
□ **racial** differences
　[réiʃəl]

人種の違い
民族の

　名?　　◇race
　　　　　◇rácism

名民族；競争　☞ p.319
名人種差別，人種的偏見

1169
□ a **prominent** scientist
　[prάmənənt]

有名な科学者
目立った

　　　　　◇próminence

名目立つこと，重要

1170
□ a **controversial** social *issue*
　[kὰntrəvə́ːrʃəl]

物議を呼ぶ社会問題
意見が対立する

　名?　　◇cóntroversy

名論争

1171
□ the **Federal** Government
　[fédərəl]

連邦政府
★州政府に対するアメリカ中央政府のこと。

1172
□ a **ridiculous** error
　アク?

ばかげたまちがい
[ridíkjuləs]

　　　　　◇rídicule

動～をあざ笑う　名あざ笑い，嘲笑

1173
□ an **imaginary** country
　[imǽdʒəneri]

架空の国
想像上の

cf.　□ an **imaginative** writer
　　 □ every trouble **imaginable**

想像力豊かな作家
想像しうるあらゆる困難

★この3つの違いを問う問題が多いので注意しよう。

194

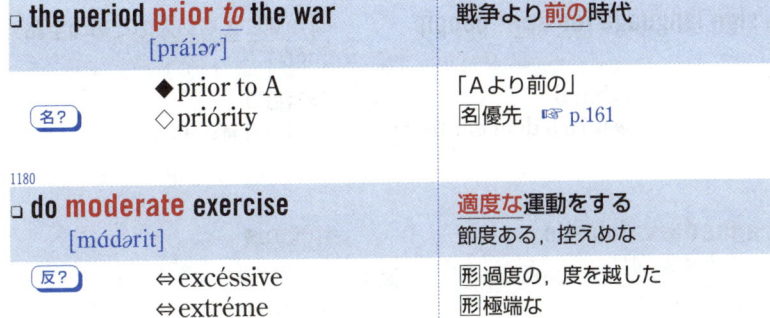

MINIMAL PHRASES　　　　　　　　　　　Disc3-44

1174
□ the **harsh** realities of life
[háːrʃ]
| 厳しい人生の現実
無慈悲な

1175
□ a **random** choice
[rǽndəm]
　　　◆ at random
| 無作為な選択
でたらめの, 手当たり次第の
「でたらめに, 無作為に」

1176
□ **adolescent** boys and girls
[ædəlésnt]
　　　◇ adoléscence
| 思春期の少年少女
名 (十代の)若者 (= teenager)
名 思春期 (= teenage)

1177
□ **up-to-date** fashions
[ʌ́ptədéit]
　反?　　⇔ out-of-date
| 最新の流行
形 時代遅れの, すたれた

1178
□ **liberal** politics
[líbərəl]
　　　◆ liberal arts
　名?　◇ líberty
　　　◇ líberate
　　　◇ liberátion
| 自由主義の政治
「(大学の)教養科目」
名 自由
動 ～を解放する
名 解放

1179
□ the period **prior** *to* the war
[práiər]
　　　◆ prior to A
　名?　◇ priórity
| 戦争より前の時代
「Aより前の」
名 優先　☞ p.161

1180
□ do **moderate** exercise
[mɑ́dərit]
　反?　⇔ excéssive
　　　⇔ extréme
| 適度な運動をする
節度ある, 控えめな
形 過度の, 度を越した
形 極端な

2 Essential Stage ・形容詞 副詞

MINIMAL PHRASES

1181

□ speak **fluent** French
[flúːənt]

◆ be fluent in A
◇ flúency
◇ flúently

流ちょうなフランス語を話す
源 flu（流れる＝flow）
「A（言語）をすらすら話せる」
名 流ちょうさ
副 流ちょうに

1182

□ an **elaborate** plan of escape
[ilǽbərit]

手の込んだ脱走計画
複雑な　★ labor（努力）が語源。

1183

□ an **incredible** story
[inkrédəbl]

◇ incrédibly

信じられない話
途方もない
副 信じられないほど

1184

□ **radical** changes
[rǽdikəl]

根本的な変化
過激な

1185

□ **manual** work
[mǽnjuəl]

手を使う仕事（肉体労働）
名 手引書

1186

□ sign language for **deaf** people
（発音?）

◇ blind
◆ turn a deaf ear to A

耳が聞こえない人のための手話
[déf]
形 盲目の
「Aに耳を貸さない」

1187

□ a **medieval** castle
[miːdíːvəl]

中世の城

源 medi（中間の）

MINIMAL PHRASES　　　　　　　　　　　Disc3-46

1188
□ **protect the ecological system**
　　[iːkəládʒikəl]

名? 　◇ ecólogy
　　　◇ écosystem
　　　◇ ecólogist

生態系を保護する
自然環境の

名①自然環境　②生態学
名生態系(= ecological system)
名環境保護主義者

1189
□ **a mobile society**
　　[móubəl]

名? 　◆ mobile phone
　　　◇ mobílity

流動的な社会
動きのある

「携帯電話」= cellular phone
名動きやすさ，流動性

1190
□ **be ignorant *of* the fact**
　　[ígnərənt]

名? 　◇ ígnorance

その事実を知らない
無知な　★40%近くがofを伴う。

名無知

1191
□ **the body's immune *system***
　　[imjúːn]

人体の免疫機構

2 Essential Stage ・形容詞　副詞

副詞

MINIMAL PHRASES　　　　　　　　　　　Disc3-47

1192
□ I will **definitely** not marry you.
[définətli]

絶対あなたとは結婚しない
はっきり, 確かに；〈返事で〉そのとおり

◇ définite
◇ indéfinitely

形 明確な, 確実な
副 漠然と

1193
□ **virtually** every woman
[və́:rtʃuəli]

ほとんどすべての女性
(＝almost)；事実上

◇ vírtual
◆ virtual reality

形 実際の, 事実上の
「仮想現実」

1194
□ **approximately** 10,000 years ago
[əpráksəmətli]

およそ1万年前
(＝about)

◇ appróximate

形 おおよその

1195
□ die **instantly**
[ínstəntli]

即死する
すぐに (＝immediately)

◇ ínstant

名 瞬間　形 瞬時の

1196
□ There's **literally** nothing there.
[lítərəli]

そこには文字通り何もなかった

★次の3つの形容詞を区別しよう。

□ the **literal** meaning of the word
□ **literary** history
□ **literate** people in India

その語の文字通りの意味
文学の歴史
読み書きのできるインド人

◇ illíterate
◇ líteracy

形 読み書きできない
名 ①読み書きの能力
　　②(ある分野の)能力, 知識

MINIMAL PHRASES

Disc3-48

1197
□ a **seemingly** impossible task
[síːmiŋli]

一見不可能な仕事

1198
□ **regardless** *of* age
[rigáːrdləs]

年齢に関係なく
★ 99%の率で of を伴う。

★ regardless of の後に wh 節がくる確率は約 30%だ。
例 regardless of what you do
「君が何をするかに関係なく」

1199
□ **thoroughly** enjoy the party
発音?

パーティを徹底的に楽しむ
[θə́ːrouli] 完全に

◇ thórough

形 完全な，徹底的な，十分な

1200
□ Soon **afterwards**, he left.
[ǽftərwərdz]

その後すぐ彼は去った
のちに

---

2 Essential Stage・形容詞 副詞 ● 199

ジャンル別英単語

人体

- **shoulder** [ʃóuldər] 肩
- **cheek** [tʃíːk] ほお
- **elbow** [élbou] ひじ
- **jaw** [dʒɔ́ː] (上下の)あご
- **forehead** [fɔ́(ː)rəd] ひたい
- **bone** [bóun] 骨
- **chest** [tʃést] 胸
- **skin** [skín] はだ
- **stomach** [stʌ́mək] 腹部, 胃
- **throat** [θróut] のど
- **knee** [níː] ひざ
- **toe** [tóu] 足の指
- **tooth** [túːθ] 歯 ★複数形は teeth。
- **bowel** [bául] 腸
- **liver** [lívər] 肝臓
- **kidney** [kídni] 腎臓
- **skeleton** [skélətn] 骨格

食事

- **steak** 発音? [stéik] ステーキ
- **dessert** アク? [dizə́ːrt] デザート
- **dish** [díʃ] 皿
- **plate** [pléit] 取り皿
- **chopsticks** [tʃápstiks] はし
- **mug** [mʌ́g] マグカップ ★mug cup とは言わない。

衣服

- **cotton** [kátn] 綿
- **fur** [fə́ːr] 毛皮
- **leather** [léðər] 革(かわ), レザー
- **wool** 発音? [wúl] 羊毛
- **collar** [kálər] えり
- **pants** [pǽnts] ズボン ★下着の「パンツ」は shorts, underpants だ。
- **dye** [dái] 染料 動~を染める

第3章

かなり難しい単語も出てくるが、この章を終えれば、ほとんどの私大や国公立2次試験の入試問題に、十分対応できるはずだ。さあ、あと一歩！

Advanced Stage

Verbs 動詞

MINIMAL PHRASES

Disc3-49

□ submit *to* authority	権威に服従する
□ *be* tempted *to* call her	彼女に電話をかけたくなる
□ The president will resign soon.	社長は間もなく辞任する
□ conform *to* the rules	ルールに従う
□ *be* confined *to* a small room	小さな部屋に閉じ込められる

1201
submit 多義
[səbmít]

①(submit to A) Aに服従する ★30%近くがtoを伴う。
②〈案・書類など〉を提出する(＝hand in)

Q submit a report
＝(　)(　) a report

A hand in a report「報告書を提出する」 ★言い換え頻出。

1202
tempt
[témpt]

～を誘惑する；～する気にさせる
★be tempted to Vが約35%，tempting 形 が約30%だ。
◆be tempted to V 「Vしたくなる」
◇témpting 形魅力的な
◇temptátion 名誘惑(するもの)

名?

Q a tempting offerの意味は？
A「魅力的な申し出」

1203
resign
[rizáin]

(～を)辞職する，やめる
◆resign oneself to A 「Aをあきらめて受け入れる」
◇resignátion 名辞職，辞任

1204
conform
[kənfɔ́ːrm]

〈規則・慣習などに〉従う，合わせる(＋to)
◇confórmity 名(全体への)服従，一致
源 con(同じ)＋form(形)

1205
confine
[kənfáin]

～を限定する(＝limit)，閉じ込める，縛りつける
◆A be confined to B 「AがBに限定される」
★約50%がこの形。
◆confine A to B 「AをBの範囲に限定する」

MINIMAL PHRASES

Disc3-50

☐ **assemble** small parts	小さい部品を組み立てる
☐ I *am* dedicated *to* my work.	私は仕事に身をささげている
☐ **advocate** peace	平和を主張する
☐ a **thriving** economy	繁栄する経済
☐ **provoke** a reaction	反応を引き起こす

1206
assemble
[əsémbl] 同熟? (2つ)

①~を組み立てる　②~を集める；集まる
① = put together, ② = get together
◇ assémbly　　名①集会　②組み立て
◆ assembly line　「(流れ作業の)組み立てライン」

1207
dedicate
[dédikeit] 同?

(dedicate A to B) AをBにささげる, 費やす
= devóte
◇ dédicated　　形熱心な；専門の
◆ be dedicated to A 「Aに献身している；A専用である」
◆ dedicate oneself to A 「Aに専念する」

1208
advocate
アク?

〈主義など〉を主張する, 唱える, 支持する　名主張する人
動 [ǽdvəkeit]　名 [ǽdvəkət]

1209
thrive
[θráiv]

繁栄する (= prosper, flourish)；よく成長する
★約3分の1がthrivingの形だ。

1210
provoke
[prəvóuk]

①〈人の反応など〉を引き起こす　②~を怒らせる
★入試では①が圧倒的に多い。

3 Advanced Stage・動詞 ● 203

MINIMAL PHRASES　Disc3-51

☐ Circumstances **dictate** that I do so.	状況が私にそうせよと要求する
☐ **exploit** natural resources	天然資源を開発する
☐ **surrender** *to* the US army	アメリカ軍に降参する
☐ accurately **reproduce** the sound	正確に音を再生する
☐ He was **transfer**red *to* Osaka.	彼は大阪に転勤した

1211
dictate
[díkteit]

①〜を命じる，要求する，決定する
②〈文〉を書き取らせる，口述する
★①は主語に伝統・理性・常識などがよく来る。
◇díctator　　　名独裁者

1212
exploit
[iksplɔ́it]

①〈資源など〉を利用する，開発する（＝develop）
②〈人〉を搾取(さく)する
◇exploitátion　　名（資源などの）開発，利用；搾取

1213
surrender
[səréndər] 同熟？

①降伏する（＋to）　②〜を引き渡す
＝give in　　「降参する，屈服する」

1214
reproduce 多義
[riːprədjúːs]

①〈音・場面など〉を再生する，複製する（＝copy）
②繁殖する；〈子〉を繁殖させる
◇reprodúction　　名①再生，複製　②生殖作用

1215
transfer
[trænsfə́ːr]

〜を移す；（be transferred）転勤する　名移転，譲渡
★transferには「（バス・列車などを）乗り換える；乗り換え」の意味もある。入試では少ないが，実生活ではよく使う。
源 trans（越えて）＋fer（運ぶ）

204

MINIMAL PHRASES　　Disc3-52

◻ **swell** like a balloon	風船のようにふくらむ
◻ Trees **shed** their leaves.	木々が葉を落とす
◻ the long and **winding** road	長く曲がりくねった道
◻ **cite** two examples	二つの例を引き合いに出す
◻ **digest** food	食べ物を消化する
◻ **skip** lunch	昼食を抜く

1216
swell
[swél]

①ふくらむ，はれる　②増加する

1217
shed
[ʃéd]

①〈葉など〉を落とす，〈皮など〉を脱ぐ　②〈血・涙など〉を流す
(shed; shed; shed)
◆shed light on A「Aを照らす，明らかにする」

1218
wind
発音?

曲がる；～を巻く
[wáind]

Q 過去・過去分詞形 wound の発音は？

A wound [wáund]；wound「傷」は [wúːnd]。なお，wind「風」の発音は [wínd]。

1219
cite
[sáit]

～を引き合いに出す，〈例・証拠〉をあげる(= mention)，引用する

1220
digest
[daidʒést]

①～を消化する　②〈情報など〉をよく理解する
◇digéstion　　　名消化

1221
skip
[skíp]

①～をとばす，抜かす(= omit, miss)；(～を)とばし読みする　②(～を)軽く跳ぶ，スキップする
★入試ではほとんど①の意味。

3 Advanced Stage・動詞　● 205

MINIMAL PHRASES　　　　　　　　　　　　　Disc3-53

◻ *be* bound *by* tradition	伝統に縛られている
◻ dissolve sugar in water	水に砂糖を溶かす
◻ implement the secret plan	秘密の計画を実行する
◻ steer the ship	船を操縦する
◻ congratulate you *on* your success	君の成功を祝福する

1222
bind
[báind]

①〜を縛る，束縛する　②〜を束ねる，団結させる
(bind; bound; bound)　☞ p.340 bound
★受身が60％近くを占める。time-bound「時間に束縛された」のようにA-bound「Aに縛られた」の形も多い。
◆be bound up with A 「Aと密接な関係がある」

1223
dissolve 多義
[dizálv]

①(〜を)溶解する　②(〜を)解散する

1224
implement
[ímpləmənt]

〜を実行する，実施する(＝carry out)
名 道具，器具(＝tool, instrument)

1225
steer
[stíər]

〈船，車など〉を操縦する；〜を導く
◆steering wheel 　　「(車の)ハンドル」

1226
congratulate
アク？
[kəngrǽtʃuleit]

〈人〉を祝福する，〈人〉におめでとうと言う
★celebrate は「〈物事・祭りなど〉を祝う」cf. He celebrated my success.
◆congratulate A on B 「AをBのことで祝う」
◇congratulátions 　　名 祝いの言葉；「おめでとう」

Q He congratulated me (　) my success.　　A on (穴埋め頻出！)

MINIMAL PHRASES　　　　　　　　　　Disc3-54

◻ a **designated** smoking area	<u>指定された</u>喫煙場所
◻ **violate** the law	法律<u>に違反する</u>
◻ He is **presumed** dead.	彼は死んだ<u>と推定される</u>
◻ **recruit** new staff	新しいスタッフ<u>を入れる</u>
◻ His visit will **coincide** *with* mine.	彼の訪問は私のと<u>重なる</u>
◻ **enforce** the new law	新しい法律<u>を施行する</u>

1227
designate
[dézigneit]

～を**指定する**(+ as), **明示する**
★60％以上が過去分詞(受身)。

1228
violate
[váiəleit]

（名?）

①〈法律・約束など〉を**破る**, ～に**違反する**
②～を**侵害する**, 乱す
例 violate basic human rights「基本的人権を侵害する」
◇violátion　　　名違反(行為)；侵害

1229
presume
[priz(j)úːm]　（副?）

～と**推定する**, **思う**　★受動態が20％ほど。
◇presúmably　　　副たぶん, おそらく(= probably)

1230
recruit
[rikrúːt]

〈新人など〉を**入れる**　名新人, 新入生

1231
coincide
[kouinsáid]

（名?）

同時に起きる, **重なる**；〈考えなどが〉**一致する**(+ with)
★約80％がwithを伴う。
◇coíncidence　　　名偶然の一致
例 What a coincidence!「なんという偶然だろう」

1232
enforce
[enfɔ́ːrs]

①〈法律など〉を**施行する**　②～を**強制する**(= force)

3 Advanced Stage ・動詞 ● 207

MINIMAL PHRASES

◻ people **displaced** by war	戦争で国を追われた人々
◻ The shirts will **shrink**.	そのシャツは縮む
◻ **betray** a good friend	親友を裏切る
◻ The group **comprise**s ten members.	そのグループは10人から構成される
◻ **indulge** *in* drinking	飲酒にふける
◻ **penetrate** deep into the jungle	ジャングルに奥深く入り込む

1233
displace
[displéis]
多義
同熟?

① (災害などが)〈人〉を故郷から追い出す
②〜にとって代わる
②= take the place of

1234
shrink
[ʃríŋk]
多義

①縮む，〜を縮ませる ②(量などが)減る ③しり込みする (③は少ない) (shrink; shrank; shrunk)

1235
betray
[bitréi]

①〜を裏切る ②〈秘密など〉をもらす；〜をうっかり表す
(②は少ないが要注意)
例 His accent betrayed him. 「彼のなまりで出身がばれた」

1236
comprise
[kəmpráiz]

①〜から構成される(= consist of)，〜をふくむ
②〜を構成する；〈割合〉を占める(= constitute)
★①と②は正反対だが文脈でわかる。
★The group is comprised of ten members. とも言う。

1237
indulge
[indʌ́ldʒ]

① (indulge in A) A(快楽など)にふける，Aを楽しむ
②〈人〉を甘やかす (②はまれ)
◇indúlgence   名 道楽，快楽；甘やかすこと

1238
penetrate
[pénətreit]

①(〜に)入り込む；貫通する
②〜に浸透する，しみ込む

MINIMAL PHRASES　　　　　　　　　　　　　　　　　　Disc3-56

◻ a **devastating** effect on nature	自然に対する壊滅的な影響
◻ **plunge** *into* the water	水に突っ込む
◻ **thrust** the money into his pocket	彼のポケットにお金を押し込む
◻ **contradict** what he said	彼の言ったことと矛盾する
◻ **prescribe** medicine	薬を処方する
◻ **oppress** small nations	小国をしいたげる

1239
devastate
[dévəsteit]

①〜を壊滅させる, 破壊する(＝destroy)
②〈人〉を打ちのめす, 〈人〉に衝撃を与える(＝shock)
◇dévastating　　形 壊滅的な, ひどい

1240
plunge
[plʌ́ndʒ]

①(A plunge into B) AがBに突っ込む, AがB(状態)におちいる　②(plunge A into B) AをBに突っ込む, AをB(状態)におとしいれる

1241
thrust
[θrʌ́st]

〜を強く押す, 押しつける　名 押し, 突き

1242
contradict
[kɑntrədíkt]
名?
形?

①〜と矛盾する, 食い違う　②〈主張など〉に反論する, 〜を否定する (②は少数)
◇contradíction　　名 矛盾
◇contradíctory　　形 矛盾した
源 contra(反して)＋dict(言う)

1243
prescribe
[priskráib] 名?

①〈薬〉を処方する　②〈行為など〉を指示する
◇prescríption　　名 ①処方せん(薬)　②指示

1244
oppress
[əprés]

〜をしいたげる, 〜を圧迫する
◇oppréssion　　名 圧迫, 苦痛

3 Advanced Stage・動詞

MINIMAL PHRASES　　　　　　　　　　　　　　Disc3-57

□ **cherish** a dream	夢を胸に抱く
□ **illuminate** the road	道を照らす
□ **trigger** war	戦争の引き金を引く
□ **commute** from Chiba to Tokyo	千葉から東京に通勤する
□ **induce** deep sleep	深い眠りを誘う
□ **utilize** the Internet	インターネットを利用する

1245 cherish
[tʃériʃ]
①〈思い出・希望など〉を胸に抱く　②~を大切にする
◇chérished　　　形 大切にしている

1246 illuminate 多義
[ilú:mineit]
①~を照らす　②〈事実など〉を解明する (= explain)
◇illuminátion　　　名 照明；解明

1247 trigger
[trígər]
~のきっかけになる，~を誘発する
名 (銃の)引き金；きっかけ

1248 commute
[kəmjú:t]
通勤[通学]する　　　名 通勤，通学
◇commúter　　　名 通勤者，通学者
◆commuter train 「通勤電車」

1249 induce
[indjú:s]
①~を誘う，引き起こす (= cause)　②(induce A to V)
AをVする気にさせる，説得する (= persuade)

1250 utilize
[jú:təlaiz]
~を利用する
◇utílity　　　名 ①役立つこと，実用
　　　　　　　　　②(ガス・電話などの)公共事業
◆public utility 「公共企業(体)」

MINIMAL PHRASES　　　　　　　　　　　　　　　　　Disc3-58

☐ The stick snapped.	棒がポキンと折れた
☐ donate blood and organs	血液や臓器を提供する
☐ a newly hatched chick	かえったばかりのヒヨコ
☐ live in an enclosed space	閉ざされた空間で暮らす
☐ the prevailing view	広まっている考え方
☐ sigh deeply	深くため息をつく

1251
snap
[snǽp]

①ポキンと折れる；〜をポキンと折る；〜をパチンと鳴らす　②素早く動く　③ピシャリと言う

1252
donate
[dóuneit]

〜を提供する
- ◇ dónor　　　　名〈血・臓器の〉提供者；寄贈者
- ◇ recípient　　　名受け手；臓器をもらう人
- ◇ donátion　　　名提供；寄付

1253
hatch
[hǽtʃ]

〈卵・ヒナ〉をかえす；かえる

諺 Don't count your chickens before they are hatched.
「かえる前にヒヨコを数えるな」（cf.とらぬ狸の皮算用）

1254
enclose
[enklóuz]

①〜を囲む；〜を閉じこめる　②〜を同封する
- ◇ enclósed　　　形閉ざされた，隔離された

1255
prevail
[privéil]　形?

①普及している，広まる　②勝つ，まさる（②はまれ）
- ◇ prévalent　　　形普及している，流布している

1256
sigh
[sái]　発音?

ため息をつく；〜とため息まじりに言う　名ため息
★ gh は発音しない。

3 Advanced Stage・動詞

MINIMAL PHRASES Disc3-59

- Oil **leak**ed from the tank. 油がタンクから漏れた
- *be* **compelled** *to* work hard 重労働を強制される
- *be* **crushed** by the pressure プレッシャーに押しつぶされる
- the ability *to* **comprehend** language 言語を理解する能力
- **negotiate** for peace 和平交渉をする

1257
leak
[líːk]

漏れる；～を漏らす　名漏れ
◆gas leak 「ガス漏れ」

1258
compel
[kəmpél]　同?　(2つ)

〈人〉に強制する
= force, oblige
◆compel A to V 「AにVすることを強制する」
◆be compelled to V 「Vするよう強制される，Vせざるをえない」
◇compélling 形心を動かす，説得力のある

1259
crush
[kráʃ]

～を押しつぶす；つぶれる；～を鎮圧する

1260
comprehend
[kɑmprihénd]

～を理解する(= understand, grasp)
★約45％が to V の形で使われる。
◇comprehénsion 名理解
◇comprehénsible 形理解できる

1261
negotiate
[nigóuʃieit]　名?

①交渉する　②～を取り決める
◇negotiátion 名交渉，話し合い

212

MINIMAL PHRASES　Disc3-60

□ **persist** throughout life	生涯を通じて残る
□ **multiply** by five	5倍に増える
□ **conceive** *of* life *as* a game	人生をゲームと考える
□ **compensate** *for* the loss	損失を埋め合わせる

1262
persist
[pərsíst]　形?

Q He persisted (　) talking.

①**持続する，残る**　②(persist in A) Aを**辛抱強く続ける**
◇persístent　形持続する；ねばり強い，しつこい
◇persístence　名持続する事，ねばり強さ

A in 「彼は辛抱強く話し続けた」

1263
multiply　多義
[mʌ́ltəplai]
名?
形?

①**〜を増やす，増える**(= increase)　②(multiply A by B) A(数)にB(数)を**掛ける**　③(動・植物が)**繁殖する**
◇multiplicátion　名増加，繁殖
◇múltiple　形複合的な，多様な(= various)
◇múltitude　名①多数　②群衆(= crowd)

★ 2×3＝6は，Two multiplied by three is six. または，Two times three is [are] six. と読む。
源 multi-(多く) + ply(重ねる)

1264
conceive
発音?
名? (2つ)
[kənsíːv]

①(〜を)**想像する，思いつく，考える**　②妊娠する
(②は入試ではまれ)
◇cóncept　名概念，とらえ方
◇concéption　名①概念，考え方，想像(力)
②妊娠 (②は入試ではまれ)

1265
compensate
アク?
同熟?
[kʌ́mpənseit]

埋め合わせる，〈損失などを〉**補償する**

= make up (for)
◆compensate for A　「Aを埋め合わせる」
◇compensátion　名埋め合わせ，補償

3 Advanced Stage・動詞　● 213

MINIMAL PHRASES　　　　　　　　　　Disc3-61

◻ **suspend** the project	計画を中止する
◻ **stir** emotions	感情をかきたてる
◻ **soak** a towel in hot water	湯にタオルを浸す
◻ **refine** techniques	技術に磨きをかける
◻ **arouse** her curiosity	彼女の好奇心をかきたてる
◻ Speech **precede**s writing.	話し言葉は書き言葉に先行する

1266
suspend 〔多義〕
[səspénd]
〔名?〕

①～を中止する，停止する　②～をつるす，ぶら下げる
★②の意味では受動態が多い。
◇suspénse　　　名不安，気がかり；サスペンス
源 sus（下に）+ pend（つるす）。pendant「ペンダント」も同語源だ。

1267
stir
[stɔ́ːr]

〈感情など〉をかきたてる；～をかき回す，かき混ぜる
例 stir coffee「コーヒーをかき混ぜる」

1268
soak 〔多義〕
[sóuk]

①～を浸す，びしょぬれにする
②(soak A up) Aを吸収する
◇soaked　　　形びしょぬれで

1269
refine
[rifáin]

①～を洗練する，磨きをかける　②〈石油など〉を精製する
（入試では②はまれ）
◇refíned　　　形上品な，洗練された

1270
arouse
〔発音?〕

〈感情〉を刺激する，かきたてる；〈人〉を興奮させる
[əráuz]

1271
precede
[prisíːd]
〔名?〕

～に先行する，（時間的に）先立つ
◇precéding　　　形（時間・順序において）前の，先の
　（⇔following 形次の）
◇précedent　　　名先例，前例
★ pre（先に）+ cede（行く）。pre-は「先に，前もって」だが，pro-は「前方へ」の意味。cf. proceed「進む」pro（前へ）+ ceed（行く）
◇unprécedented　　形先例のない，空前の

MINIMAL PHRASES　　　　　　　　　　　Disc3-62

▫ **render** water undrinkable	水を飲めなく<u>する</u>
▫ **mount** the engine in the car	車にエンジン<u>をすえつける</u>
▫ **retreat** to a safe distance	安全な距離まで<u>退く</u>
▫ **startling** results	<u>驚くような</u>結果
▫ No one **dares** *to* tell the truth.	真実を話す<u>勇気がある</u>人はいない

1272
render　[réndər]　語法
①(render A B) AをBに**する**，**変える**(＝make A B)
②(render A B) AにBを**与える**(＝give A B)
例 render service「貢献する，奉仕する」

1273
mount　[máunt]　多義
①〜を**すえつける**　②〈馬・自転車など〉に**乗る**
③**増える**(＝increase)
例 mounting pressure「増える重圧」
★mountain「山」と同語源。

1274
retreat　[ritríːt]
退く，引きこもる　图退くこと；休養の場所，隠れ家

1275
startle　[stáːrtl]
〜を**驚かせる**，びっくりさせる
◇stártling　　　形〈人を〉びっくりさせる，驚かせる
◇stártled　　　形〈人が〉びっくりしている

1276
dare　[déər]
(dare(to)V) **Vする勇気がある**；あえてVする
★否定文で使うことが多い。助動詞として原形の動詞を伴うこともある。
◆How dare SV?　「Sはよくも V することができるな」
★Sの行為に対する怒りの表現。

3 Advanced Stage・動詞

MINIMAL PHRASES

Disc4-01

1277
anticipate the future
[æntísəpeit]
◇ anticipátion

未来を予想する
(= expect)
图期待；予想

1278
crawl into bed
[kró:l]
同? = creep

ベッドまではって進む

1279
pray for a sick child
[préi]
名? ◇ práyer

病気の子供のために祈る
图祈り(のことば)

1280
dispose *of* the waste
[dispóuz]
同熟? = get rid of
◇ dispósal
◇ dispósable
◆ at A's disposal

廃棄物を処理する
捨てる ★75%以上がofを伴う。

图処分, 廃棄
形使い捨ての
「Aの思うがままに」

1281
refrain *from* smoking
[rifréin]

タバコを吸うのを控える
つつしむ

1282
accumulate knowledge
[əkjú:mjuleit]
◇ accumulátion

知識を蓄積する
たまる
图蓄積

1283
mend the roof
[ménd]
同? = repáir ; fix

屋根を修理する

MINIMAL PHRASES

Disc4-02

1284
revise the plan
[riváiz]

計画を修正する
〈本など〉を修正する

◇ revísion — 名修正；改訂

1285
scratch your back
[skrǽtʃ]

君の背中をかく
名ひっかき傷

◆ from scratch — 「ゼロから, 最初から」

1286
drag a heavy bag to the car
[drǽg]

車まで重いかばんを引きずる

1287
roar like a lion
[rɔ́ːr]

ライオンのようにほえる
どよめく 名ほえ声, とどろき

◆ roar with laughter — 「大声で笑う」

1288
quote the Bible
[kwóut]

聖書を引用する

1289
when roses **bloom**
[blúːm]

バラの花が咲く頃
盛りになる

◆ be in full bloom — 「満開である」

1290
distort the facts
[distɔ́ːrt]

事実を歪曲する

◇ distórtion — 名ゆがみ, 歪曲

1291
A warm welcome **awaits** you.
[əwéit]

あたたかい歓迎が君を待つ
★他動詞。await = wait for

1292
dread going to the dentist
[dréd]

歯医者に行くのを恐れる

◇ dréadful — 形ひどい, 恐い (= terrible)

1293
conceal the fact *from* him
[kənsíːl]

彼に事実を隠す

同? = hide

3 Advanced Stage・動詞

MINIMAL PHRASES

1294
- **Art enrich**es **our lives.**
  [inrítʃ]

  芸術は人生を豊かにする
  〜を向上させる

1295
- **cling** *to* **tradition**
  [klíŋ]

  伝統に固執する
  くっつく　★約75％がtoを伴う。

  同？　= stick

1296
- **surpass the US in technology**
  [sərpǽs]

  科学技術でアメリカにまさる
  〜を越える

  同？　= excél

  動〜にまさる

1297
- **suppress anger**
  [səprés]

  怒りを抑える
  〜を抑圧[抑制]する

  ◇ suppréssion

  名抑制，抑圧

1298
- **portray natural beauty**
  [pɔːrtréi]

  自然の美を描く
  〜を描写する

  ◇ pórtrait

  名肖像(画)；描写

1299
- **the soaring price of oil**
  [sɔ́ːr]

  急上昇する石油の価格
  舞い上がる

1300
- **drain water** *from* **the tank**
  [dréin]

  タンクから水を排出する
  流出する　名下水路；流出

  ◆ go down the drain

  「むだになる」

1301
- **glow in the dark**
  [glóu]

  暗闇でボーッと光る
  ほてる　名輝き

1302
- **migrate to California**
  [máigreit]

  カリフォルニアに移住する

  ◇ migrátion

  名移住，(鳥・魚の)移動

MINIMAL PHRASES

Disc4-04

1303
exclaim in surprise
[ikskléim]

驚いて叫ぶ

1304
exert a strong *influence*
[igzə́ːrt]

強い影響を及ぼす
〈力など〉を行使する

1305
fetch food from the kitchen
[fétʃ]

台所から食べ物を取ってくる
(= go and bring)

1306
accelerate economic growth
[æksélərèit]

経済成長を促進する

1307
dwell in the forest
[dwél]

森の中に住む
(= live)

◇ dwélling — 名 住居
◇ dwéller — 名 住人　例 city dwellers「都市の住人」
◆ dwell on A — 「Aを考え続ける；長々と話す」

1308
integrate immigrants *into* society
[íntəgrèit]

社会に移民を融けこませる
〜を統合する, とりこむ

★受身が多い。
◆ be integrated into A — 「Aに統合される, とりこまれる」

1309
weep all night long
[wíːp]

一晩中泣く

◇ groan — 動 うめく, うなる　名 うなり声
◇ sob — 動 むせび泣く, 泣きじゃくる

1310
reassure the patient
[rìːəʃúər]

患者を安心させる
〜を元気づける

◆ reassure A that〜 — 「〜と言ってAを安心させる」

3 Advanced Stage・動詞

MINIMAL PHRASES

1311
condemn him as a murderer
[kəndém]
◆be condemned to A

彼を人殺しだと非難する

「①A（刑）の宣告を受ける
②Aする運命にある」

1312
restrain inflation
[ristréin]
◆restrain A from Ving
◇restráint

インフレを抑制する
（＝control, prevent）
「AにVさせない，やめさせる」
名制止，束縛

1313
resent being called foreigners
[rizént]
◇reséntment

外人と呼ばれるのに腹を立てる
〜に憤慨する，〜を不快に思う
名憤慨，立腹

1314
yell at the children
[jél]

子供たちに大声で叫ぶ
名叫び声，金切り声（＝shout）

1315
assess students' ability
[əsés]
◇asséssment

学生の能力を評価する
〜を推定する（＝evaluate, estimate）
名評価

1316
carve her name on the desk
[káːrv]
◇carved

机に彼女の名前を彫る
★受身が過半数。
形彫刻された

1317
halt global warming
[hɔ́ːlt]
◆come to a halt

地球温暖化を止める
名停止，休止
「停止する，止まる」

1318
inspect the car *for* defects
[inspékt]
◇inspéction

欠陥がないか車を検査する
（＝examine）；〜を視察する
名検査；視察

MINIMAL PHRASES　　　　　　　　　　　　Disc4-06

1319
tackle environmental problems
[tǽkl]

環境問題に取り組む

1320
omit the word
[oumít]

その言葉を省く
〜を省略する

同熟? = leave out 「〜を省く」

1321
frown *on* smoking
[fráun]

喫煙にまゆをひそめる
名 しかめっ面

1322
resume normal activities
[rizjúːm]

ふだんの活動を再開する
〜を再び始める

1323
mold plastic products
[móuld]

プラスチック製品を作る
〈人格など〉を形成する　名 型

1324
can **accommodate** 800 people
[əkámədeit]

800人を収容できる

◇accommodátion

★ to accommodate が約40％，can を伴うのが20％近い。
名 宿泊[収容]設備

1325
erase the data
[iréis]

データを消す
(= wipe off, rub out)

1326
can be **inferred** *from* the passage
[infə́ːr]

文章から推量することができる
★ 50％近くが from を伴う。

1327
revive the British economy
[riváiv]

英国経済を生き返らせる
生き返る　源 re (再び) + vive (生きる)

名? ◇revíval 名 生き返り，復活

3 Advanced Stage・動詞　● 221

MINIMAL PHRASES　　　　　　　　　　　Disc4-07

1328
- **humiliate** him before his friends | 友達の前で彼に恥をかかせる
  [hju:mílieit] | ～に屈辱を与える
  - ◇humiliating | 形 屈辱的な
  - ◇humiliated | 形 屈辱を受けた

1329
- **rotate** around the sun | 太陽の周りを回る
  [róuteit] | 回転する，～を回転させる

1330
- **disrupt** their lives | 彼らの生活をかき乱す
  [disrʌ́pt] | ～を中断させる（= disturb）
  - ◇disrúption | 名 中断，混乱

1331
- **navigate** by the stars | 星によって進路を決める
  [nǽvəgeit] | ～を誘導する，かじをとる
  - ◇navigátion | 名 運行，航海

1332
- My whole body **ache**s. | 体中が痛む
  [éik]

1333
- **discard** the old habit | 古い習慣を捨てる
  [diskáːrd] | ～を放棄する，処分する

1334
- **incorporate** the Internet *into* the classroom | 教室にインターネットを取り入れる
  [inkɔ́ːrpəreit] | ★約40％がintoを伴う。

1335
- **overtake** Japan in PC sales | パソコンの売上で日本を追い越す
  [ouvərtéik]

1336
- **supplement** your diet | 食事を補う
  [sʌ́pləmənt] | 名 補充，付録，追加

MINIMAL PHRASES　　　　　　　　　　Disc4-08

1337
- **manipulate** a computer
  [mənípjuleit]

  コンピュータを操作する
  〜を巧みに扱う

1338
- **nourish** children's abilities
  [nə́ːriʃ]

  子供たちの能力を養う
  〜に栄養を与える

  名?　　◇nóurishment　　名栄養，食物

1339
- **squeeze** an orange
  [skwíːz]

  オレンジをしぼる
  〜をしぼり取る

1340
- **depict** him *as* a hero
  [dipíkt]

  英雄として彼を描く
  〜を描写する（＝portray）

1341
- **distract** attention *from* the problem
  [distrǽkt]

  問題から注意をそらす
  〜の気を散らす（⇔attract）

  　　　　　　　　　　源 dis（離して）＋tract（引く）＝引き離す
  ◇distráction　　名気を散らすもの；気晴らし

1342
- **disclose** his secret
  [disklóuz]

  彼の秘密を暴露する
  〜を公表する（＝reveal）

1343
- **enroll** *in* medical school
  [inróul]

  医学部に入学する
  〜を入学［入会］させる（＋in, at）

  　　　　　　　　　　★50％以上が in を伴う。
  ◇enróllment　　名入学，入会

1344
- **nurture** new technology
  [nə́ːrtʃər]

  新しい科学技術を育てる
  〜を養育する　名養育，教育

  例 nature and nurture　　「素質と教育」

1345
- **speculate** about the future
  [spékjəleit]

  将来のことを推測する
  憶測する

  名?　　◇speculátion　　名①思索，推測，憶測　②投機

3 Advanced Stage・動詞　●　223

MINIMAL PHRASES

1346
prolong life
[prəlɔ́(ː)ŋ]

寿命を延ばす
〜を延長する

◇ prolónged

形 長引く，長期の

1347
execute the murderer
発音?

殺人犯を処刑する
[éksəkjuːt]　〈計画など〉を遂行する

★受身が多い。

1348
uncover new evidence
[ʌnkʌ́vər]

新しい証拠を明らかにする
〜を発掘する

1349
tremble with fear
[trémbl]

恐怖でふるえる
★trembling の形で使うことが多い。

1350
seize the opportunity
[síːz]

チャンスをつかむ
〜をとらえる

Q seize her ( ) the arm

A by 「彼女の腕をつかむ」
★seize [take；catch]＋人＋by＋the＋体の一部「人の体の一部をつかむ」

1351
abolish the old system
[əbáliʃ]

古い制度を廃止する
〈悪いもの〉をなくす

同熟?　　= do away with

1352
scold my son *for* being lazy
[skóuld]

怠けたことで息子をしかる

1353
attain the goal
[ətéin]

目標を達成する
〜を獲得する

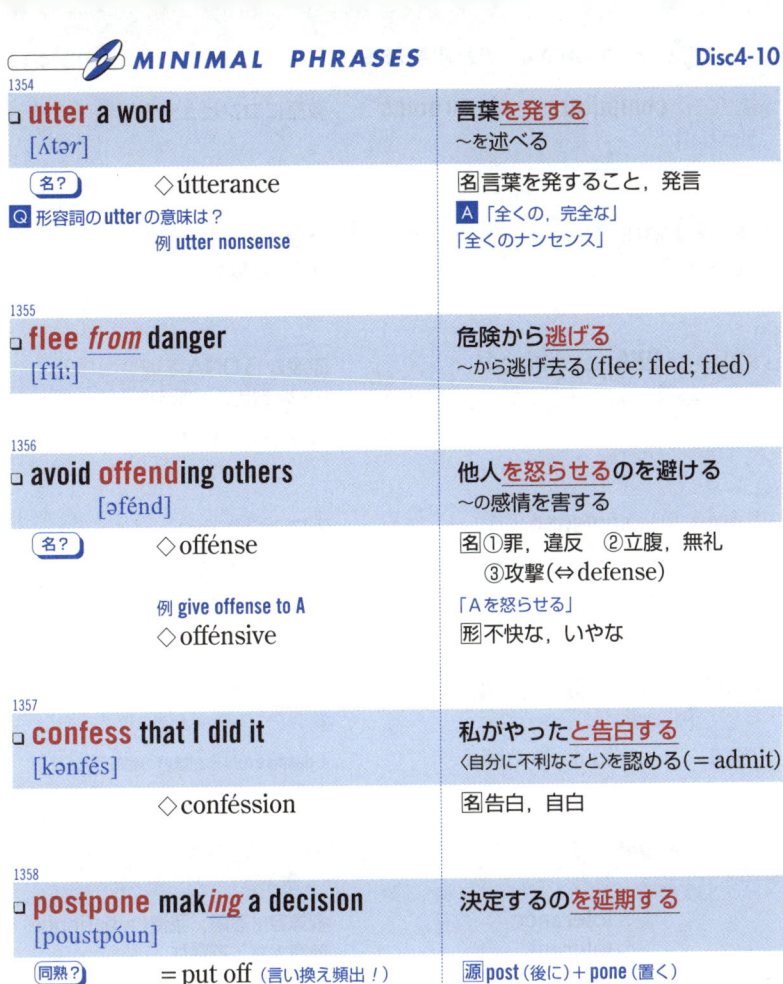

MINIMAL PHRASES　　　　　　　　　　Disc4-10

1354
utter a word
[ʌ́tər]

名? ◇útterance

Q 形容詞の utter の意味は？
例 utter nonsense

言葉を発する
〜を述べる

名言葉を発すること，発言
A 「全くの，完全な」
「全くのナンセンス」

1355
flee *from* danger
[flíː]

危険から逃げる
〜から逃げ去る (flee; fled; fled)

1356
avoid **offend**ing others
[əfénd]

名? ◇offénse

例 give offense to A
◇offénsive

他人を怒らせるのを避ける
〜の感情を害する

名①罪，違反　②立腹，無礼
　③攻撃(⇔defense)
「Aを怒らせる」
形不快な，いやな

1357
confess that I did it
[kənfés]

◇conféssion

私がやったと告白する
〈自分に不利なこと〉を認める(＝admit)

名告白，自白

1358
postpone mak*ing* a decision
[poustpóun]

同熟? ＝put off（言い換え頻出！）

決定するのを延期する

源 post（後に）＋pone（置く）

1359
drift like a cloud
[dríft]

雲のようにただよう
漂流する　名漂流

1360
weave cotton cloth
[wíːv]

木綿の布を織る
編む

MINIMAL PHRASES

Disc4-11

1361
- **install** computers *in* classrooms
  [instɔ́:l]

  教室にコンピュータを備えつける

1362
- **twist** a wire
  [twíst]

  針金をねじ曲げる
  巻く, ひねる

1363
- **extract** DNA *from* blood
  [ikstrǽkt]

  血液からDNAを取り出す
  〜を抜き出す, 抽出する

  源 **ex**(外に)+**tract**(引く)

1364
- **bump** *into* someone
  [bʌ́mp]

  人にぶつかる
  〜に偶然出会う

  ★ **40**％近くが**into**を伴う。

1365
- **Don't despise** poor people.
  [dispáiz]

  貧しい人を軽蔑するな
  源 **de**(下に)+**spise**(見る)

  同熟? = look down on

  ★ **despise**のほうが嫌悪の意味が強い。

1366
- **tolerate** pain
  [tálə̀reit]

  苦痛を我慢する
  〜に耐える

  ◇ tólerance
  ◇ tólerant

  名 寛容；忍耐, 我慢(＝patience)
  形 寛大な, 寛容な

1367
- **boast** *of* being rich
  [bóust]

  金持ちなのを自慢する
  〜を誇る

  ◆ boast of [about] A 「Aを自慢する」

1368
- Civilizations **flourish**.
  [flə́:riʃ]

  文明が栄える
  繁栄する ★ **flower**と同じ語源。

MINIMAL PHRASES

1369
- **disregard** human rights
  [disrigáːrd]

  人権を無視する
  (= ignore) 名無視

1370
- Don't **tease** me!
  [tíːz]

  私をからかうな
  ～をいじめる

1371
- **reinforce** the belief
  [riːinfɔ́ːrs]

  信念を強める
  ～を補強する，～を補足する

  ★目的語は message, idea, view などが多く，「～を裏付ける(= support)，強調する」の意味が多い。

1372
- **strive** *to* survive
  [stráiv]

  生き残るために努力する
  励む

  ★+ to V が約 50 %。

1373
- **coordinate** muscle movements
  [kouɔ́ːrdinət]

  筋肉の動きを協調させる
  〈活動など〉をまとめる，調和させる

  ◇coordinátion

  名調和，（筋肉・身体各部の運動の）協調
  ★約 50 % が後の意味。

1374
- **yawn** when you are bored
  [jɔ́ːn]

  退屈なときにあくびをする

1375
- **hug** and kiss him
  [hʌ́g]

  彼を抱きしめキスする
  名抱きしめること

1376
- **combat** global warming
  [kámbæt]

  地球温暖化と戦う
  名戦闘

3 Advanced Stage・動詞

MINIMAL PHRASES

1377
- **boost** the economy
  [búːst]

経済を活気づける
〜を高める　名 促進

ジャンル別英単語

職業

- **president** [prézidənt] — 大統領, 社長, 会長, その他一般に組織の長
- **expert** [ékspəːrt] — 専門家
- **chairman** [tʃéərmən] — 議長 (最近は chairperson を用いる)
- **dentist** [déntəst] — 歯科医
- **professor** [prəfésər] — 教授
- **soldier** [sóuldʒər] — 兵士
- **director** [diréktə] — 管理者; 重役; 映画監督, 演出家
- **attendant** [əténdənt] — 接客係, 案内係, 世話人
- **accountant** [əkáuntənt] — 会計士; 会計係
- **fisherman** [fíʃəmən] — 漁師; 漁船
- **carpenter** [káəpntə] — 大工
- **barber** [báəbə] — 理髪師
- **butcher** [bútʃə] — 肉屋 (の主人)
- **cashier** [kæʃíə] — レジ係
- **housewife** [háuswaif] — 主婦

人間関係

- **dad** [dǽd] — とうさん ★father の口語的表現。
- **mom** [mám] — かあさん ★mother の口語的表現。
- **grandchild** [grǽntʃaild] — 孫
- **grandparents** [grǽnpeərənts] — 祖父母
- **marital** [mǽərətl] — 夫の, 夫婦の
- **spouse** [spáus] — 配偶者
- **sir** [sə́ːr] — お客様 (男性への呼びかけで)
- **Majesty** [mǽdʒəsti] — 陛下 (国王とその配偶者)

❀ *Nouns* 名詞 ❀

MINIMAL PHRASES Disc4-13

a wide **sphere** of activity	幅広い活動範囲
a **sequence** of events	一連の事件
a large **deposit** in the bank	多額の銀行預金
an opinion **poll**	世論調査
act *with* **caution**	用心して行動する
feel a great **rage**	激しい怒りを感じる

1378
sphere
[sfíər]

①領域，範囲(=area)　②球体

1379
sequence 〈多義〉
[síːkwəns]

①連続(するもの)　②順序，順番(=order)　③場面
★①と②が多い。例 in the proper sequence「適切な順序で」
◆a sequence of A 「一連のA」 = a series of A

1380
deposit 〈多義〉
[dipázit]

①預金；頭金　②堆積物，鉱床　[動] ～を置く，預ける

1381
poll 〈多義〉
[póul]

①世論調査　②投票　[動]〈人々〉の世論調査をする
★②はふつう複数形。例 go to the polls「投票に行く」

1382
caution
[kɔ́ːʃən] 〔形？〕

①用心　②警告　[動]～に警告する
◇cáutious　　[形]用心深い

1383
rage
[réidʒ]

激怒，怒り　[動](病気などが)猛威を振るう，荒れ狂う
◇ráging　　[形](海などが)荒れ狂う

3 Advanced Stage・名詞 ● 229

MINIMAL PHRASES

Disc4-14

▫ his **formula** *for* success	彼の成功の秘けつ
▫ the **plot** of the movie	その映画の筋
▫ beyond the **scope** of science	科学の範囲を越えて
▫ the socially accepted **norm**	社会的に認められた規範
▫ feel **disgust** at the picture	その写真に嫌悪感を抱く
▫ the Panama **Canal**	パナマ運河

1384
formula　　多義
[fɔ́ːrmjulə]

①方法(=way)，秘けつ，解決策　②式，公式
③決まり文句 (★少数)
◇fórmulate　　動①〈計画・規則など〉を作成する
　　　　　　　　　②〜を表現する

1385
plot　　多義
[plát]

①(小説・演劇などの)筋　②陰謀，たくらみ
③(土地の)区画

1386
scope
[skóup]

①範囲(=area)　②(活動の)機会，余地(=room)

1387
norm
[nɔ́ːrm]

①(ある社会の)規範，行動基準　②普通のこと，ありふ
れたこと(=rule, ⇔exception)
例 Nuclear families have become the norm in Japan.
「日本では核家族は普通になった」
◇nórmal　　　　形正常な，普通の
　　　　　　　　　(⇔abnormal　形異常な)

1388
disgust
[disgʌ́st]

嫌悪　動〜に嫌悪を抱かせる
◇disgústing　　形〈人を〉むかつかせる
◇disgústed　　形〈人が〉むかついている

1389
canal
　　アク？
[kənǽl]

運河

MINIMAL PHRASES　　　　　　　　　　　Disc4-15

☐ Drinking is his **curse**.	酒は彼にとって<u>災いのもと</u>だ
☐ a strange **paradox**	奇妙な<u>逆説</u>
☐ **nerve** tissue	神経<u>組織</u>
☐ the **breakdown** of the family	家庭の<u>崩壊</u>
☐ take the **initiative** *in* conversation	会話で<u>主導権</u>をにぎる
☐ the social **fabric** of Japan	日本の社会<u>組織</u>

1390
curse　　多義
[kə́ːrs]
　　反?

①災いのもと　②呪い　③ののしり(Go to hell!, Damn it! など)
動 ~を呪う；ののしる
⇔ bléssing　　名 ありがたいもの，恵み；祝福
☞ p.234

1391
paradox
[pǽrədɑks]

逆説，パラドックス；矛盾して見えるもの
★ 諺 Make haste slowly.「急がば回れ」のように，一見矛盾しているが実は真実を含むことを指す。

1392
tissue
[tíʃuː]

①(動植物の細胞から成る)組織　②ティッシュペーパー

1393
breakdown
[bréikdaun]

〈組織・関係などの〉崩壊(= collapse)，決裂；〈心身の〉衰弱；〈機械の〉機能停止
◆ nervous breakdown「神経衰弱」

1394
initiative　　多義
[iníʃiətiv]

①主導権　②自発性；独創性
◇ inítial　　形 最初の
◇ inítiate　　動 ~を始める，〈計画など〉に着手する

1395
fabric　　多義
[fǽbrik]

①織物，布　②組織，構造(= structure)

3 Advanced Stage・名詞

MINIMAL PHRASES　　　　　　　　　　　Disc4-16

▫ newspaper **publicity**	新聞広告
▫ reach the **summit**	頂上に達する
▫ a **flock** of white sheep	白いヒツジの群れ
▫ the modern **plague** of AIDS	エイズという現代の疫病
▫ write a letter *in* haste	あわてて手紙を書く
▫ *take a* nap in the afternoon	午後にうたた寝をする

1396
publicity
[pʌblísəti]

①宣伝，広告　②評判，知名度

1397
summit　多義
[sʌ́mit]

①頂上，頂点(= peak, top)　②首脳会議
例 the World Summit「世界首脳会議」

1398
flock
[flák]

(鳥・羊などの)群れ　動群がる，集まる
諺 Birds of a feather flock together.
　「同じ羽の(同類の)鳥はいっしょに群れる」(類は友を呼ぶ)
◇herd　　　　　　　名(動物の)群れ

1399
plague
[pléig]

疫病，伝染病；災害　動～を苦しめる，悩ます(動詞も多い)

1400
haste
[héist]

急ぐこと(= hurry)
諺 Make haste slowly.　「ゆっくり急げ」(＝急がば回れ)
諺 Haste makes waste.　「あわてると損をする」
◆in haste　　　　　「急いで，あわてて」
　　　　　　　　　　(= hastily, in a hurry)
◇hásty　　　　　　 形あわてた
◇hasten　発音　　 動[héisn] ～を早める；急ぐ

1401
nap
[nǽp]

うたた寝，居眠り　動うたた寝する，居眠りする
◇snore　　　　　　名いびき(の音)　動いびきをかく

MINIMAL PHRASES　　　　　　　　　　　　Disc4-17

America and its **allies**	アメリカとその同盟国
the first **draft** of his novel	彼の小説の最初の草稿
a dramatic **spectacle**	劇的な光景
the major **premise**	大前提
a valuable **asset**	価値ある財産
suffer from *jet* lag	時差ボケで苦しむ

1402
ally
[ǽlai]

同盟国，協力者
◇alliánce　　　　　名同盟，協力

1403
draft
[drǽft]

①下書き，草稿　②(the draft)徴兵　(②はまれ)
動～を下書きする

1404
spectacle
[spéktəkl]
形?

①光景，情景　②見せ物，スペクタクル
◆(a pair of) spectacles　「眼鏡」
◇spectácular　　　形見ごたえのある
◇spéctator　　　　名見物人，(スポーツなどの)観客

1405
premise
[prémis]

①前提　②(～s)敷地，建物

1406
asset
[ǽset]
アク?

①財産，資産；重要な物[人]　②長所，とりえ

1407
lag
[lǽg]

遅れ，遅延　動(他のものより)遅れる
◆jet lag　　　　「時差ボケ」

3 Advanced Stage・名詞　● 233

MINIMAL PHRASES　　　　　　　　　　　　　Disc4-18

▫ gene therapy	遺伝子療法
▫ receive a warm reception	あたたかいもてなしを受ける
▫ elements and compounds	元素と化合物
▫ the blessings of nature	自然の恵み
▫ the sensation of flying	飛んでいるような感覚

1408
therapy
[θérəpi]

療法, 治療法
◇thérapist　　　　　　名セラピスト, 療法士

1409
reception
[risépʃən]

①もてなし, 歓迎(会)　②(ホテルの)フロント, 受付
◆wedding reception 「結婚披露宴」
◇recéive　　　　　　動～を受け取る
◇receipt　発音　　　　名[risíːt] 領収書, 受領
◇recéptionist　　　　名受付係
◇recípient　　　　　名受取人, 臓器受容者(donorから臓器を受け取る人)

1410
compound
[kámpaund]

化合物, 複合体　形複合的な, 複雑な
動[kəmpáund] 〈問題〉をこみいらせる

1411
blessing
[blésiŋ]

Q blessed 形の発音は？

ありがたいもの, 恵み；祝福
◇bléssed　　　　　　形恵まれた, 祝福された
◆be blessed with A 「Aに恵まれている」
A [blésid]

1412
sensation
[senséiʃən]

①感覚, 感じ　②大事件, 大評判, センセーション
(②は入試では少ない)
◇sensátional　　　　形センセーショナルな, 扇情的な

MINIMAL PHRASES　　　　　　　　　　　　　Disc4-19

▫ the worst economic **recession**	最悪の不況
▫ the North **Pole**	北極
▫ a positive **outlook** *on* life	人生に対する肯定的な考え方
▫ every field of human **endeavor**	人間活動のあらゆる分野
▫ war without **mercy**	情け容赦のない戦争

1413
recession
[riséʃn]

不景気，不況

★recede「後退する」の名詞形なので，recessionに「後退」の意味を挙げる単語集が多いが，入試では非常にまれ。

1414
pole　　（多義）
[póul]

① 棒，さお　②（天体の）極，北極，南極
◇pólar　　　　　　形 極の，極地の
◇the Árctic　　　名 北極（圏）
◇the Antárctic　 名 南極（圏）

1415
outlook　　（多義）
[áutluk]

① 考え方，態度　② 見通し，見込み
例 China's economic outlook「中国経済の見通し」
cf. look out　　　「気をつける」

1416
endeavor
[endévər]

活動（= activity），企て，努力（= effort）
動 努力する（= try）

1417
mercy
[mə́ːrsi]

慈悲，情け；幸運
◆ at the mercy of A　「Aのなすがままに」
　（= at A's mercy）★この熟語が40％以上だ。
例 at the mercy of fate　「運命のなすがままに」
◆ mercy killing　　「安楽死」

（形?）　　◇mérciful　　　形 慈悲[情け]深い

3 Advanced Stage・名詞 ● 235

MINIMAL PHRASES　　　Disc4-20

▫ Chinese children work harder than ***their*** Japanese **counterpart**s.	中国の子供は日本の子供よりよく勉強する
▫ a training **session**	訓練期間
▫ take sleeping **pill**s	睡眠薬を飲む
▫ avoid **junk** food	ジャンクフードを避ける

1418
counterpart
[káuntərpɑːrt]

(A's〜) Aに相当するもの　★約60％が their を伴う。
★上のフレーズのように前に出た名詞の代用とされることが最も多い。

1419
session　　多義
[séʃən]

①(ある活動の)期間, (訓練・議会などの)会期
②討論, 会議
例 have a session with him「彼と会合する」
源 sess-(座る)＋sion(こと)

1420
pill
[píl]

錠剤, カプセル
◇ drug　　　　　　　名①麻薬　②薬, 薬品
◇ phármacist　　　　名薬剤師
◇ phármacy　　　　　名調剤, 薬学

1421
junk
[dʒʌ́ŋk]

くず, がらくた　★用例の約半分が junk food だ。
◆ junk food　　　「ジャンクフード」
★安い高カロリーの食べ物。ファーストフード, ポテトチップスなど。
◆ junk mail　　　「迷惑メール, ジャンクメール」

MINIMAL PHRASES　　　　　　　　Disc4-21

1422
- **mental fatigue**
　　発音?　アク?

精神疲労
[fətíːg]

1423
- win **fame** and fortune
　　[féim]

　形?　　◇fámous

名声と富を得る
評判

形 有名な(＝famed)

1424
- The room is a **mess**.
　　　　　　　[més]

部屋の中がめちゃくちゃだ
混乱

1425
- prevent the **decay** of the body
　　　　　　　　[dikéi]

　　◆tooth decay

死体の腐敗を防ぐ
衰退(＝decline)　動 衰える

「虫歯」

1426
- death *with* **dignity**
　　　　　　[dígniti]

　　　◇dígnified

尊厳死
威厳, 気品

形 威厳のある

1427
- reach a **compromise** *with* him
　　アク?

彼との妥協に達する
[kámprəmaiz] 動 妥協する(＋with)

1428
- a long **drought** in Africa
　　　　　　発音?

アフリカの長い干ばつ
[dráut]

1429
- give up in **despair**
　　　　　　　[dispéər]

　　◆be in despair

絶望してあきらめる
動 絶望する

「絶望している」

1430
- *at* **interval**s of ten minutes
　　アク?

　　◆at intervals

10分の間隔で
[íntərvəl] へだたり

「ときおり；とびとびに」

---

3 Advanced Stage・名詞　● 237

MINIMAL PHRASES

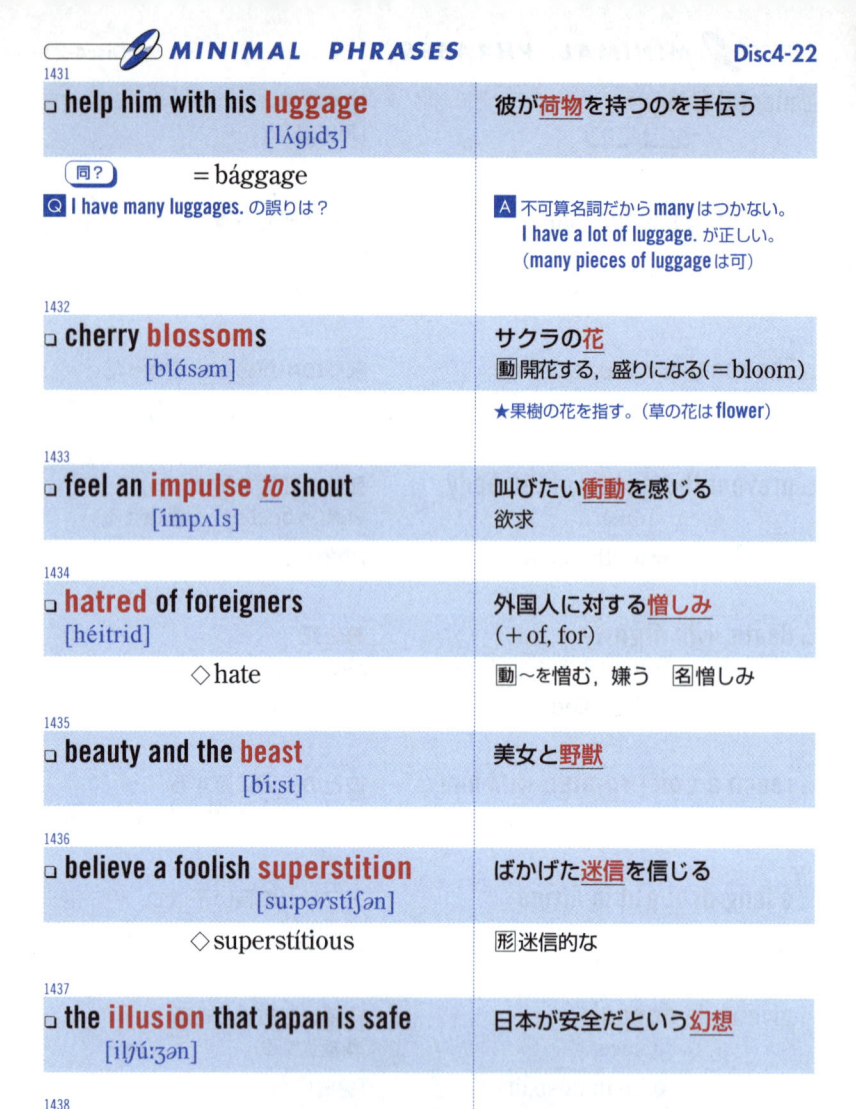

Disc4-22

1431
□ **help him with his luggage**
[lʌ́gidʒ]

彼が荷物を持つのを手伝う	

同? = bággage
Q I have many luggages. の誤りは？

A 不可算名詞だから many はつかない。
I have a lot of luggage. が正しい。
(many pieces of luggage は可)

1432
□ **cherry blossoms**
[blásəm]

サクラの花
動 開花する, 盛りになる (=bloom)

★果樹の花を指す。(草の花は flower)

1433
□ **feel an impulse *to* shout**
[ímpʌls]

叫びたい衝動を感じる
欲求

1434
□ **hatred of foreigners**
[héitrid]

外国人に対する憎しみ
(+ of, for)

◇ hate

動 ～を憎む, 嫌う　名 憎しみ

1435
□ **beauty and the beast**
[bíːst]

美女と野獣

1436
□ **believe a foolish superstition**
[suːpərstíʃən]

ばかげた迷信を信じる

◇ superstítious

形 迷信的な

1437
□ **the illusion that Japan is safe**
[ilj(j)úːʒən]

日本が安全だという幻想

1438
□ **cotton thread**
発音?
[θréd]

木綿の糸

◇ néedle
◇ string

名 針　★時計の針は hand だ。
名 ひも, 糸

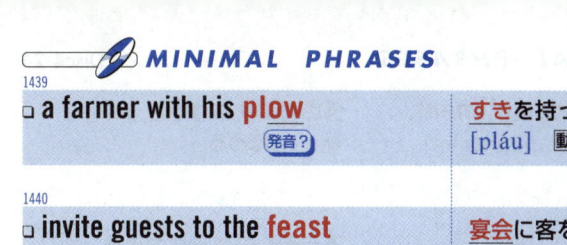

MINIMAL PHRASES　　　　　　　　　Disc4-23

1439
a farmer with his plow
発音?

すきを持った農民（= plough）
[pláu]　動（～を）すきで耕す

1440
invite guests to the feast
[fiːst]

宴会に客を招待する
祝祭

1441
a seasonal transition
[trænzíʃən]

季節の移り変わり
推移, 変化（= change）

1442
the misery of war
[mízəri]
形?　　◇míserable

戦争の悲惨さ
みじめさ, 不幸
形 みじめな, 不幸な

1443
dangerous radiation
[reidiéiʃən]
　　　◇radioáctive

危険な放射線
（光・熱などの）放射（能）, 発散
形 放射性の, 放射能のある

1444
a log cabin
[lɔ́(ː)g]

丸太小屋
動〈木〉を伐採する

1445
reach consensus *on* the issue
[kənsénsəs]

その問題で合意に達する
（= agreement）

源 con（ともに）+ sense（感じる）

1446
do a *good* deed a day
[díːd]

1日に1つよい行いをする
（言葉に対する）行為　★do の名詞。

1447
an old Chinese proverb
[právərb]

古い中国のことわざ

例 as the proverb goes [says]
同?　　= sáying

「ことわざによると」

3 Advanced Stage・名詞

MINIMAL PHRASES　　　　　　　　　　　Disc4-24

1448
□ Thank you for the **compliment**.
　　　　　　　　　[kámplimənt]

ほめ言葉をありがとう
動〈人〉をほめる

1449
□ watch the candle **flame**
　　　　　　　　[fléim]

ろうそくの炎を見つめる

1450
□ *celebrate* their *wedding* anniversary
　　　　　　　　　　　[ænəvə́ːrsəri]

二人の結婚記念日を祝う
源 anni（年）+ verse（回る）　cf. annual

1451
□ Follow your **conscience**.
　　発音？

自分の良心に従え
[kánʃəns]

◇ consciéntious

形 良心的な

1452
□ an **expedition** to the moon
　　　[ekspədíʃən]

月世界探検
遠出；探検隊

1453
□ produce **offspring**
　　　　[ɔ́(ː)fspriŋ]

子孫をつくる
★ an～とはしない。集合名詞。

1454
□ my monthly **allowance**
　　　　　　　[əláuəns]

僕の毎月のこづかい
手当金；仕送り

1455
□ a newspaper **headline**
　　　　　　[hédlain]

新聞の大見出し
主なニュース項目

1456
□ sign a peace **treaty**
　　　　　　　[tríːti]

平和条約に署名する
（国家間の）協定

MINIMAL PHRASES　　　　　　　　Disc4-25

1457
a historical monument
[mánjumənt]

歴史的な<u>記念碑</u>
遺跡，史跡

1458
a worm in the apple
発音?

リンゴの中の<u>虫</u>
[wə́ːrm]　★ミミズ，イモムシなど。

★a worm in the apple は徐々に全体をだめにする欠点・キズのことを言う。

諺 The early bird catches the worm.
「早起きは三文の得」

1459
a good remedy for colds
[rémədi]

風邪のよい<u>治療法</u>
薬；改善策　動〜を改善する

1460
a 20-volume encyclopedia
[ensaikləpíːdiə]

20巻の<u>百科事典</u>

1461
***catch a* glimpse *of* her face**
[glímps]

彼女の顔が<u>ちらり</u>と見える
動〜をちらりと目にする

◆catch a glimpse of A
「Aをちらりと目にする」

1462
school personnel
アク?

学校の<u>職員</u>
[pəːrsənél]　人事　★集合名詞。

例 a personnel manager
「人事部長」

1463
the triumph of science
[tráiəmf]

科学の<u>勝利</u>
大成功

1464
reading, writing, and arithmetic
[ərίθmətik]

読み書き<u>算数</u>
形 [æriθmétik]　算数の

◇geómetry
◇álgebra

名 幾何学
名 代数

3 Advanced Stage・名詞　● 241

MINIMAL PHRASES

Disc4-26

1465
□ people with low **self-esteem**
[sélfistí:m]

◇ estéem

自尊心の低い人々
自負

名尊敬(動「〜を尊敬する」はまれ)

1466
□ get lost in the thick **fog**
[fɔ́(:)g]

◇ mist
◇ frost

濃い霧の中で迷う
★「濃い」には heavy, dense も使う。

名かすみ
名霜

1467
□ the **odds** *of* getting cancer
[ádz]

◆ be at odds (with A)

ガンになる可能性
勝ち目,賭け率

「(Aと)争っている」

1468
□ a society in **chaos**
発音?

同? = confúsion
◇ chaótic

混沌とした社会
[kéias] 無秩序

形混沌とした

1469
□ control the **destiny** of mankind
[déstini]

同? = fate
◆ be destined to V

人類の運命を支配する

名(悪い)運命
「Vする運命にある」

1470
□ a disk five inches *in* **diameter**
アク?

直径5インチのディスク
[daiǽmitər]

★ 40%以上が in diameter の形。

1471
□ the green **meadow**
発音?

◇ pásture

緑の牧草地
[médou]

名牧草地,放牧場

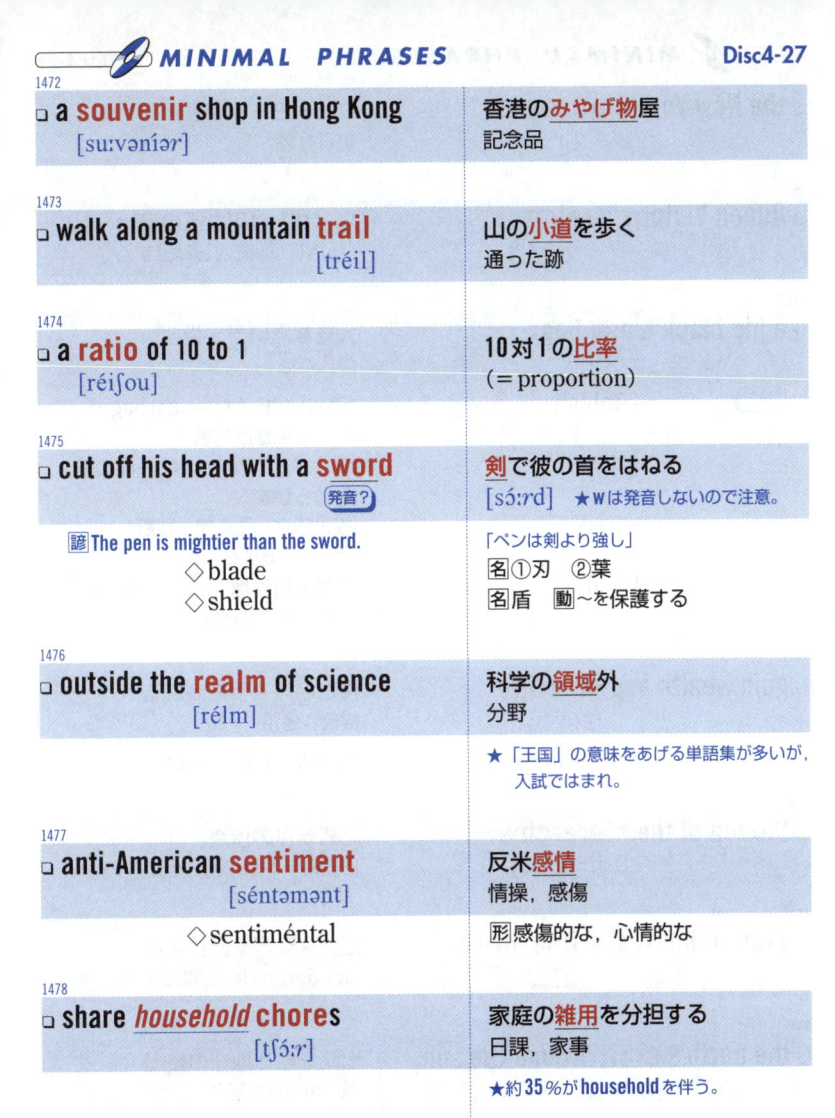

MINIMAL PHRASES　　　　　　　　　　　　　　　　Disc4-27

1472
a souvenir shop in Hong Kong
[suːvəníər]

香港のみやげ物屋
記念品

1473
walk along a mountain trail
[tréil]

山の小道を歩く
通った跡

1474
a ratio of 10 to 1
[réiʃou]

10対1の比率
(= proportion)

1475
cut off his head with a sword　発音?

剣で彼の首をはねる
[sɔ́ːrd]　★wは発音しないので注意。

諺 The pen is mightier than the sword.
　◇blade
　◇shield

「ペンは剣より強し」
名①刃　②葉
名盾　動～を保護する

1476
outside the realm of science
[rélm]

科学の領域外
分野

★「王国」の意味をあげる単語集が多いが，入試ではまれ。

1477
anti-American sentiment
[séntəmənt]
　◇sentiméntal

反米感情
情操，感傷
形感傷的な，心情的な

1478
share *household* chores
[tʃɔ́ːr]

家庭の雑用を分担する
日課，家事

★約35%がhouseholdを伴う。

1479
be treated with courtesy
[kə́ːrtəsi]
　◇cóurteous

礼儀正しい扱いを受ける
儀礼的あいさつ　源court（宮廷）
形礼儀正しい

3 Advanced Stage・名詞

MINIMAL PHRASES

1480
- **the New York City mayor**
  [méiər]

ニューヨーク市長
町[村]長

1481
- **Queen Victoria's reign**
  発音?

ヴィクトリア女王の統治
[réin]　動統治[支配]する

1482
- **a big black trash bag**
  [træʃ]

大きな黒いゴミ袋
がらくた

同?	= rúbbish	《英》①がらくた(= garbage)　②ばかげた事
	◇ lítter	名①ゴミ　②(犬などの)一腹の子　動散らかす
	◇ scrap	名①断片　②くず；残飯　動～を廃棄する
	◇ lándfill	名ゴミ処理地　★穴にゴミを埋めるやり方のゴミ処理場。

1483
- **gain wealth and prestige**
  [prestíːʒ]
  ◇ prestígious

富と名声を手に入れる
威信, 信望
形名声のある, 一流の

1484
- **the top of the hierarchy**
  [háiərɑːrki]

階級制度の頂点
ピラミッド型序列, ヒエラルキー

1485
- **explore the vast wilderness**
  発音?

広大な荒野を探検する
[wíldərnəs]　未開の地

1486
- **the earth's orbit around the sun**
  [ɔ́ːrbət]

太陽を回る地球の軌道
動～の周りを回る

1487
- **bias against women**
  [báiəs]

女性に対する偏見
えこひいき, 傾向(+ toward)

| 同? | = préjudice | |

MINIMAL PHRASES　　　　　　　　　　Disc4-29

1488
- **the Republic of Ireland**
  [ripʌ́blik]

アイルランド共和国

1489
- **This house is a bargain.**
  [báːrgin]

　　　　◇bárgaining

この家は掘り出し物だ
値引き品　動交渉する（＋with）

名交渉

1490
- **contempt *for* the poor**
  [kəntémpt]

　反?　　　⇔respéct

貧しい人々に対する軽蔑
侮辱

名尊敬

1491
- **a fragment of blue glass**
  [frǽgmənt]

青いガラスの破片
断片　源frag（壊れる）　cf. fragile

1492
- **the Andromeda Galaxy**
  [gǽləksi]

アンドロメダ星雲
銀河(系)，小宇宙

★銀河系内の星雲は **nebula**。

1493
- **sit on mother's lap**
  [lǽp]

　　　　◇knee
　　　　◇kneel

母親のひざの上に座る
★座った人の太ももの上を指す。

名ひざ(頭)
動ひざまづく

1494
- **the deadline *for* the report**
  [dédlain]

レポートの締め切り

1495
- **faster than a bullet**
  　発音?

　　　　◆the bullet train

弾丸よりも速く
[búlit]

「新幹線」

3 Advanced Stage・名詞　●　245

MINIMAL PHRASES

Disc4-30

1496 the safety of **pedestrians** [pədéstriən]	**歩行者**の安全
1497 a conversation full of **wit** [wít]	**機知**に富んだ会話 ウイット
形? ◆at one's wits' end ◇**witty**	「途方に暮れて」 形 機知のある，気の利いた
1498 a **nuisance** to others アク? [njúːsəns]	他人の**迷惑**
1499 *meet* the **criteria** *for* safety [kraitíəriə]	安全**基準**を満たす 尺度(= standard) ★単数形は criterion。
1500 face economic **hardship** [háːrdʃip]	経済的**苦難**に直面する
1501 the **glory** *of* the British Empire [glɔ́ːri]	大英帝国の**栄光** すばらしさ；誇りとなるもの
◇**glorious**	形 すばらしい；栄光ある
1502 punishment for **sin** [sín]	**罪**に対する罰 ★宗教・道徳的罪を指す。法的罪は crime。
◆commit a sin	「罪を犯す」
1503 the British **Navy** [néivi]	英国**海軍**
◆navy blue ◇**naval**	「ネイビーブルー，濃紺色」 形 海軍の

MINIMAL PHRASES　　　　　　　　　　　　Disc4-31

1504
□ a movie **script**
　　　[skrípt]

映画の台本
筆跡，文字

　　◇mánuscript | 名原稿，文書；手書き

1505
□ the old-age **pension**
　　　[pénʃən]

老齢年金

1506
□ cut **timber**
　　　[tímbər]

材木を切る
木材

同？　　= lúmber | 名材木

1507
□ a **surplus** of food
　　　[sə́ːrpləs]

食糧の余剰
過剰(＝excess) 源sur(越えて)＋plus(加えた)

　　◆trade surplus | 「貿易黒字」

1508
□ add **moisture** to the skin
　　　[mɔ́istʃər]

肌に水分を加える
湿気

　　◇moist | 形湿った

1509
□ poor **peasant**s in India
　　発音？

インドの貧しい小作農
[pézənt]

1510
□ wear a silk **garment**
　　　[gáːrmənt]

絹の衣服を身につける

　　◇cóstume | 名衣装　★時代・民族などに特有のもの。

1511
□ the **textile** industry
　　　[tékstail]

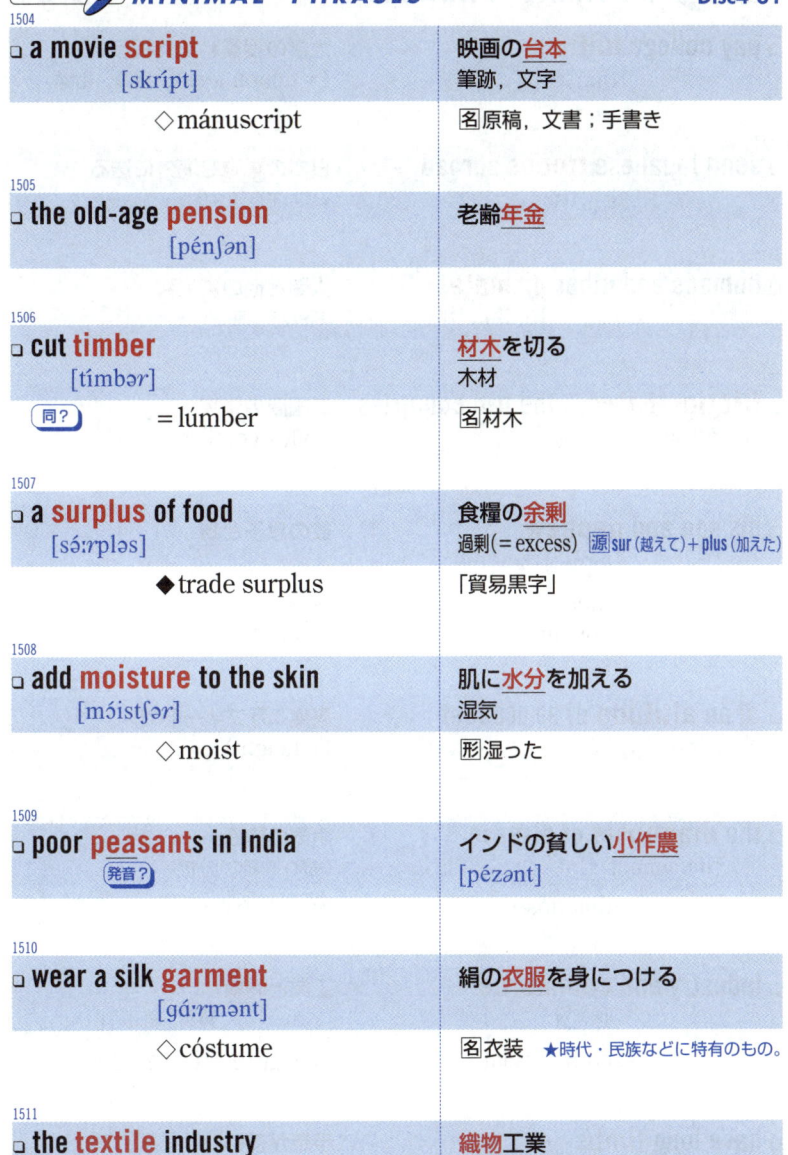

織物工業

MINIMAL PHRASES

Disc4-32

1512
pay college tuition [tjuːíʃən]
大学の授業料を支払う
(= tuition fees); 授業, 指導

1513
send Japanese troops abroad [trúːp]
日本の軍隊を海外に送る
★複数形が70％以上。

1514
humans and other primates [práimeit]
人間と他の霊長類
★複数形が50％以上。

1515
friction *between* the two countries [fríkʃən]
二国間の摩擦
不和 (= conflict)

1516
his son and nephew [néfjuː]
彼の息子と甥(おい)

◇niece — 名 姪(めい)
◇cóusin — 名 いとこ

1517
***at* an altitude of 30,000 feet** [ǽltitjuːd]
高度3万フィートで
(= height)

1518
the diagnosis of disease [daiəgnóusis]
病気の診断
(病気・問題の)分析

◇diagnóse — 動 ～を診断する

1519
industry and commerce (アク?)
工業と商業
[kάmərs] 貿易, 商取引

◇commércial — 形 商業的な 名 コマーシャル

1520
have long limbs [lím]
手足が長い

248

MINIMAL PHRASES Disc4-33

1521
a small fraction *of* the money
[frǽkʃən]

その金のほんの一部
少量；分数 ★70%以上が of を伴う。

1522
the irony of fate
[áiərəni]

運命の皮肉
奇妙な事実

◇ironically — 副 皮肉にも
◇ironic — 形 皮肉な

1523
have a nightmare
[náitmeər]

悪夢を見る

1524
discover a defect *in* the car
[díːfekt]

車の欠陥を見つける
障害（= fault）

◇defective — 形 欠陥のある

1525
an evil witch
[wítʃ]

邪悪な魔女

◇witchcraft — 名 魔法
◇wizard — 名 (男の)魔法使い

1526
the sweet scent of roses
(発音?)

バラの甘い香り
[sént] におい

◇perfume — 名 香水；香り
◇odor — 名 におい

★ smell, odor は，よい・悪い両方のにおい
を指すが，scent はよい香りが普通。

1527
prevent *soil* erosion
[iróuʒən]

土壌の浸食を防ぐ

◇erode — 動 〜を浸食する，〈信頼・価値など〉を損なう

1528
how to marry a millionaire
[miljənéər]

百万長者と結婚する方法

◇million — 名 100万

3 Advanced Stage・名詞

MINIMAL PHRASES

1529
- **the human skeleton**
  [skélitn]

  ◇ skull

人間の**骨格**
骸骨
★「透明な」という意味はない。
名 頭蓋骨

1530
- **the grace of her movements**
  [gréis]

  ◇ gráceful
  ◇ disgráce

  彼女のしぐさの**優雅さ**
  気品 (= elegance)
  形 優雅な，上品な (= elegant)
  名 不名誉，恥辱

1531
- **visit some Paris landmarks**
  [lǽndmɑːrk]

  パリの**名所**を訪ねる
  目印

1532
- **endure terrible torture**
  [tɔ́ːrtʃər]

  ◇ tórment

  恐ろしい**拷問**に耐える
  苦痛　動 〜を拷問にかける
  名 苦痛　動 [— ́—] を苦しめる

1533
- **flesh and blood**
  [fléʃ]

  肉と血
  肌

1534
- **collision *with* the earth**
  [kəlíʒən]

  ◇ collíde

  地球との**衝突**

  動 衝突する (+ with)

1535
- **a hazard to health**
  [hǽzərd]

  ◇ házardous

  健康にとって**危険なもの**

  形 危険な (= dangerous)

1536
- **the tomb of the unknown soldier**
  (発音?)

  ◇ comb　発音

  無名戦士の**墓**
  [túːm]

  [kóum]　名 くし
  ★単語末の -mb の b は，発音しない。

MINIMAL PHRASES

1537
□ his broad **brow** 発音? | 彼の広い額
[bráu] まゆ毛

◇éyebrow | 名 まゆ毛
◇fórehead | 名 額

1538
□ go **sightseeing** in Venice [sáitsi:iŋ] | ヴェニスに観光に行く
見物

1539
□ a **leather** bag [léðər] | 革のかばん
形 革製の

1540
□ a **jewelry** store [dʒú:əlri] | 宝石店
宝石類

◇jewel | 名 (個々の)宝石

★ jewelry は集合的に宝石類のことを言い，不可算名詞。個々の宝石は jewel。これは machine「(個々の)機械」と machinery「(集合的に)機械設備」の関係と同じ。

1541
□ read nonverbal **cue**s [kjú:] | 非言語的な合図を読み取る
(= signal, hint)：手がかり，きっかけ

1542
□ Call an **ambulance** right away. [ǽmbjələns] | すぐに救急車を呼べ

1543
□ a *real* **estate** agent アク? | 不動産業者
[istéit] 所有地，財産

★ 40%以上がこの形で出る。

1544
□ an export **commodity** [kəmádəti] | 輸出向けの商品
(= goods)；日用品

◆commodity prices | 「物価」

3 Advanced Stage ・ 名詞 ● 251

MINIMAL PHRASES　　Disc4-36

1545 ☐ check the **departure** time [dipɑ́ːrtʃər]	<u>出発</u>時刻を確認する
反? ⇔ arríval 動? ◇ depárt	名 到着 動 出発する(= set out, set off)
1546 ☐ enter a new **phase** [féiz]	新しい<u>段階</u>に入る (= stage)；時期
1547 ☐ a car **thief** [θíːf]	車<u>泥棒</u>
◇ theft ◇ búrglar	名 盗み 名 強盗
1548 ☐ **Saint** Valentine [séint]	<u>聖</u>バレンタイン 聖人，聖者
1549 ☐ marry without my parents' **consent** アク?	親の<u>同意</u>なしに結婚する [kənsént] 承諾　動 同意する
1550 ☐ feel deep **grief** over his death [gríːf]	彼の死に深い<u>悲しみ</u>を感じる ★sadnessより意味が強い。
◇ grieve	動 悲しむ(+ over, at)；～を悲しませる
1551 ☐ drive in the fast **lane** [léin]	追い越し<u>車線</u>を走る 小道
1552 ☐ *the* **bulk** *of* the population [bʌ́lk]	人口の<u>大部分</u> ★約60％がthe bulk ofの形。
1553 ☐ the exchange of body **fluid**s [flúːid]	体<u>液</u>の交換 流動体

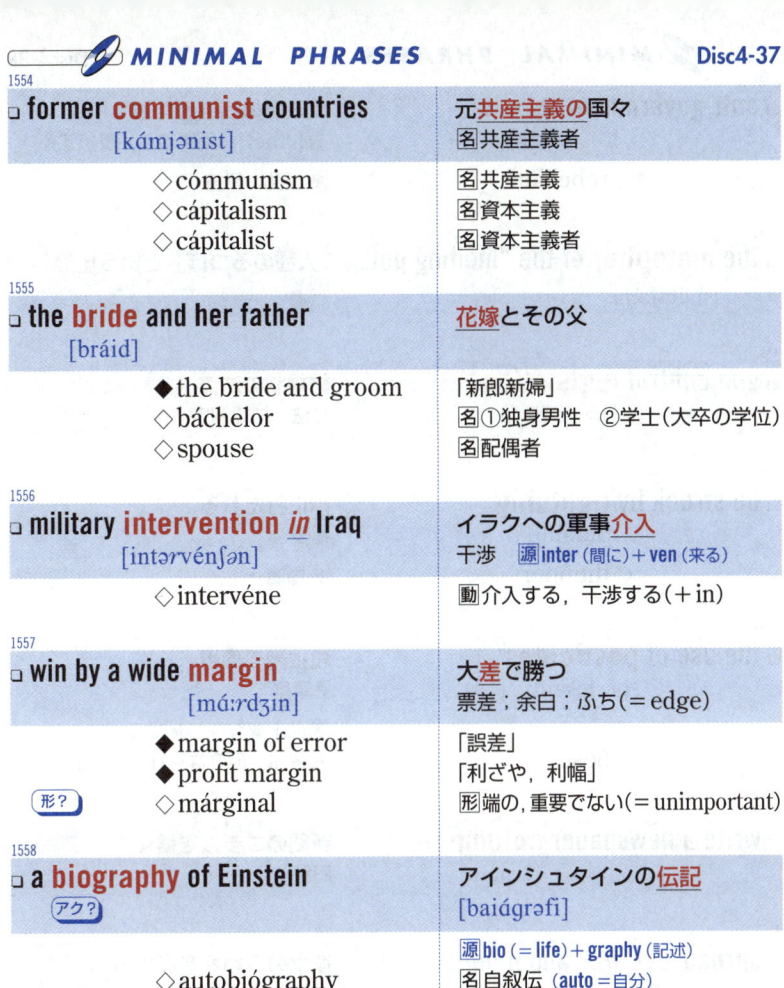

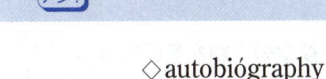

MINIMAL PHRASES　Disc4-37

1554
former communist countries
[kάmjənist]

元**共産主義の**国々
名共産主義者

◇ cómmunism — 名共産主義
◇ cápitalism — 名資本主義
◇ cápitalist — 名資本主義者

1555
the bride and her father
[bráid]

花嫁とその父

◆ the bride and groom — 「新郎新婦」
◇ báchelor — 名①独身男性　②学士(大卒の学位)
◇ spouse — 名配偶者

1556
military intervention _in_ Iraq
[intərvénʃən]

イラクへの軍事**介入**
干渉　源 inter(間に)＋ven(来る)

◇ intervéne — 動介入する，干渉する(＋in)

1557
win by a wide margin
[má:rdʒin]

大**差**で勝つ
票差；余白；ふち(＝edge)

◆ margin of error — 「誤差」
◆ profit margin — 「利ざや，利幅」
形? ◇ márginal — 形端の，重要でない(＝unimportant)

1558
a biography of Einstein
アク?

アインシュタインの**伝記**
[baiάgrəfi]

源 bio(＝life)＋graphy(記述)
◇ autobiógraphy — 名自叙伝 (auto＝自分)

1559
painting and sculpture
[skΛlptʃər]

絵と**彫刻**

1560
a smoking volcano
[vɑlkéinou]

噴煙を上げる**火山**

◇ volcánic — 形火山の

3 Advanced Stage・名詞　● 253

MINIMAL PHRASES

1561
anti-government rebels
[rébl]
◇rebéllion

反政府の反逆者たち
動[ribél] 反逆する，反抗する
名反乱，反抗

1562
the metaphor of the "melting pot"
[métəfɔːr]

「人種のるつぼ」という比喩
隠喩(いんゆ)

1563
gun control legislation
[ledʒisléiʃən]

銃規制の法律
立法，法律制定

1564
be struck by lightning
[láitniŋ]
◇thúnder

雷に打たれる
稲妻
名雷鳴

1565
the use of pesticides
[péstəsaid]

殺虫剤の使用
除草剤

◇pest

源 pest (害虫) + cide (殺すもの)
名害虫，厄介な存在；ペスト

1566
write a newspaper column
[káləm]

新聞のコラムを書く
円柱

1567
spread a rumor about her
[rúːmər]

彼女のうわさを広める

1568
tiny dust particles
[dʌ́st]

細かいほこりの粒子

1569
a dialogue between two students
[dáiəlɔ(ː)g]

二人の学生の対話
源 dia (向き合って) + logue (話)

MINIMAL PHRASES — Disc4-39

1570
learn English in kindergarten [kíndərgɑːrtn] | 幼稚園で英語を学ぶ

◇ núrsery school | 名 保育所

1571
the tourism industry in Japan [túərizm] | 日本の観光産業

◆ ecotourism | 「エコツーリズム」 ★環境保護に配慮した観光。

1572
the risk of obesity [oubíːsəti] | 肥満の危険

◇ obése | 形 肥満の，太りすぎの = fat
◇ lów-fát | 形 名 低脂肪(の)

Q fatを名詞で使うとどういう意味？　A 「脂肪」

1573
get a patent for a new invention [pætnt] | 新発明の特許を取る
動 ～の特許を取る

◇ cópyright | 名 著作権，版権

1574
the first chapter of The Tale of Genji [tʃǽptər] | 源氏物語の第1章

1575
Buckingham Palace [pǽləs] | バッキンガム宮殿
大邸宅

◇ mánsion | 名 (豪華な)大邸宅

★大きな建物の名前にmansionを使うことはあるが，「マンション」の意味ではflat(英) (☞ p.340)，apartment(米)を使う。

1576
do the laundry [lɔ́ːndri] | 洗濯をする

3 Advanced Stage・名詞

MINIMAL PHRASES

1577
patients in the **ward** [wɔ́ːrd]	病棟の患者 (行政の)区
例 Setagaya ward	「世田谷区」

1578
the worldwide AIDS **epidemic** [epidémik]	エイズの世界的流行 〈悪い物の〉流行；伝染病
◇ smállpox	名 天然痘

1579
solve a difficult **equation** [i(ː)kwéiʒən]	難しい方程式を解く
◇ equáte	動 ～を同一視する(+A with B)

1580
bones found by an **archaeologist** [ɑːrkiálədʒist]	考古学者に発見された骨
◇ archaeólogy	名 考古学

1581
political **corruption** [kərʌ́pʃən]	政治の腐敗 堕落
◇ corrúpt	形 腐敗した，堕落した

ジャンル別英単語

病気・けが

pneumonia [n(j)umóunjə]	肺炎	leukemia [lu(ː)kíːmiə]	白血病
tuberculosis [t(j)ubəːkjəlóusis]	結核	allergy [ǽlədʒi]	アレルギー
malaria [məléəriə]	マラリア	diarrhea [daiəríːə]	下痢
smallpox [smɔ́ːlpɑks]	天然痘	bruise [brúːz]	打撲傷
		fracture [frǽktʃə]	骨折

Adjectives & Adverbs 形容詞・副詞；etc.

MINIMAL PHRASES　　　　　　　　　　　Disc4-41

☐ *be* apt *to* forget names	名前を忘れやすい
☐ a humble attitude	謙虚な態度
☐ *be* entitled *to* the money	そのお金をもらう権利がある
☐ a valid reason for being late	遅れてくる正当な理由
☐ see a faint light	かすかな光が見える

1582
apt
[ǽpt]
同？(2つ)

① (be apt to V) V しがちである，V する傾向がある
② 適切な (②はまれ)
① = líkely, líable

1583
humble　多義
[hʌ́mbl]

① 謙虚な (= modest ⇔ arrogant)；卑下した
② 粗末な，卑しい
◇ humílity　　　　名 謙虚さ (⇔ arrogance)

1584
entitled　多義
[intáitld]

① (be entitled to A) A を得る[する]権利がある
② ～と題された
例 a book entitled "War and Peace"
「"戦争と平和"と題された本」
◆ be entitled to V 「V する権利がある」

1585
valid　多義
[vǽlid]

① 妥当な，正当な　② (切符・文書などが) 有効な，効力がある

1586
faint　多義
[féint]

かすかな　動 気絶する
★ not と faintest を組み合わせて否定を強める。
例 I haven't the faintest idea. 「まったく知らない」

MINIMAL PHRASES

Disc4-42

☐ a **stiff** attitude	<u>堅苦しい</u>態度
☐ for some **obscure** reason	<u>はっきりとわからない</u>理由で
☐ survive the **fierce** competition	<u>激しい</u>競争に生き残る
☐ the most **acute** problem	最も<u>深刻な</u>問題
☐ sit **idle** all day	<u>何もせず</u>一日座っている
☐ **crude** stone tools	<u>粗末な</u>石器

1587
stiff
[stíf]   (多義)
①<u>堅い</u>，(筋肉などが)凝った　②<u>堅苦しい</u>　③(競争などが)厳しい

1588
obscure
[əbskjúər]
①<u>わかりにくい</u>，はっきりしない　②無名の
動 ～をあいまいにする，隠す(＝hide)

1589
fierce
[fíərs]
①(競争・反対・嵐などが)<u>激しい</u>　②どう猛な

1590
acute
[əkjúːt]   (多義)
①(問題が)<u>深刻な</u>(＝serious)　②(感覚・痛みが)鋭い(＝sharp⇔dull 鈍い)　③(症状が)急性の(⇔chronic 慢性の)
例 an acute sense of smell「鋭い嗅覚」

1591
idle
[áidl]
①(仕事がなくて)<u>何もしていない</u>(⇔busy)　②なまけものの(＝lazy)　③無意味な(＝meaningless)
動 ぶらぶら過ごす　★idol「アイドル，偶像」と同音。

1592
crude
[krúːd]
①<u>粗末な</u>，荒けずりの(＝rough)　②粗野な，下品な(＝rude)　③未加工の
◆crude oil　　　「原油」

258

MINIMAL PHRASES　　　　Disc4-43

- be **jealous** *of* his success　　　彼の成功を<u>ねたむ</u>
- his **pregnant** wife　　　彼の<u>妊娠している</u>妻
- *be* **liable** *to* forget it　　　それを<u>忘れがちである</u>
- *be* **intent** *on* marrying him　　　彼と結婚する<u>決意をしている</u>
- a **decent** standard of living　　　<u>まともな</u>生活水準

1593
jealous
[dʒéləs]

Q She was jealous (　) his happiness.

しっと深い；うらやましい
◇jéalousy　　　名嫉妬，ねたみ
A of「彼女は彼の幸福をねたんでいた」

1594
pregnant
[prégnənt]

妊娠している
◇prégnancy　　　名妊娠

1595
liable
[láiəbl]

①(be liable to V)**V しがちである，可能性が高い**
②(+ to A)〈病気など〉に**かかりやすい，受けやすい**
③(+ for A)(法律上)**責任がある**
★①が**50%以上**。

(同熟?)
①= be likely to V
◇liabílity　　　名(法的)責任

1596
intent
[intént]

没頭した，集中した(= eager, absorbed)
名意図(= intention)
◆be intent on Ving 「Vする決意をしている」

1597
decent

(世間から見て)**まともな，ちゃんとした**(= respectable)；
かなり良い

(発音?)
[díːsnt]

3 Advanced Stage・形容詞 副詞

MINIMAL PHRASES　　Disc4-44

□ a **marvelous** record	驚くべき記録
□ a **misleading** expression	誤解を招く表現
□ a **tame** monkey	人になれたサル
□ **classical** music	クラシック音楽
□ in the **Muslim** world	イスラム世界で

1598
marvelous
[máːrvələs]　動？

驚くべき，不思議な；すばらしい
◇márvel　　　動驚く（＝wonder）名驚くべきもの
★I marveled at the news. 「私はそのニュースに驚いた」
　＝ I was very surprised at the news.

1599
misleading
[mislíːdiŋ]

誤解を招く，まぎらわしい
◇misléad　　　動〜を誤った方向に導く，だます

1600
tame
[téim]

飼いならされた，なれた（⇔wild）　　動〜を飼いならす

1601
classical
[klǽsikl]

①〈音楽が〉**クラシックの**　★classic music ではないので注意。
②ギリシャ・ローマの；古典的な
◇clássic　　　形①古典の，名作の　②典型的な
　　　　　　　　名古典

1602
Muslim
[mʌ́zləm]

イスラム教の　　　　名イスラム教徒，回教徒
◇Islám　　　　　　　名イスラム教，全イスラム世界
◇Islámic　　　　　　形イスラム教の

MINIMAL PHRASES　　Disc4-45

1603
be in grave danger
[gréiv]

重大な危機にある
(= serious)；重々しい

★同じつづりで「墓」という意味の語がある。

1604
fertile soil
[fɚ́ːrtəl]

肥えた土壌
★40%以上がsoilを伴う。

◇fertílity　　名 多産，肥沃さ
◇fértilizer　名 肥料

1605
be hostile to foreigners
[hástəl]

外国人に敵意を持つ

(名?)　◇hostílity　名 敵意

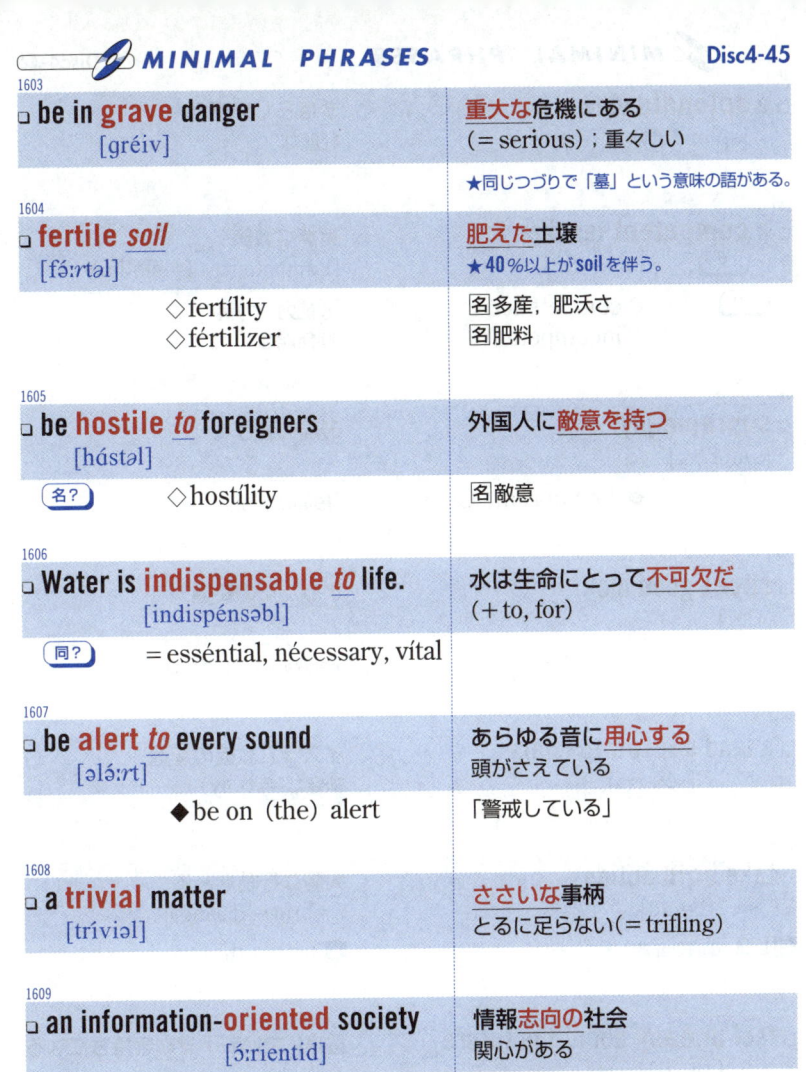

1606
Water is indispensable to life.
[ìndispénsəbl]

水は生命にとって不可欠だ
(+ to, for)

(同?)　= esséntial, nécessary, vítal

1607
be alert to every sound
[əlɚ́ːrt]

あらゆる音に用心する
頭がさえている

◆be on (the) alert　「警戒している」

1608
a trivial matter
[tríviəl]

ささいな事柄
とるに足らない(= trifling)

1609
an information-oriented society
[ɔ́ːrientid]

情報志向の社会
関心がある

◆be oriented (towards A)　「(Aに)関心がある」
◆A-oriented　「Aに関心がある，A志向の」
★約75%がこの形だ。
★orient 動 「〜を方向づける」は7%ほど。
(名?)　◇orientátion　名 適応；方向づけ，オリエンテーション
◆the Orient　「東洋」
◇Oriéntal　形 東洋の

3 Advanced Stage・形容詞 副詞　●　261

MINIMAL PHRASES

1610
- **a splendid view**
  [spléndid]

  すばらしい景色
  壮麗な

1611
- **a competent teacher**
  アク?

  名? ◇cómpetence
  ◇incómpetent

  有能な教師
  [kámpətənt]　(= skillful)

  名 能力, 力量
  形 無能な

1612
- **supreme joy**
  [sjuprí:m]

  ◆ the Supreme Court

  最高の喜び

  「最高裁判所」

1613
- **sheer good luck**
  [ʃíər]

  まったくの幸運

  ★強調するために用いる。

1614
- **a land sacred to Islam**
  [séikrid]

  イスラム教徒の聖地
  神聖な(= holy)

1615
- **take bold action**
  [bóuld]

  大胆な行動をとる
  (= brave, daring)

  Q bald の意味と発音は？　　　A 「はげた」[bɔ́:ld]

1616
- **feel uneasy about the future**
  [ʌní:zi]

  将来について不安な気持ちになる

  源 un (否定) + easy (気楽な)

1617
- **neat clothes**
  [ní:t]

  きちんとした服
  こぎれいな

MINIMAL PHRASES

Disc4-47

1618
□ a **shallow** river
[ʃǽlou]

反? ⇔ deep

浅い川
浅はかな
形 深い

1619
□ a worker **loyal** *to* the company
[lɔ́iəl]

名? ◇ lóyalty
Q royal の意味は？

会社に忠実な労働者
誠実な
名 忠誠，誠実
A 「国王の」

1620
□ a **superficial** difference
[sjùːpərfíʃəl]

表面的な違い
うわべの；浅薄な

1621
□ a completely **absurd** idea
[əbsə́ːrd]

まったくばかげた考え
(= foolish)

1622
□ the **fragile** environment
[frǽdʒəl]

壊れやすい環境
もろい 源 frag (壊れる) cf. fragment

1623
□ a girl from a **respectable** family
[rispéktəbl]

ちゃんとした家の娘
立派な；下品でない

★次の語と区別しよう。
★アブナイ商売に関係せずまともな社会生活をしているという意味。

□ be **respectful** *to* elders
□ schools in the **respective** areas

年上の人を敬う
それぞれの地区の学校

1624
□ a **magnificent** view
[mægnífisnt]

すばらしい光景
立派な

3 Advanced Stage ・形容詞 副詞 ● 263

MINIMAL PHRASES　Disc4-48

1625
□ an **infinite** *number* of stars
　アク？
無限の数の星
[ínfənət]

1626
□ a **comprehensive** study
　[kɑmprihénsiv]
包括的研究
総合的な，広範囲の

1627
□ a **steep** slope
　[stíːp]
険しい坂
急な

例 a steep rise in the prices　「物価の急な上昇」

1628
□ the **gross** domestic product
　発音？
国内総生産(＝GDP)
[gróus] 総計の；(誤りなどが)ひどい

◆the gross national product　「国民総生産」(＝GNP)

1629
□ prepare for **subsequent** events
　[sʌ́bsikwənt]
次に起こる出来事に備える
(時間的に)後の，次の(＝following)

1630
□ her **sincere** efforts
　発音？
彼女の誠実な努力
[sinsíər]　心からの

◇sincérity　图誠実，誠意

1631
□ a **timid** child
　[tímid]
おくびょうな子供

1632
□ take a **neutral** position
　[njúːtrəl]
中立の立場をとる
公平な

1633
□ a **diligent** student
　[dílidʒənt]
勤勉な学生

同？　＝hárdwórking, indústrious
◇díligence　图勤勉さ

264

MINIMAL PHRASES

1634
□ have a **sore** throat
[sɔ́ːr]

Q 同音の動詞は？

喉が痛い

A soar「舞い上がる；急に増える」
☞ p. 218

1635
□ drink **contaminated** water
[kəntǽmineitid]
◇ contáminate
◇ contaminátion

汚染された水を飲む
(＝polluted)
動 ～を汚染する(＝pollute)
名 汚染(＝pollution)

1636
□ an **ambiguous** answer
[æmbígjuəs]
◇ ambigúity

Q vague とどう違う？

どちらとも取れる答
あいまいな，多義的な
名 あいまいさ，多義

A vague は「漠然とした，ぼやけた」。

1637
□ an **oral** examination
[ɔ́ːrəl]

口述の試験
(⇔written)

1638
□ spend a **restless** night
[réstləs]
◇ rest

落ち着かない夜を過ごす
そわそわした，不安な
名 ①休息 ②残り
動 休む；～を休ませる ☞ p. 330

1639
□ **savage** violence
[sǽvidʒ]

野蛮な暴力
残忍な 名 野蛮人

1640
□ **vigorous** activity
[vígərəs]

名？   ◇ vígor

精力的な活動
元気はつらつな
名 精力，活力，力強さ

3 Advanced Stage・形容詞 副詞 ● 265

MINIMAL PHRASES

1641
- an **immense** amount of information
  [iméns]
  莫大な量の情報
  計り知れぬ
  - ◇ imménsely
  副 ものすごく

1642
- **metropolitan** areas
  [metrəpálitən]
  大都市圏
  - ◇ metrópolis
  名 大都市，主要な都市

1643
- be **punctual** for an appointment
  [páŋktʃuəl]
  約束の時間をきっちり守る

1644
- a **solitary** old man
  [sáliteri]
  孤独な老人
  寂しい（= lonely）
  - 名? ◇ sólitude
  名 孤独，寂しさ

1645
- take **collective** action
  [kəléktiv]
  集団行動を起こす
  集合的な

1646
- break off **diplomatic** relations
  [dipləmǽtik]
  外交関係を断絶する
  外交的な
  - ◇ diplómacy
  名 外交
  - ◇ diplomat アク
  名 [dípləmæt] 外交官

1647
- a **brutal** murder
  [brúːtl]
  残忍な殺人事件

1648
- a **helpless** baby
  [hélplis]
  無力な赤ん坊

1649
- his **arrogant** attitude
  [ǽrəgənt]
  あいつのごう慢な態度
  いばった
  - ◇ árrogance
  名 ごう慢さ，尊大

MINIMAL PHRASES

Disc4-51

1650

His company *went* **bankrupt**. [bǽŋkrʌpt]	彼の会社は破産した
◆go bankrupt	「破産する」 ★**60**％以上がこの形。
◇bánkruptcy	名 破産

1651

wish for **eternal** peace [itə́ːrnəl]	永遠の平和を願う 不変の（＝perpetual）
◇etérnity	名 永遠

1652

the **sole** survivor [sóul]	唯一の生存者
◇sólely	副 ①単独で，一人で ②単に（＝only）

1653

gloomy prospects [glúːmi]	暗い見通し （＝dark）；憂鬱な；悲観的な
◇gloom	名 憂鬱；暗がり

1654

a **notable** exception [nóutəbl]	注目すべき例外

1655

the world's most **affluent** country [ǽfluənt]	世界一裕福な国 （＝rich, wealthy）
◇áffluence	名 豊かさ

1656

a **naked** man 発音？	裸の男 [néikid]
◆naked eye	「肉眼」

1657

the **vocal** organ [vóukl]	発声器官 声の
◆vocal cords	「声帯」

3 Advanced Stage・形容詞 副詞

MINIMAL PHRASES

1658

□ **feminine** beauty
[féminin]

女性の美しさ
女性的な

反？ ⇔ másculine
◇ féminist

形 男性的な
名 女権拡張論者

1659

□ sit down in a **vacant** seat
[véikənt]

空いている席に座る
使用されていない（⇔ occupied）

名？ ◇ vácancy

名 空虚；空いたところ，空室

Q emptyはどう違う？

A emptyは容器などの中身がないことを表す。たとえば，an empty bottleと言えるが，a vacant bottleとは言えない。

1660

□ native and **exotic** animals
[igzátik]

国内産と外来の動物
異国風の

1661

□ children's **cognitive** abilities
[kágnətiv]

子供の認知能力

◆ cognitive science
◇ cognítion

「認知科学」
名 認知，認識

1662

□ **humid** summer weather
[hjú:mid]

夏の蒸し暑い天気
多湿の

◇ humídity

名 湿度（= moisture）

1663

□ an **outstanding** scholar
[autstǽndiŋ]

傑出した学者
目立った

◆ stand out

「目立つ」

1664

□ *be* **addicted** *to* drugs
[ədíktid]

麻薬中毒である
～に熱中した

◆ be addicted to A
◇ addíction
◇ áddict
◇ addíctive

「Aの中毒である」
名 中毒
名 中毒者，マニア
形 中毒性の

268

MINIMAL PHRASES　　　　Disc4-53

1665
- **be vulnerable _to_ attack**
  [vʌ́lnərəbl]

  攻撃を<u>受けやすい</u>
  傷つきやすい

1666
- **spontaneous laughter**
  [spɑntéiniəs]

  <u>自然に起こる</u>笑い
  自発的な

1667
- **be greedy for money**
  [gríːdi]

  金に<u>どん欲だ</u>

  ◇greed

  名 どん欲

1668
- **Salty food makes you thirsty.**
  [θə́ːrsti]

  塩分の多い食事で<u>のどが渇く</u>
  渇望している

1669
- **Japan's per capita income**
  [pər kǽpətə]

  日本の<u>一人当たりの</u>国民所得

  ◇per

  前 〜につき，ごとに
  ★earn $100 per day = earn $100 a day
  「日に百ドル稼ぐ」

1670
- **dangers inherent _in_ the sport**
  [inhíərənt]

  そのスポーツに<u>元から伴う</u>危険
  本来備わった，固有の

  ◇inherently

  ★50%以上が in を伴う。
  副 本来，生まれつき

1671
- **a promising new actress**
  [prɑ́misiŋ]

  <u>前途有望な</u>新人女優

1672
- **physiological reactions**
  [fiziəlɑ́dʒikl]

  <u>生理的な</u>反応

  ◇physiology

  名 生理学

MINIMAL PHRASES

1673
- **clinical *trials* of new drugs** [klínikl] | 新薬の<u>臨床</u>試験
  - ◇clinic | 名医院, 診療所

1674
- **chronic disease** [kránik] | <u>慢性の</u>病気
  - 反? ⇔acúte | 形急性の

1675
- **divisions of geological time** [dʒìːəládʒikl] | <u>地質学的な</u>時代区分
  - ◇geólogy | 名地質学　源geo (地)+logy (学)

1676
- **countless species of insects** [káuntləs] | <u>無数の</u>種類の昆虫
  - 源count (数)+less (無)

ジャンル別英単語

天体・天気

- **comet** [kámit] | すい星
- **planet** [plǽnit] | 惑星
- **satellite** [sǽtəlait] | 衛星
- **meteor** [míːtiə] | 流星；隕石 (= shooting star)
- **the Milky Way** | 銀河, 天の川
- **thunder** [θʌ́ndər] | 雷鳴
- **thunderstorm** [θʌ́ndəstɔəm] | 激しい雷雨
- **shower** [ʃáuər] | にわか雨
- **tornado** [tɔənéidou] | 竜巻, トルネード
- **twilight** [twáilait] | 夕方, たそがれどき
- **hail** [héil] | あられ, ひょう
- **lava** [láːvə] | 溶岩

副詞；etc.

MINIMAL PHRASES　　　　　　　　　　　Disc4-55

1677
- occur **simultaneously** [saimǝltéiniǝsli] | 同時に起こる

1678
- **utterly** different from others [ʌ́tǝrli] | 他人と**まったく**異なる
  完全に（= totally）
  ◇útter | 形まったくの，完全な ☞ p. 225

1679
- stand **upright** [ʌ́prait] | **まっすぐに**立つ
  直立して

1680
- stay **overnight** in his house [óuvǝrnáit] | 彼の家で**一晩**泊まる
  一晩中　形一泊の

1681
- He always tells the truth, **thereby** avoiding trouble. [ðeǝrbái] | 彼はいつも真実を述べ，**そうすることで**，面倒を避けている
  = by that means

1682
- pay bills **via** the Internet [váiǝ] | 前インターネット**経由で**代金を払う
  同熟? = by way of

1683
- the two cities, **namely**, Paris and Tokyo [néimli] | その2つの都市，**すなわち**パリと東京（= that is to say）

MINIMAL PHRASES

Disc4-55

1684

□ **speak frankly** | 率直に話す
[frǽŋkli] | (文頭で)率直に言って

◇ frank | 形 率直な
◆ to be frank (with you) | 「率直に言えば」
 | (= frankly speaking)

1685

□ **He tried hard, hence his success.** | 彼は努力した。だから成功した。
[héns] | ★上のように後に名詞を置くことがある。

ジャンル別英単語

物質

- □ iron [áiərn] 鉄, アイロン
- □ silver [sílvər] 銀
- □ copper [kápər] 銅
- □ coal [kóul] 炭, 石炭
- □ lead 発音? [léd] 鉛
- □ crystal [krístl] 水晶, 結晶(体)
- □ ivory [áivəri] ぞうげ
- □ pearl [pə́:l] 真珠
- □ steel [stí:l] 鋼鉄
- □ bronze [bránz] 青銅
- □ ore [ɔ́:] 鉱石, 原石
- □ marble [má:bl] 大理石
- □ methane [méθein] メタン

単位

- □ mile [máil] マイル (1マイルは約1.6km)
- □ yard [já:rd] ヤード (1ヤードは約90cm)
- □ foot [fút] フィート (1フィートは約30cm) ★複数形は feet。
- □ inch [íntʃ] インチ (1インチは約2.5cm)
- □ pound [páund] ポンド (1ポンドは約450g)
- □ ton [tʌ́n] トン

第4章

入試の最難関レベル。第1～3章に比べれば、入試における頻度は低いが、実用英語では超重要な単語ばかりだ。『TIME』や『Newsweek』のような雑誌を読みたい人や、将来英語関係の仕事を目指す人には、入試英語と実用英語の橋渡しになるはずだ。

Final Stage

Yes, you can!

✤ *Verbs* 動詞 ✤

MINIMAL PHRASES

Disc4-56

1686
- **proclaim** that Japan is safe
  [prəkléim]

  日本は安全だと宣言する
  (= declare); ～をはっきり示す

1687
- **smash** a bottle
  [smǽʃ]

  ビンを粉々に砕く
  衝突する, ～を衝突させる

  例 smash into his car 「彼の車に衝突する」

1688
- **mourn** Gandhi's death
  [mɔ́ːrn]

  ガンジーの死を悲しむ
  〈人〉の喪に服する

1689
- **summon** the police
  [sʌ́mən]

  警察を呼ぶ
  〈人〉を呼び出す

1690
- **shatter** windows
  [ʃǽtər]

  窓を粉々にする
  粉々になる

1691
- **linger** in my memory
  [líŋgər]

  私の記憶に残る
  〈感情などが〉なかなか消えない

1692
- **lament** the shortness of life
  [ləmént]

  人生の短さを嘆く
  [名]悲しみ, 嘆きの言葉

1693
- *be* **endow**ed *with* a talent
  [indáu]

  才能に恵まれる
  ★この形がほとんど。～を授ける

  ◆ be endowed with A
  = be gifted with A
  「A(才能など)に恵まれている」

1694
- **rejoice** in the success
  [ridʒɔ́is]

  成功を喜ぶ

MINIMAL PHRASES

1695
- **whip** a horse
  [hwíp]

  馬をむち打つ
  名むち

1696
- **slap** his face
  [slǽp]

  彼の顔をピシャリと打つ
  名平手打ち

1697
- **contend** *that* the earth is in danger
  [kənténd]

  地球があぶないと主張する
  (= argue); 戦う(+ with)

1698
- **swear** never to drink again
  [swéər]

  二度と酒を飲まないと誓う
  ～と断言する

1699
- can **discern** the difference
  [disə́ːrn]

  違いを識別することができる
  (= distinguish, perceive)

1700
- **degrade** the environment
  [digréid]

  環境を悪化させる

  ◇degradátion   名①(環境などの)悪化 ②卑しめ

1701
- **erect** barriers
  [irékt]

  障壁を築く
  形直立した

1702
- **testify** in court
  [téstəfai]

  法廷で証言する

  名?   ◇téstimony   名証言, 証拠

1703
- **spur** him into action
  [spə́ːr]

  行動へと彼を駆りたてる
  ～に拍車をかける 名刺激, 拍車

4 Final Stage・動詞 ● 275

MINIMAL PHRASES

1704
- **roam** the streets freely
  [róum]

  自由に街を歩き回る
  ぶらつく，放浪する

1705
- **chew** food well
  [tʃúː]

  食べ物をよくかむ

1706
- **lure** him into the room
  [ljúər]

  彼を部屋に誘い込む
  ～を魅惑する　名魅力，魅惑

1707
- **defy** gravity
  [difái]

  重力に逆らう

  ◇defíance

  名反抗，抵抗

1708
- **stroll** in the park
  [stróul]

  公園をぶらつく
  (＝wander)　名散歩

1709
- can't **dispense** *with* cars
  [dispéns]

  車なしですますのはむりだ
  ★「Aを分配する」の意味はまれ。

  同熟？　＝ do without A

  「Aなしですます」

1710
- **reconcile** religion *with* science
  [rékənsail]

  宗教と科学を調和させる
  ～を和解させる

1711
- **blur** the distinction
  [bláːr]

  区別をぼやかす
  ぼやける　名ぼやけたもの

  ◇blúrred

  形ぼやけた

1712
- **soothe** a crying child
  [súːð]

  泣く子供をなだめる
  〈苦痛〉を和らげる

1713
- Alcohol **impair**s driving ability.
  [impéər]

  アルコールは運転能力を低下させる
  ～を害する(＝harm)

MINIMAL PHRASES　　Disc4-59

1714
comply *with* the standards
[kəmplái]

基準に従う
★50%以上が with を伴う。

1715
pierce my ears
[píərs]

耳に穴をあける
〜を刺す

1716
stumble on the stairs
[stʌ́mbl]

階段でつまずく

1717
hinder economic development
[híndər]

経済の発展をさまたげる
(= prevent)

1718
mock her efforts
[mák]

彼女の努力をあざける
(= make fun of) 形まねごとの, 模擬の

1719
embody the American dream
[imbádi]

アメリカンドリームを具現する
〜を表現する (= express)

1720
insert the key into the hole
[insə́ːrt]

穴にかぎを差し込む
〈文など〉を挿入する

1721
stalk the prey
[stɔ́ːk]

獲物に忍び寄る
名（植物の）茎

1722
clarify the meaning of the word
[klǽrifai]

単語の意味を明らかにする

1723
The audience **applaud**s.
[əplɔ́ːd]

観客が拍手する
〜をほめたたえる

◇ appláuse

名拍手

4 Final Stage・動詞

MINIMAL PHRASES　　　　　　　　　　　　　　　　Disc4-60

1724
- **inflict** pain *on* other people
  [inflíkt]

  人に苦痛を与える

1725
- **merge** *with* the company
  [mə́ːrdʒ]

  その会社と合併する

1726
- **reckon** that he's right
  [rékən]

  彼は正しいと考える

  ★「計算する」の意味は、ごくまれ。

1727
- What is done cannot be **undone**.
  [ʌndʌ́n]

  一度したことは元に戻らない（諺）

  ◇undó　　動〈一度したこと〉を元に戻す，
  　　　　　〜を無効にする

1728
- **poke** him in the eye
  [póuk]

  彼の目を突く
  （〜を）つつく

  ◆poke one's nose into A　「Aに干渉する，おせっかいする」

1729
- **tumble** to the ground
  [tʌ́mbl]

  地面に落ちる
  〈価格などが〉暴落する（＝fall）

  ◆tumble down　「〈建物などが〉崩壊する，崩れ落ちる」

1730
- **adhere** *to* the treaty
  [ədhíər]

  条約を固く守る
  ★70％以上が to を伴う。

1731
- **compile** a list of customers
  [kəmpáil]

  顧客のリストをまとめる
  〈データ・辞書など〉を編集する

MINIMAL PHRASES

1732
- **The flowers will wither in the cold.**
  [wíðər]

  花は寒さで<u>しぼむ</u>だろう
  色あせる；〜をしおれさせる

1733
- **stun the audience**
  [stʌ́n]

  聴衆<u>をびっくりさせる</u>
  〜を気絶させる

  ◇ stúnning
  ◇ stúnned

  形美しい，すばらしい；驚くべき
  形びっくりした；動転した

1734
- **choke on a piece of food**
  [tʃóuk]

  食べ物で<u>のどがつまる</u>
  〜の首をしめる

1735
- **His health will deteriorate.**
  [ditíəriəreit]

  彼の健康状態は<u>悪化する</u>だろう
  〜を悪化させる（= worsen）

  ◇ deteriorátion

  名悪化

1736
- **evade responsibility**
  [ivéid]

  責任<u>をのがれる</u>
  (= avoid)

1737
- **murmur in a low voice**
  [mə́ːrmər]

  低い声で<u>つぶやく</u>
  名つぶやき；ざわめき

1738
- **console her with kind words**
  [kənsóul]

  やさしい言葉で彼女<u>をなぐさめる</u>
  〜をはげます

  ◇ consolátion

  名なぐさめ

1739
- **duplicate a DVD**
  [dúːplikeit]

  DVD<u>を複製する</u>
  (= copy) 名形 [dúːplikət] 複製(の)

1740
- **divert attention *from* the fact**
  [divə́ːrt]

  事実から注意<u>をそらす</u>

4 Final Stage・動詞

MINIMAL PHRASES

1741
- **slaughter** animals
  [slɔ́ːtər]

  動物**を虐殺する**

1742
- **reap** large rewards
  [ríːp]

  大きな報酬**を手に入れる**
  〜を収穫する

1743
- **affirm** that it is true
  [əfə́ːrm]

  それは本当だ**と断言する**
  〜と主張する（＝assert）

1744
- **knit** a sweater
  [nít]

  セーター**を編む**
  （〜を）編む；しっかりと組み合わせる

  ◇ **knítting**
  ◇ **knot**

  名 編み物
  名 結び目　動 を結ぶ

  Q a close-knit community の意味は？
  A 「結びつきが緊密な地域社会」
  close-knit で「結びつきが緊密な」。

1745
- **ponder** a question
  [pándər]

  問題**を熟考する**

1746
- **embark** *on* a new adventure
  [embáːrk]

  新しい冒険に**乗り出す**
  〈事業などを〉始める

  ★ 80％近くが on を伴う。

1747
- **vow** to fight
  [váu]

  戦うこと**を誓う**
  名 誓い，誓約

1748
- **foresee** the future
  [fɔːrsíː]

  未来**を予知する**
  （＝predict）　源 fore（前）＋see

1749
- **adore** him as a god
  [ədɔ́ːr]

  神として彼**を崇拝する**
  〜が大好きだ（＝love）

280

MINIMAL PHRASES　　　　　　　　　　Disc4-63

1750
- **yearn** *for* **freedom** | 自由を切望する
  [jə́:rn]
  ◇yéarning | 名 切望, 熱望, あこがれ

1751
- **undermine** the US position | アメリカの立場を弱める
  [ʌ̀ndərmáin]
  | ★「〜の下を掘る」が原義。

1752
- **suck** blood from humans | 人間の血を吸う
  [sʌ́k]
  ◇sniff | 動 〈臭い〉をかぐ, 〈空気〉を吸う

1753
- **pledge** to support them | 彼らを支持することを誓う
  [plédʒ] | 名 誓約, 誓い

1754
- **intrude** *on* his private life | 彼の私生活に立ち入る
  [intrú:d] | じゃまする, 侵入する
  ◇intrúder | 名 侵入者
  ◇intrúsion | 名 侵入

1755
- **sue** a doctor | 医者を訴える
  [sjú:]

1756
- the smell of **rot**ting fish | 腐敗する魚の臭い
  [rát] | 名 腐敗(＝decay)
  ◇rótten | 形 腐敗した

1757
- **extinguish** the fire | 火を消す
  [ikstíŋgwiʃ]
  (同熟?)　＝ put out　★頻出！

4 Final Stage・動詞

MINIMAL PHRASES

1758
- **perplex**ing questions
  [pərpléks]

  困惑させる質問
  〜を困らせる（＝puzzle）

  ★40％以上が＋ingだ。

1759
- **curb** population growth
  [kə́ːrb]

  人口増加を抑制する
  名 歩道の縁石

1760
- **withstand** high temperatures
  [wiðstǽnd]

  高温に耐える
  〜に抵抗する

1761
- **expel** him *from* the country
  [ikspél]

  国から彼を追放する
  〜を退学させる

  ★受身が50％近い。

1762
- **recite** poetry
  [risáit]

  詩を暗唱する
  〜を声に出して言う

1763
- All that **glitter**s is not gold.
  [glítər]

  輝くもの必ずしも金ならず（諺）

  ★ことわざ。All is not gold that glitters. とも言う。

1764
- **plead** *with* her to come back
  [plíːd]

  彼女に戻るよう嘆願する

  名? ◇plea

  名 ①嘆願 ②弁解，申し立て

1765
- **contemplate** marrying him
  アク?

  彼との結婚を考える（＝consider）
  [kántəmpleit] 〜しようと考える

1766
- **discharge** waste into rivers
  [distʃáːrdʒ]

  川に廃水を放出する
  〜を解任する

MINIMAL PHRASES

1767
- **preach** to the crowd
  [príːtʃ]
  群衆に**説教する**
  〜を説く
  ◇priest 名神父，牧師，聖職者

1768
- **rattle** the windows
  [rǽtl]
  窓**をがたがた鳴らす**

1769
- **retrieve** information
  [ritríːv]
  情報**を検索する**
  〜を取り戻す
  ◇retríeval 名検索；取り戻すこと

1770
- **shrug** your shoulders
  [ʃrʌ́g]
  肩**をすくめる**

1771
- **evoke** a response
  [ivóuk]
  反応**を呼び起こす**
  〈記憶・感情〉を喚起する

1772
- be **haunt**ed by the fear of death
  [hɔ́ːnt]
  死の恐怖に**つきまとわれる**
  ◇háunted 形(場所が)幽霊の出る

1773
- **disguise** anger with a smile
  [disgáiz]
  笑顔で怒り**を隠す**
  (= hide, conceal) 名変装，見せかけ
  ◆disguise oneself as A 「Aに変装する」

1774
- **flatter** the boss
  [flǽtər]
  上司**におせじを言う**
  〜をほめて喜ばせる
  ◆be flattered 「得意になる，うれしい」
  ◇fláttery 名おせじ，ほめ言葉

4 Final Stage・動詞 ● 283

❈ *Nouns* 名詞 ❈

MINIMAL PHRASES   Disc5-01

1775
- **write prose and poetry**
 [próuz]
 反？   ⇔verse

 散文と詩を書く
 名韻文，詩

1776
- **germs and viruses**
 [dʒə́ːrm]

 細菌とウイルス
 病原体

1777
- **The thermometer shows 0℃.**
 アク？
 ◇barómeter

 温度計が0℃を示す
 [θərmɑ́mətər]
 名気圧計

1778
- **the province of Quebec**
 [prɑ́vins]
 ◇préfecture

 ケベック州(カナダ)
 地方
 名(フランス，日本などの)県，府

1779
- **masterpieces of French art**
 [mǽstərpiːs]

 フランス美術の傑作

1780
- **have revenue of $100,000**
 [révənjuː]
 反？   ⇔expénditure

 10万ドルの収入がある
 (=income)
 名支出

1781
- **an anti-government riot**
 [ráiət]

 反政府の暴動
 騒動 動暴動を起こす

1782
- **a breakthrough *in* technology**
 [bréikθruː]

 技術の飛躍的進歩
 急進展

MINIMAL PHRASES

Disc5-02

1783
breathing apparatus
[æpərǽtəs]

呼吸装置
器具；器官

同? = equípment, ínstrument, devíce

★ scuba「スキューバ」は self-contained underwater breathing apparatus「自給式水中呼吸装置」の略。

1784
***make a* fuss *about* nothing**
[fÁs]

くだらないことに大騒ぎする
★ 60%近くが make を伴う。

1785
a vitamin deficiency
アク?

ビタミンの欠乏
[difíʃənsi] 欠点, 欠陥

1786
the heir *to* a fortune
発音?

財産の相続人
[éər] ★ h は黙字。

Q 同じ発音の語は？

A air

1787
a jungle *at* the equator
[ikwéitər]

赤道直下のジャングル
源「地球を等分 (equate) するもの」の意。

1788
import petroleum
[pitróuliəm]

石油を輸入する

◇ pétrol

名 ガソリン (= gas, gasoline)

1789
a birth certificate
アク?

出生証明書
[sərtífikət] 免許状

◇ cértify

動 ~を証明する

1790
Water changes into vapor.
発音?

水が蒸気に変わる
[véipər] 水蒸気 (= water vapor)

動? ◇ eváporate

動 蒸発する；消える

4 Final Stage・名詞

MINIMAL PHRASES

Disc5-03

1791
□ a space **probe**
　　　[próub]
宇宙**探査機**
調査　動〜を調査する

1792
□ follow a religious **doctrine**
　　　　　　　[dáktrin]
宗教の**教義**に従う
(政策上の)主義

1793
□ a look of **scorn**
　　　[skɔ́ːrn]
軽蔑のまなざし
動〜を軽蔑する (= despise)

　　◇ scórnful
形軽蔑した，あなどった

1794
□ the **prophet**s of the Bible
　　　[práfit]
聖書の**預言者**
予言者

　　◇ próphecy
名予言

1795
□ a cool **breeze** from the sea
　　　[bríːz]
海からの涼しい**そよ風**

1796
□ walk along the **pavement**
　　　　　　　[péivmənt]
歩道を歩く

同？　　= sídewalk
動？　　◇ pave
　　　　◆ pave the way for A
名(米)歩道
動〈道路〉を舗装する
「Aへの道を開く」

1797
□ Christmas **ornament**s
　　　　[ɔ́ːrnəmənt]
クリスマスの**飾り**

　　◇ adórn
動〜を飾る

1798
□ rely on your **spouse**
　　　　　[spáus]
配偶者に頼る
結婚相手，夫，妻

MINIMAL PHRASES

1799
- **the wrinkles around her eyes** [ríŋkl] | 彼女の目の周りの<u>しわ</u>

1800
- **wait in a queue** [kjúː] | <u>一列</u>で待つ
  動 列を作って待つ（＝ wait in line）
  ★主に〈英〉。

1801
- **a high-stakes poker game** [stéik] | <u>賭け金</u>の高いポーカー
  出資,（利害）関係　動〈金〉を賭ける
  - ◆ at stake | 「危険にさらされて」

1802
- **the French ambassador _to_ Japan** [æmbǽsədər] | 駐日フランス<u>大使</u>
  - ◇ émbassy | 名 大使館

1803
- **the judge and jury** [dʒúəri] | 裁判官と<u>陪審員</u>（団）
  ★〈米〉では普通12人の市民からなる。

1804
- **_To_ my dismay, he failed.** [disméi] | <u>落胆</u>したことに，彼は失敗した
  動 ～をうろたえさせる
  - ◆ to A's dismay | 「Aがろうばい［落胆］したことに」

1805
- **a lump on the head** [lʌmp] | 頭の<u>こぶ</u>
  しこり；固まり
  - ◆ a lump of sugar | 「角砂糖」

1806
- **win the lottery** [látəri] | <u>宝くじ</u>に当たる

1807
- **at the outbreak of the war** [áutbreik] | 戦争が<u>ぼっ発</u>したとき
  （疫病などの）発生
  - ◆ break out | 「（戦争などが）急に起こる，ぼっ発する」

4 Final Stage・名詞

MINIMAL PHRASES

Disc5-05

1808
□ accomplish a remarkable **feat**
[fiːt]
| すばらしい偉業をなしとげる
はなれわざ

1809
□ artistic **temperament**
[témpərəmənt]
| 芸術的な気質

1810
□ feel a **chill**
[tʃil]
◇ chílly
| 寒気を感じる
動 〜を冷やす
形 肌寒い

1811
□ America's trade **deficit**
[défisit]
| アメリカの貿易赤字
不足

1812
□ his **predecessor** as manager
[prédisesər]
反? ⇔ succéssor
| 彼の前任の経営者
以前にあったもの[人]
名 後任者；相続者

1813
□ a child as a separate **entity**
[éntəti]
| 独立した存在としての子供

1814
□ receive warm **hospitality**
[hɑspitǽləti]
◇ hóspitable
| あたたかい歓迎を受ける
もてなし
形 ①心あたたかい
　②(環境が)生存に適した

1815
□ America's infant **mortality** rate
[mɔːrtǽləti]
形? ◇ mórtal
◇ immórtal
| アメリカの幼児死亡率
死亡者数
形 死ぬべき運命の　名 人間
形 不死の，永遠の

1816
□ a **narrative** of his journey
[nǽrətiv]
◇ narrátion
| 彼の旅行の話
物語 (= story)
名 語り

MINIMAL PHRASES　　　　　　　　　　　Disc5-06

1817 **a small segment of the population** [ségmənt]	住民のほんの一部分 区分, 区切り
1818 **prevent a catastrophe** [kətǽstrəfi] ◇catastróphic	大災害を防止する 破局, 大惨事 (= disaster) 形 壊滅的な
1819 **the British monarch** 発音? ◇mónarchy	イギリスの君主 [mánərk] 名 君主政治
1820 **from the cradle to the grave** [kréidl]	ゆりかごから墓場まで(=一生) 発祥地; (the～)幼児期
1821 **call him a coward** 発音?	彼をおくびょう者呼ばわりする [káuərd]
1822 **the mysteries of the cosmos** [kázməs] ◇cósmic	宇宙の神秘 形 宇宙の
1823 **walk down the aisle** [áil]	通路を歩く ★飛行機・劇場などの座席の間の通路のこと。
1824 **police headquarters** [hédkwɔːrtərz]	警察本部 本社, 司令部
1825 **an expressway toll** [tóul]	高速道路の通行料 使用料

4 Final Stage・名詞

MINIMAL PHRASES

Disc5-07

1826

☐ a **transaction** with the company
[trænsǽkʃən]

その会社との<u>取引</u>

1827

☐ chronic fatigue **syndrome**
[síndroum]

慢性疲労<u>症候群</u>

例 Acquired Immune Deficiency Syndrome (AIDS)

「後天性免疫不全症候群(エイズ)」

1828

☐ A **burglar** broke into the house.
[bə́ːrglər]

その家に<u>強盗</u>が入った
★ふつう夜侵入するどろぼうを指す。

1829

☐ put up with **tyranny**
[tírəni]

<u>圧政</u>に耐える

◇týrant

名暴君, 独裁者

1830

☐ an animal **parasite**
[pǽrəsait]

動物<u>寄生生物</u>
源 para-(横で) + -site(食べるもの)

1831

☐ woman's **intuition**
[intʲu(ː)íʃən]

女の<u>直感</u>
勘

◇intúitive

形 直感的な

1832

☐ an **incentive** _to_ study
[inséntiv]

勉強の<u>はげみ</u>
動機(= motivation), 刺激

★約 **40**%が **to V** を伴う。

1833

☐ a **legacy** of the Renaissance
[légəsi]

ルネッサンスの<u>遺産</u>

1834

☐ the **retail** price
[ríːteil]

<u>小売り</u>の値段
動 ~を小売りする

MINIMAL PHRASES　　　　　　　　　　Disc5-08

1835
the veins in the forehead
[véin]

額の**静脈**(青筋)

◇ ártery — 名 動脈
◇ pulse — 名 脈拍

1836
a discourse *on* politics
[dísko:rs]

政治についての**論説**
談話, 演説 (= speech, discussion)

1837
a high school diploma
[diplóumə]

高校の**卒業証書**
(大学の)学位

1838
political propaganda
[prɑpəgǽndə]

政治的な**宣伝**
★主義・思想を広める活動。

1839
an outlet for frustration
[áutlet]

欲求不満の**はけ口**
(販売)店

◆ let A out — 「Aを解放する；〈音・声など〉を出す」

1840
watch with apprehension
[æprihénʃən]

不安そうに見つめる
理解；逮捕

◇ apprehénd — 動 ①〜を理解する　②〜を逮捕する
★「懸念する」は極めてまれ。

1841
a mood of melancholy
アク?

憂鬱な気分
[mélənkɑli]　形 憂鬱な

1842
the quest for novelty
[návəlti]

目新しさの追求

◇ nóvel — 名 小説　形 新奇な

1843
a specimen of a rare plant
[spésəmin]

珍しい植物の**標本**

4 Final Stage・名詞

MINIMAL PHRASES

1844
act like a barbarian
[bɑːrbéəriən]
◇ bárbarism

野蛮人のようにふるまう
形 野蛮な，未開の（＝savage）
名 未開，野蛮（⇔civilization）

1845
use guerrilla tactics
[tǽktiks]

ゲリラ戦術を使う
戦略

1846
a monopoly on the tea market
[mənάpəli]
動? ◇ monópolize

茶の市場の独占
専売（権） 源 mono-（単一の）
動 ～を独占する

1847
as a token of our friendship
[tóukn]

我々の友情の印として

★アメリカの地下鉄などの切符として使われるコインのこともtokenという。

1848
the English aristocracy
アク?
◇ arístocrat
◇ aristocrátic

イギリスの貴族階級
[ærístάkrəsi] 貴族政治
名 貴族（の一人）
形 貴族の

1849
***take* revenge *on* the murderer**
[rivéndʒ]

殺人者に復讐する

1850
escape religious persecution
[pəːrsəkjúːʃən]
動? ◇ pérsecute

宗教的迫害を逃れる
動 ～を迫害する，～を悩ます

1851
empty rhetoric
[rétərik]

中身のない美辞麗句

MINIMAL PHRASES

Disc5-10

1852
- ***sexual* harassment**
  [həræsmənt]

  性的いやがらせ (セクハラ)
  ★ 50％以上がこの形。

1853
- **carry out a census every ten years**
  [sénsəs]

  10年毎に国勢調査をおこなう

1854
- **be *on the* verge *of* dying**
  [və́:rdʒ]

  死の瀬戸際にいる

  ◆ on the verge of A

  「Aの間際に, 今にもAしようとして」

1855
- **the advent *of* the Internet**
  [ǽdvent]

  インターネットの出現
  源 ad (〜へ) + vent (来る)

1856
- **an analogy between the brain and the computer**
  [ənǽlədʒi]

  コンピュータと脳の類似点
  類推, (似たものによる) たとえ

1857
- **irrigation in the desert**
  [irigéiʃən]

  砂漠のかんがい

1858
- **media coverage of the accident**
  [kʌ́vəridʒ]

  メディアによるその事故の報道
  放送

1859
- **traditional French cuisine**
  [kwizí:n]

  伝統的なフランス料理

1860
- **a menace to world peace**
  [ménəs]

  世界平和に対する脅威

4 名

4 Final Stage ・名詞 ● 293

MINIMAL PHRASES

Disc5-11

1861
- the perils of the road
  [pérəl]
  道路の危険

1862
- the art of antiquity
  [æntíkwəti]
  古代の美術
  - ◇ antíque
    形 古めかしい，骨董品の 名 骨董品

1863
- assault *on* the enemy's base
  [əsɔ́:lt]
  敵基地への攻撃
  暴行

1864
- the plight of the homeless
  [pláit]
  ホームレスの人々の苦境

1865
- individual autonomy
  [ɔ:tánəmi]
  個人の自主性
  自律；自活 源 auto(自分) + nomy(管理)
  - ◇ autónomous
    形 自律的な

1866
- go to cram *school*
  [krǽm]
  塾に通う
  予備校
  - ◇ cram
    動 (～を)つめこむ，丸暗記する

1867
- a government subsidy
  [sʌ́bsədi]
  政府の補助金
  - ◇ subsídiary
    形 補助的な 名 子会社

1868
- a voice full of indignation
  [indignéiʃən]
  怒りに満ちた声
  - ◇ indígnant
    形 憤慨した

MINIMAL PHRASES

1869
- **slang** expressions
  [slǽŋ]

  俗語表現

1870
- maintain a good **posture**
  [pástʃər]

  よい姿勢を保つ

1871
- a political **ideology**
  [aidiálədʒi]

  政治的なイデオロギー
  (政治・経済的な)思想

  ◇ ideológical

  形 イデオロギー的な

1872
- a government **supervisor**
  [súːpərvaizər]

  政府の監督者[管理者]

  ◇ súpervise

  動 ~を監督[管理]する
  源 super(上から)+vise(見る)

1873
- have a brain **tumor**
  [t(j)úːmər]

  脳腫瘍がある
  はれた部分(= tumour)

1874
- turn right at the **intersection**
  [intərsékʃən]

  交差点で右に曲がる

1875
- go on an **excursion** to the park
  [ikskə́ːrʒən]

  公園へ遠足に行く

1876
- **deforestation** in the Amazon
  [diːfɔ(ː)ristéiʃən]

  アマゾンの森林破壊

1877
- take **precaution**s against fires
  [prikɔ́ːʃən]

  火事に用心する
  警戒

4 Final Stage・名詞

MINIMAL PHRASES

Disc5-13

1878
□ an apple **orchard**
〔発音?〕
[ɔ́ːrtʃərd]

リンゴの果樹園

1879
□ put up with her **shortcomings**
[ʃɔ́ːrtkʌmiŋ]

彼女の欠点を我慢する
★80%以上が複数形だ。

1880
□ **aspiration**s to be an artist
[æspəréiʃən]

芸術家になりたいという熱望
(= ambition) ★複数形が70%以上。

◇ aspíre

動 熱望する

1881
□ **psychologists** and **psychiatrists**
[saikáiətrist]

心理学者と精神科医

◇ psychiátric

形 精神医学の

1882
□ packaging and **shipping**
[ʃípiŋ]

包装と発送
輸送費

◇ ship

動 〜を送る,輸送する
★船以外の手段でも使う。

◇ shípment

名 発送,積み荷

1883
□ a United States **Senator**
[sénətər]

合衆国上院議員

◆ the Senate

「(米国の)上院」

1884
□ an international **statesman**
[stéitsmən]

国際的な政治家

〔同?〕 = politícian

★statesmanは,「立派な政治家」のことを言うことが多い。

MINIMAL PHRASES

1885
- **instruct a subordinate**
  [səbɔ́ːrdənət]

  部下に指示する
  形 副次的な，下級の

1886
- **fill a vacuum**
  [vǽkjuəm]

  空白を埋める
  真空

  ◆in a vacuum
  例 live in a social vacuum

  「外から影響されずに，孤立して」
  「社会的に孤立して暮らす」

1887
- **the quest *for* the truth**
  [kwést]

  真理の探究

1888
- **Buddhist meditation**
  [meditéiʃən]

  仏教の瞑想
  熟慮，内省

1889
- **subscribers to the service**
  [səbskráibər]

  その事業の加入者
  (雑誌などの)定期購読者

  ◇subscríbe

  動 ～を定期購読する，～に同意する

1890
- **solve a riddle**
  [rídl]

  謎を解く

1891
- **be dressed in rags**
  [rǽg]

  ぼろを着ている
  ぼろ切れ

  ◇rug

  名 敷き物，じゅうたん

1892
- **be covered with rust**
  [rʌ́st]

  さびで覆われる

4 Final Stage・名詞 297

MINIMAL PHRASES

Disc5-15

1893
□ **public sanitation**
[sænətéiʃən]
公衆衛生

　　◇ sánitary
形 衛生の，衛生的な

1894
□ ***in the* midst *of* the lecture**
[mídst]
授業のまっただ中に
★ 95%以上がこの形だ。

1895
□ **childhood mischief**
[místʃif]
子供時代のいたずら

　　◇ míschievous
形 いたずら好きの

1896
□ **pull out the weeds**
[wíːd]
雑草を抜く

　　◇ séaweed
名 海藻

1897
□ **have no recollection of the past**
[rekəlékʃən]
過去の記憶がない
★ memory より堅い語。

　　◇ recolléct
動 ～を思い出す（= recall）

1898
□ **38 degrees north latitude**
[lǽtət(j)uːd]
北緯38度
緯度

反? 　⇔ lóngitude
　　◇ equátor
名 経度
名 赤道　☞ p. 285

1899
□ **find flaws *in* the theory**
[flɔ́ː]
その理論の欠陥を発見する

1900
□ **Botanists study plants.**
[bátənist]
植物学者は植物を研究する

　　◇ bótany
　　◆ botanical garden
名 植物学
「植物園」

298

MINIMAL PHRASES　　　　　　　　　　　Disc5-16

1901
Mendel's laws of heredity
[hərédəti]

メンデルの遺伝の法則

◇heréditary

形 遺伝的な

1902
in the domain of psychology
[douméin]

心理学の領域で

1903
Internet censorship in China
[sénsərʃip]

中国のインターネット検閲制度

◇cénsor

動 ～を検閲する

1904
take a large dose *of* vitamin C
[dóus]

大量のビタミンCを服用する
(一回分の)服用量

1905
a man of integrity
[intégrəti]

誠実な人
完全さ, 統一性

1906
a freight train
(発音?)

貨物列車
[fréit]

1907
***take* a bribe**
[bráib]

わいろを受け取る
★60％近くがtakeを伴う。

1908
a massive volcanic eruption
[irʌ́pʃən]

大規模な火山の噴火
突発　源 e (外へ) + rupt (破れる)

◇erúpt

動 噴火する

4 Final Stage・名詞

MINIMAL PHRASES　　　　　　　　　　　　　　　　Disc5-17

1909	
❏ **the cloning of humans** 　　　[klóuniŋ]	ヒトの<u>クローニング</u>
◇ clone	名クローン　動〈生物〉を複製する
1910	
❏ **electrical appliances** 　　　　　　[əpláiəns]	電気<u>器具</u>
1911	
❏ **predators like lions** 　　[prédətər]	ライオンのような<u>捕食動物</u> 肉食動物
1912	
❏ **a recipe for happiness** 　　　[résəpi]	幸福の<u>秘けつ</u> 調理法
例 a recipe for pancakes	「パンケーキのレシピ，調理法」
1913	
❏ **be burned to ashes** 　　　　　　[ǽʃ]	燃えて<u>灰</u>になる
1914	
❏ **blow a whistle** 　　　[hwísl]	<u>笛</u>を吹く 口笛　動(口)笛を吹く
◆ a train whistle	「汽笛」
1915	
❏ **workers on banana plantations** 　　　　　　　　[plæntéiʃən]	バナナ<u>農園</u>の労働者 大農園，プランテーション
	★住み込みの農民がゴム，コーヒー，砂糖などを栽培する大農場。
◇ órchard	名果樹園　☞ p. 296
1916	
❏ **daily caloric intake** 　　　　[ínteik]	1日のカロリー<u>摂取量</u>

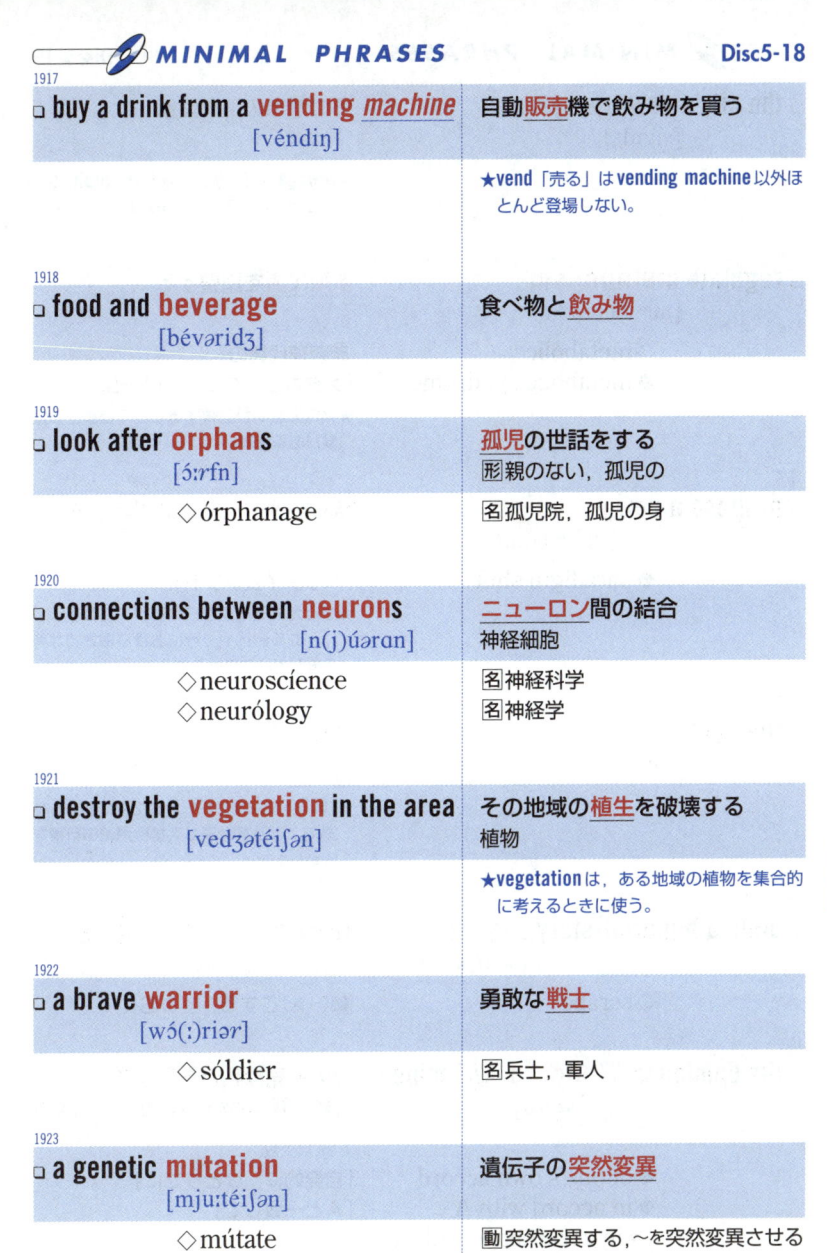

MINIMAL PHRASES

1917
□ buy a drink from a **vending** *machine*
[véndiŋ]

自動販売機で飲み物を買う

★vend「売る」は vending machine 以外ほとんど登場しない。

1918
□ food and **beverage**
[bévəridʒ]

食べ物と飲み物

1919
□ look after **orphan**s
[ɔ́ːrfn]

孤児の世話をする
形 親のない，孤児の

◇ órphanage

名 孤児院，孤児の身

1920
□ connections between **neuron**s
[n(j)úərɑn]

ニューロン間の結合
神経細胞

◇ neuroscíence
◇ neurólogy

名 神経科学
名 神経学

1921
□ destroy the **vegetation** in the area
[vedʒətéiʃən]

その地域の植生を破壊する
植物

★vegetation は，ある地域の植物を集合的に考えるときに使う。

1922
□ a brave **warrior**
[wɔ́(ː)riər]

勇敢な戦士

◇ sóldier

名 兵士，軍人

1923
□ a genetic **mutation**
[mjuːtéiʃən]

遺伝子の突然変異

◇ mútate

動 突然変異する，~を突然変異させる

4 Final Stage・名詞 ● 301

MINIMAL PHRASES

Disc5-19

1924
□ the city's **sewage** system
[súːidʒ]

その都市の下水設備

★sewageは「下水, 汚水」で, drain (☞ p. 218) は「下水管, 排水溝」。

1925
□ regulate **metabolism**
[mətǽbəlizm]

新陳代謝を調整する

◇ metabólic
◆ metabolic syndrome

形 新陳代謝の
「メタボリックシンドローム」

★体内に脂肪が蓄積することで健康上の危険がある状態。

1926
□ propose a new **paradigm**
[pǽrədaim]

新しい理論的枠組を提起する

◆ paradigm shift

「パラダイムシフト」

★たとえば天動説から地動説に変わるように, ある時代や分野における根本的な考え方が劇的に変わること。

1927
□ the Kyoto **Protocol**
[próutəkɑl]

京都議定書

★1997年に京都で採択された議定書。先進国による温室効果ガス排出削減の目標を設定した。

1928
□ build a hundred-story **skyscraper**
[skáiskreipər]

100階の超高層ビルを建てる

◇ scrape

動 (~を)こする, すりむく

1929
□ His opinion is *in accord with* mine.
[əkɔ́ːrd]

彼の意見は私と一致する
合意 動〈人に賞賛, 権利など〉を与える

◆ of one's own accord
◆ in accord with A
 (= in accordance with A)

★動は少数。
「自発的に, ひとりでに」
「Aと一致して」

302

MINIMAL PHRASES

1930

government bureaucrats [bjúərəkræt]	政府の官僚
◇ bureáucracy	名 官僚制度, (集合的に)官僚
◇ búreau	名 (官庁の)局, 部；案内所, 事務所

ジャンル別英単語

地理

plain [pléin]	平野
cliff [klíf]	がけ
peninsula [pənínsələ]	半島
cape [kéip]	岬
oasis [ouéisis]	オアシス
waterfall [wɔ́:tərfɔ:l]	滝
pond [pánd]	池
swamp [swámp]	沼地
reservoir [rézərvwa:r]	貯水池
fountain [fáuntn]	泉, 噴水
bank [bǽŋk]	土手
iceberg [áisbə:rg]	氷山
glacier [gléiʃər]	氷河
valley [vǽli]	谷, 盆地
canyon [kǽnjən]	深い渓谷
coast [kóust]	沿岸地帯
channel [tʃǽnl]	①海峡 ②チャンネル ③経路
gulf [gʌ́lf]	湾 (bayより大きい ☞p. 168)
port [pɔ́:rt]	港, 商港
harbor [há:rbər]	港(波風を避けるのに適した自然の港)
coral reef [kɔ́:rəl ri:f]	珊瑚礁
sanctuary [sǽŋktʃueri]	禁猟区, 鳥獣保護区

地名

the Atlantic Ocean [ətlǽntik]	大西洋
the Pacific Ocean [pəsífik]	太平洋
the Mediterranean Sea [medítəréiniən]	地中海
the Arctic [á:rktik]	北極地方, 北極圏
the Antarctic [æntá:rktik]	南極地方, 南極圏
the North Pole [nɔ́:rθ póul]	北極
the South Pole [sáuθ póul]	南極

4 Final Stage・名詞

✿ *Adjectives & Adverbs* 形容詞・副詞；etc. ✿

MINIMAL PHRASES

Disc5-20

1931
a stubborn father
[stʌ́bərn]

頑固な父親
断固たる

1932
a world-renowned singer
[rináund]

世界的に有名な歌手
（＝famous）

1933
a transparent silk nightgown
[trænspéərənt]

透き通った絹のナイトガウン

源 trans（越えて，貫いて）＋parent（現れる）

1934
read in dim light
[dím]

薄暗い明かりで本を読む
（記憶などが）ぼんやりした

1935
escape from grim reality
[grím]

きびしい現実から逃げる
冷酷な；〈表情が〉こわい

1936
a legitimate claim
[lidʒítimit]

正当な要求
合法の

◇ legislátion

名 立法，法律制定

1937
be weary from driving
発音？

車の運転で疲れている
[wíəri]　（＝tired）

◆ be weary of A

「Aに飽きている」

1938
a swift reaction
[swíft]

すばやい反応

1939
a naive young girl
[nɑːíːv]

世間知らずの若い娘
単純な，バカな 源「生まれたままの」が原義。

MINIMAL PHRASES　　Disc5-21

1940
□ I'm not as **dumb** as I look.
　　　[発音?]

私は見かけほど**ばか**ではない
[dʌm](= stupid);口がきけない(少数)

1941
□ **sour** grapes
　[sáuər]

すっぱいブドウ

★ sour grapes には「負け惜しみ」の意味もある(『イソップ物語』に由来)。

1942
□ My father was **furious** *with* me.
　　　　　　　[fjúəriəs]

父は私に**激怒した**

◇ fúry

图激怒;激しさ

1943
□ make an **earnest** effort
　　　　　[ə́ːrnist]

まじめな努力をする
(= serious), 熱心な

◆ in earnest

「まじめに,本格的に」

1944
□ What a **terrific** idea!
　　　　[tərífik]

何と**すばらしい**考えだろう

Q terrible との違いは?

A terrible は「ひどい,恐ろしい」の意味だが, terrific には,このような悪い意味はない。☞ p.97

1945
□ a **vertical** wall of rock
　　[və́ːrtikəl]

垂直な岩壁
直立した

[反?]　⇔ horizóntal

形水平の

1946
□ a **wicked** desire
　　[wíkid]

邪悪な欲望
悪意のある

1947
□ a **subjective** impression
　　[səbdʒéktiv]

主観的な印象

[反?]　⇔ objéctive

形客観的な　☞ p.140

MINIMAL PHRASES

1948
enlightened young people
[inláitnd]

進んだ考えの若者たち
賢明な(⇔ignorant), 見識のある

◇ enlíghten — 動〈人〉を啓発する
◇ enlíghtenment — 名啓発
◆ the Enlightenment — 「(18c.ヨーロッパの)啓蒙運動」

1949
the **feudal** system in the Edo Era
[fjúːdl]

江戸時代の封建制度
封建的な

1950
a **nasty** smell
[nǽsti]

不快なにおい
嫌な(= unpleasant)

1951
I feel **dizzy** when I stand up.
[dízi]

立ち上がるとめまいがする

1952
straightforward language
[streitfɔ́ːrwərd]

わかりやすい言葉遣い
簡単な；率直な

1953
solemn classical music
発音?

荘厳なクラシック音楽
[sάləm] ★nは発音しない。

1954
wipe with a **damp** towel
[dǽmp]

湿ったタオルでふく

1955
static electricity
[stǽtik]

静電気
静的な, 静止した

反? ⇔ dynámic — 形動的な, 精力的な

MINIMAL PHRASES　Disc5-23

1956
- The plan *is* **doomed** *to* failure. [dú:md]

　その計画は失敗する**運命にある**
　破滅する運命の

　　◆be doomed to A

「Aする運命にある」
★+ to V も可。悪い運命に用いる。

1957
- his **stern** father [stə́:rn]

　彼の**厳格な**父親
　厳しい(= strict)

1958
- **innumerable** problems [injú:mərəbl]

　無数の問題
　源 in(否定)+numer(数える)+able(可能)

　同? = cóuntless

1959
- my **clumsy** fingers [klʌ́mzi]

　私の**不器用な**指
　ぎこちない

　同? = áwkward

1960
- the Japanese **aesthetic** sense [esθétik]

　日本人の**美的**感覚

1961
- be **obsessed** *with* the fear of death [əbsést]

　死の恐怖に**とりつかれる**

　名? ◇obséssion

名 (妄想などに)とりつかれること, 強迫観念

1962
- a life **detached** *from* the world [ditǽtʃt]

　世間から**切り離された**生活
　無関心な；冷静な

1963
- **innate** ability to learn [inéit]

　先天的な学習能力
　(= inborn)

1964
- a **wrecked** ship [rékt]

　難破した船

　◇wreck

動 ～を難破させる, ～をだめにする
名 難破(船)

4 Final Stage・形容詞 副詞　307

MINIMAL PHRASES

Disc5-24

1965
- his **reckless** driving
  [rékləs]

  彼の無謀な運転
  向こう見ずな

1966
- **explicit** sex scenes
  [iksplísit]

  露骨なセックスシーン
  明確な（= clear）

  反? ⇔ implícit

  形 遠回しの，暗黙の

1967
- be **preoccupied** _with_ the problem
  [priákjupaid]

  その問題で頭がいっぱいだ
  夢中だ

  ◇ preoccupátion

  名 夢中，没頭

1968
- a **gigantic** spaceship
  [dʒaigǽntik]

  巨大な宇宙船
  ものすごい

1969
- the most **conspicuous** example
  [kənspíkjuəs]

  最も顕著な例
  目立つ

1970
- a **slender** girl with long hair
  [sléndər]

  長い髪のすらりとした女の子
  細長い

1971
- a **manifest** mistake
  [mǽnifest]

  明らかな誤り
  （= obvious） 動 ～を明らかにする

  名? ◇ manifestátion

  名 明らかになること；現れ

1972
- keep the room **tidy**
  [táidi]

  部屋をきちんとしておく
  整然とした

1973
- a **naughty** little boy
  [nɔ́ːti]

  いたずらな少年

1974
- a **skeptical** view of life
  [sképtikəl]

  懐疑的な人生観
  疑い深い

  ◇ sképticism

  名 懐疑的な考え方

MINIMAL PHRASES

Disc5-25

1975
- a **notorious** murderer
  [noutɔ́:riəs]

  同? = infamous アク [ínfəməs]

悪名高い殺人犯

1976
- an **anonymous** letter
  [ənánəməs]

匿名の手紙
作者不明の

1977
- a **monotonous** school life
  アク?

単調な学校生活
[mənátənəs] 源 mono (一つ) + tone (調子)

1978
- have **ample** opportunity to learn
  [ǽmpl]

学習する機会が豊富にある
十二分な (= sufficient)

1979
- a **trim** appearance
  [trím]

こぎれいな服装
動 ~を刈り込む, 手入れをする

1980
- a **toxic** gas
  [táksik]

有毒なガス
(= poisonous)

1981
- be **afflicted** with AIDS
  [əflíktid]

  ◇afflíct

エイズで苦しんでいる

動 ~を苦しめる

1982
- an **eloquent** speech
  [éləkwənt]

雄弁な演説

1983
- a **foul**-smelling gas
  発音?

不快なにおいのするガス
[fául] 汚い

1984
- a rise in **juvenile** crime
  [dʒú:vənail]

青少年の犯罪の増加
名 青少年

4 Final Stage・形容詞 副詞

MINIMAL PHRASES

Disc5-26

1985
- **compulsory** education
  [kəmpʌ́lsəri]

  義務教育
  強制的な

1986
- ***be* prone *to* catch fire**
  [próun]

  燃え**やすい**

  ◆be prone to V
  「Vする傾向がある」

1987
- an **arbitrary** decision
  [ɑ́ːrbitreri]

  勝手な決定
  任意の，恣意的な

1988
- an **ingenious** design
  [indʒíːnjəs]

  独創的な設計
  (＝imaginative), 巧妙な(＝clever)

  ◇ingenúity
  名独創性(＝creativity)

1989
- the **divine** right of kings
  [diváin]

  神聖なる王の権利
  神による

  諺 To err is human, to forgive divine.
  「過ちは人の常，許すは神のわざ」

1990
- a **tender** smile
  [téndər]

  やさしい笑顔

1991
- be **outraged** by his behavior
  [áutreidʒd]

  彼の振る舞いに**憤慨している**

  ◇óutrage
  動～を憤慨させる，～を怒らせる　名激怒

1992
- his **eccentric** behavior
  (アク?)

  彼の**風変わりな**行動
  [ikséntrik]　(＝strange)

1993
- be **paralyzed** from the waist down
  [pǽrəlaizd]

  下半身が**麻痺している**

  ◇páralyze
  動～を麻痺させる，～を無力にする

1994
- be **compatible** *with* my values
  (アク?)

  私の価値観に**適合する**
  [kəmpǽtəbl]　相性がいい

MINIMAL PHRASES

Disc5-27

1995
- shout **patriotic** slogans
  [peitriátik]
  愛国的なスローガンを叫ぶ

  ◇ pátriotism — 名 愛国心

1996
- an **eminent** scientist
  [éminənt]
  名高い科学者
  (= famous), 優秀な

1997
- make a **fake** cake
  [féik]
  にせ物のケーキを作る

1998
- be completely **insane**
  [inséin]
  完全に気が狂っている

  反? ⇔ sane — 形 正気の
  ◇ sánity — 名 正気, 健全

1999
- be **bewildered** *by* many choices
  [biwíldərd]
  選択肢の多さに当惑する

  ◇ bewíldering — 形 〈人を〉当惑させる

2000
- **vulgar** tastes
  [vʌ́lgər]
  下品な趣味
  卑しい

2001
- **secondhand** smoke
  [sékəndhæ̀nd]
  間接喫煙

2002
- **indigenous** peoples of Australia
  [indídʒənəs]
  オーストラリアの先住民
  (= native); 固有の

2003
- be of the **utmost** importance
  [ʌ́tmoust]
  最も重要である
  最大の, 最高の　名 最大(限), 最高

4 Final Stage・形容詞 副詞

MINIMAL PHRASES　　Disc5-28

2004
□ a **stray** dog
　　[stréi]

宿なしの犬
道に迷った　動はぐれる

2005
□ **intricate** pattern
　　[íntrikit]

複雑な模様
(= complicated, elaborate)

2006
□ a **daring** adventure
　　[déəriŋ]

大胆な冒険
名大胆さ

2007
□ a **mighty** king
　　[máiti]

強力な王

(名?)　　◇might

名力

2008
□ a dry **barren** land
　　　[bærən]

干からびた不毛の地
実りのない

(反?)　　⇔fértile

形肥えた，豊かな

2009
□ harmful **ultraviolet** light
　　　　[ʌltrəváiələt]
　= ultraviolet rays

有害な紫外線

2010
□ a very **intriguing** question
　　　　[intríːgiŋ]
　　　　◇intrígue

非常に興味深い問題

動〈人〉の好奇心をそそる(= interest)

2011
□ a **merry** man
　　[méri]

陽気な男

312

MINIMAL PHRASES

Disc5-29

2012
synthetic chemicals
[sinθétik]

- ◇ sýnthesize
- ◇ sýnthesis

合成化学物質
合成の，統合の

動 ~を合成する，統合する
名 合成，統合

2013
perpetual peace
[pərpétʃuəl]

- ◇ perpétuate

永続する平和
源 per- = through

動 ~を永続させる

2014
an integral *part of* society
[íntegrəl]

社会の**不可欠な**部分
★約 70% が **part of** ~を伴う。

2015
a hybrid car
[háibrid]

ハイブリッドカー
雑種の　名 雑種

★「異質なものを組み合わせた」という意味。

2016
a spinal injury
[spáinl]

- ◇ spine

脊椎のけが

名 背骨，脊柱

4 Final Stage・形容詞 副詞

副詞；etc.

MINIMAL PHRASES　　　　　　　　　　　　　Disc5-30

2017
change drastically
[drǽstikəli]

劇的に変化する
徹底的に

◇ drástic　　　　　　　　　　　　　　　形 劇的な，徹底的な

2018
stop abruptly
[əbrʌ́ptli]

不意に停止する

◇ abrúpt　　　　　　　　　　　　　　　形 突然の，不意の

2019
He's a dog lover. Conversely, I'm a cat lover.　[kənvə́ːrsli]

彼は犬好きだ。逆に私は猫好きだ。

2020
predominantly female jobs
[pridɑ́minəntli]

主に女性の仕事

2021
He wrote it down lest he forget.
[lést]

接 忘れないように彼は書き留めた

★ lest 節中の動詞は原形（仮定法現在形）または should V（英）を使う。

第5章

一見簡単な単語なのに，意外な意味があるものばかり。この章の単語は，とにかく設問で問われることが多いから，絶対に読んでおかないと損！入試直前には，必ずチェックしよう！

多義語の Brush Up

MINIMAL PHRASES　　　　　　　　　　　　　　　　　　　　　Disc5-31

1 ❑ run [rÁn]　　　　　　　　　　　　　　　　☆この他動詞用法が出る！

run a big company	動 大会社を経営する [~を運営する]
同？	= mánage

2 ❑ meet [mí:t]　　　　　　　　　　　　　　　　☆1の意味は超頻出！

1. meet people's needs	動 人々の必要を満たす (= satisfy)
2. how to meet the problem	動 問題に対処する方法

3 ❑ right [ráit]　　　　　　　　　　　　　　　　☆「右」「正しい」以外。

1. the right to vote	名 投票する権利
2. right and wrong	名 善と悪
3. right in front of my house	副 家のすぐ前に

★3は場所や時間の副詞句を強調して「ちょうど, 正確に」などの意味を表す。

4 ❑ last [lÆst]

1. The war lasted four years.	動 戦争は4年続いた
2. Our food will last a week.	動 食料は一週間持つだろう
3. the last man who would tell a lie	形 最もうそをつきそうにない人
4. He's moved twice in *the* last year.	形 彼は最近1年間に2回引っ越した

★4は, the の無い last year「去年」と区別せよ。

◇ lásting　　　　　　　　　　　　　　形 永続的な, 長持ちする

5 ❑ stand [stÆnd]　　　　　　　　　　　　　　☆他動詞のときは？

I *can't* stand this heat.	動 この暑さには耐えられない

★否定(疑問)文が普通。(= bear, endure)

6 ❑ turn [tə́:rn]　　　　　　　　　　　　　　　☆名詞の意味は？

1. Now it's your turn.	名 さあ君の番だ
2. the turn of the century	名 世紀の変わり目

◆ in turn　　　　　　　　　　　　　　「代わって, 今度は」

MINIMAL PHRASES　　　　　　　　　　　　　　　　Disc5-32

7. case [kéis]　　　　　　　　　　　☆「場合」以外。

1. It is also *the* case *with* him.	图それは彼についても事実だ
2. a murder case	图殺人事件
3. make a case *for* war	图戦争を支持する主張をする
4. new cases of AIDS	图エイズの新しい患者[症例]

★ 1は「それは彼にも当てはまる」と訳せばいい。be the case with A = be true of A だ。

8. face [féis]　　　　　　　　　　　☆「顔を向ける」の意味から発展。

1. face a problem	動問題に直面する[立ち向かう]
2. problems facing Japan	動日本に迫っている問題
3. lose face	图面目を失う (まれ)
◆ A be faced with B	「A〈人〉がBに直面している」
◆ face to face	「向かい合って，直接会って」

9. certain [sə́ːrtn]　　　　　　　　　☆名詞の前では3より1が多い。

1. a certain kind of bacteria	形ある種のバクテリア[特定の]
2. I am certain *of* his success.	形私は彼の成功を確信している
3. He is certain to come.	形彼が来るのは確実だ
◇ cértainly	副①確かに　②(返事)いいですとも
◇ cértainty	图確実さ，確実なこと

10. company [kʌ́mpəni]　　　　　　　☆「会社」以外。

1. keep bad company	图悪い仲間とつきあう
2. I enjoy your company.	图君と一緒にいることは楽しい
3. We have company today.	图今日は来客がある

諺 A man is known by the company he keeps. 「つきあっている仲間で人がわかる」

★「パン(pan)を共(com)に食べる人」がもとの意味だ。

11. nature [néitʃər]　　　　　　　　☆「自然」以外。

the nature of language	图言語の本質[性質]

★「自然」の意味のnatureは無冠詞で使う。「本質，性質」の意味ではthe nature of Aの形が多い。
(human nature「人間の性質」のような例もある)

5 多義語の *Brush Up*

MINIMAL PHRASES　　　　　　　　　　　　　　　　　　　　Disc5-33

12
☐ attend [əténd]

1. **attend** the meeting	動ミーティングに出席する
2. **attend** to patients	動患者を世話する
3. **attend** *to* what he says	動彼の言うことに注意する

★1は前置詞不要。頻出！×attend to the meeting　★2はtoがなくても可。
　　　　　◇atténdance　　　　　　　　　　　名出席，世話
　　　　　◇atténtive　　　　　　　　　　　　形注意深い

13
☐ otherwise [ʌ́ðərwaiz]　　　　　　☆語源的にはother＋wayだ。

1. He worked hard; **otherwise** he would have failed.	副彼は努力した。さもなければ失敗しただろう。
2. He is poor but **otherwise** happy.	副彼は貧しいがその他の点では幸福だ
3. He is honest, but people think **otherwise**.	副彼は正直なのに人はちがうと思っている
4. I can't do it **otherwise**.	副ちがう方法ではできない

14
☐ miss [mís]

1. **miss** the last train	動終電車に乗り遅れる [〜を逃す]
2. I sometimes **miss** Japan.	動時には日本が恋しい
3. You can't **miss** it.	動見逃すはずないよ

★3は道順を教えたあとなどに言うせりふ。
　　　　　◇míssing　　　　　　　　　　　　形行方不明の，欠けた

15
☐ term [tə́ːrm]

1. use scientific **term**s	名科学用語を使う
2. long-**term** planning	名長期的な計画[期間]
3. I am *on* good **term**s *with* him.	名彼とは仲がよい

　　　　　◆in terms of A　　　　　　　「Aの観点で，Aの視点から」
　　　　　◆technical term　　　　　　　「専門用語」
　　　　　◆come to terms with A　　　「A(不快な事実など)を受け入れる」

MINIMAL PHRASES

16. practice [præktis]
☆「練習」以外。「実際にやる」が基本義。

1. theory and **practice**	名理論と実践
2. the **practice** of smoking	名喫煙の習慣
3. **practice** medicine	動医者を営む
◆put A into practice	「Aを実行する」

17. challenge [tʃǽləndʒ]
☆「挑戦」は意外にまれ。

1. face a new **challenge**	名新しい難問に直面する[試練]
2. **challenge** the theory	動その理論に異議をとなえる
◇chállenging	形困難だがやりがいのある

18. race [réis]
☆「競争」以外には？

a **race** problem	名人種問題[民族]
◆the human race	「人類」（＝mankind）
◇rácial	形人種的な

19. issue [íʃu:]

1. a political **issue**	名政治問題[論争点]
2. **issue** an order	動命令を出す[〜を発行する]
3. this week's **issue** of *Time*	名「タイム」の今週号

★「出る」が原義。1も3も「出てくるもの」。

20. party [pá:rti]
☆「パーティー」以外。

1. the Democratic **Party**	名民主党
2. a **party** of tourists	名観光客の一団
3. Your **party** is on the line.	名相手の方が電話に出ています

★3は裁判・契約などの当事者を指すのにも用いる。the other party を「相手側の人」の意味で用いることが多い。

21. room [rú:m]
☆不可算名詞のときは？

There is no **room** for doubt.	名疑問の余地はない[空間, 可能性]

5 多義語の **Brush Up**

MINIMAL PHRASES

Disc5-35

22. sense [séns]

☆「感覚」以外。

1. In a **sense**, it is right.	名 ある<u>意味</u>ではそれは正しい
2. He *came to his* **senses**.	名 彼は<u>正気</u>に戻った(one's sensesで)

- ◆common sense 「常識的判断力」
- ◆make sense 「意味をなす，理解できる」
- ◇sénsitive 形 敏感な ☞ p. 100
- ◇sénsible 形 賢明な，判断力のある(＝wise)
- ◇sénsory 形 感覚に関する

23. fault [fɔ́:lt]

1. If he fails, it'll be *my* **fault**.	名 彼が失敗したら私の<u>責任</u>だ [過失]
2. He has a lot of **fault**s.	名 彼は<u>欠点</u>が多い

- ◆find fault with A 「Aにけちをつける」

24. do [dú:]

1. This pen *will* **do**.	動 このペンで<u>十分役に立つ</u>
2. Smoking **does** harm *to* everybody.	動 タバコはみんなに害<u>を与える</u>

★1は自動詞，2は第4文型もある。harmの他にgood「利益」，damage「害」なども用いる。

25. part [pá:rt]

☆「部分」以外では？

1. *play* an important **part**	名 重要な<u>役割</u>を果たす
2. a fault *on* our **part**	名 私たちの<u>側</u>の過失
3. **part** *with* the car	動 車を<u>手放</u>す

- ◆take part in A 「Aに参加する」(＝participate in A)
- ◇pártial 形 部分的な，不公平な
- ◇impártial 形 偏らない；公平な

26. figure [fígjər]

1. Tell me the exact **figure**s.	名 正確な<u>数字</u>を教えてくれ
2. historical **figure**s	名 歴史上の<u>人物</u>
3. She has a beautiful **figure**.	名 彼女は<u>スタイル</u>が美しい[姿，形]
4. I **figure** that he is dead.	動 彼は死んでいる<u>と思う</u>(＝think)

★3の意味でstyleは使えない。

- ◆figure A out 「Aを理解する，解決する」

MINIMAL PHRASES　　Disc5-36

27 character [kǽrəktər]

1. his true **character**	名彼の本当の**性格**
2. He's an odd **character**.	名彼は変わった**人物**だ
3. the **character**s of the novel	名その小説の**登場人物**

◆Chinese character	「漢字」
◆national character	「国民性」
◇cháracterize	動〜を特徴づける

28 very [véri]

☆名詞につくと？

the **very** man I was looking for	形私が探していた**まさにその**男

29 order [ɔ́ːrdər]

1. **order** a book *from* England	動英国に本**を注文する** [名注文]
2. carry out his **order**	名彼の**命令**を遂行する [動命令する]
3. law and **order**	名法と**秩序**
4. in alphabetical **order**	名アルファベット**順**で [順序]

◇disórder	名混乱，障害
◇órderly	形秩序ある
◆be in order	「整然としている」
⇔be out of order	「乱れている，壊れている」

30 sound [sáund]

☆「音」だけじゃない。

1. That **sound**s true.	動それは本当らしく**聞こえる**
2. a **sound** body	形**健全な**肉体
3. She is **sound** *asleep*.	副彼女は**ぐっすり**眠っている（＝fast）

31 way [wéi]

☆「道，方法」の他にも色々。

1. *In* some **way**s they are right.	名いくつかの**点**で彼らは正しい
2. The island is a long **way** off.	名その島までは**距離**が遠い
3. Come this **way**, please.	名こちらの**方**へどうぞ [方向]

MINIMAL PHRASES

32. concern [kənsə́ːrn]

1. concern *about* the future	名将来への不安[関心]
2. concern *for* others	名他人への思いやり
3. This problem concerns everyone.	動この問題はみんなに関係する
4. a matter *of* great concern	名大変重要な問題(= of importance)

- ◆ be concerned with A 「Aに関係している，関心がある」
- ◆ be concerned about A 「Aを心配している」
- ◆ as far as A is concerned 「Aに関する限りでは」
- ◇ concérning 前~に関して(= about)

33. even [íːvn]

☆比較級につくと…。

This is even better.	副これはさらによい

- ◇ évenly 副均等に

34. still [stíl]

1. He is still working.	副まだ彼は働いている
2. a still better idea	副さらによい考え(比較級にかかる)
3. The water became still.	形水は静かになった
4. It's raining. Still, I have to go.	副雨だ。それでも行かねばならない。

35. mean [míːn]

☆「意味する」以外には？

1. I meant *to* call you sooner.	動すぐに電話するつもりだった
2. I love you. I mean it.	動好きだ。本気で言ってるんだ。
3. He is mean to me.	形彼は私に意地悪だ[卑劣だ]

- ◇ méaning 名意味

36. leave [líːv]

☆第5文型に注意。

1. leave an umbrella on the train	動電車に傘を置き忘れる
2. leave the door open	動ドアを開けたまま放置する
3. The flood left us homeless.	動洪水の結果私達は宿無しになった
4. take one month's leave	名1か月の休暇を取る(まれ)

MINIMAL PHRASES　　　　　　　　　　　　　　　Disc5-38

37 □ **most** [móust]　　　　　　　　　　　　　　☆「最も」だけじゃない。

1. **Most** people think so.	形 たいていの人はそう考える
2. a **most** dangerous country	副 非常に危険な国（＝very）

★最上級ではないので a を伴うことがある。

38 □ **things** [θíŋz]　　　　　　　　　　　　　　☆複数形に注意。

Things have changed.	名 状況は変わった

★ How are things (with you)? は How are you? と同じ意味。

39 □ **will** [wíl]　　　　　　　　　　　　　　　☆名詞のときは？

1. against his **will**	名 彼の意志に反して
2. leave a **will**	名 遺言を残す

40 □ **state** [stéit]　　　　　　　　　　　　　　☆「州」以外。

1. an excited **state** of mind	名 興奮した精神状態
2. **state** an opinion	動 意見を述べる
3. a **state** secret	名 国家の機密

41 □ **mind** [máind]　　　　　　　　　　　　　　☆「精神，知性」以外。

1. I *don't* mind walk*ing*.	動 歩くのはいやではない
2. talented **minds**	名 才能ある人々

★1の意味では否定・疑問文が普通。
　　　　◆ Would you mind Ving?　　「Vしてくれませんか」(to Vは不可)
　　　　◆ Do you mind if I V?　　　「Vしていいですか」
　　　★「～はいやですか」の意味だから「いいですよ」と答えるには **Not at all. / Certainly not.** などと否定語で答える。
　　　　◆ Never mind.　　　　　　　「気にしないで」
　　　　　　　　　　　　　　　　　　★ Don't mind. とは言わない。

42 □ **help** [hélp]　　　　　　　　　　　　　　☆「助ける，手伝う」だけではない。

I *cannot* help laugh*ing*.	動 笑わずにはいられない

★この help は「～を避ける」の意。目的語に不定詞でなく動名詞を用いる。
　　　　◆ cannot help but V(原形)　「Vせずにいられない」
　　　　◆ help oneself to A　　　　「Aを自由に取る」

5 多義語の *Brush Up* ● 323

MINIMAL PHRASES

43 matter [mǽtər]
☆「問題」以外。動詞に注意。

1. It *doesn't* matter what he says. — 動 彼が何と言おうと重要ではない
2. soft matter — 名 やわらかい物質 (= material)
3. Something *is the* matter *with* my car. — 名 私の車はどこか異常だ (= wrong)

★1の意味は否定文で使うことが多い。

44 means [míːnz]
☆単複同形だ。

1. a means of communication — 名 コミュニケーションの手段
2. a man of means — 名 資産家[収入，財産] (まれ)

45 content
☆1と2でアクセントがちがう！

1. the contents of her bag — 名 彼女のカバンの中身 [目次]
2. be content *with* the result — 形 結果に満足している (= contented) [名 満足]

★1 名 [kάntent], 2 形 [kəntént]

46 respect [rispékt]
☆名詞に注意。

1. in some respects — 名 いくつかの点で
2. respect the law — 動 法を尊重する [名 尊重, 尊敬]

◇ respéctive — 形 それぞれの，個々の
◇ respéctable — 形 ちゃんとした，立派な，下品でない
◇ respéctful — 形〈人に〉敬意をはらう，ていねいな
◆ with respect to A — 「Aに関して」
◆ self-respect — 「自尊心」

47 reason [ríːzn]
☆「理由」以外。

1. the ability to reason — 動 推理する能力
2. He lost his reason. — 名 彼は理性を失った

◇ réasonable — 形 理にかなった；〈値段が〉手ごろな
◇ réasoning — 名 推理

MINIMAL PHRASES　　　　　　　　　　　　Disc5-40

48 ☐ cause [kɔ́ːz]　　　　　　　　　　☆3はまれ。

1. the **cause** of the failure	名失敗の<u>原因</u>
2. **cause** a lot of trouble	動多くの問題<u>を引き起こす</u>
3. advance the **cause** of peace	名平和<u>運動</u>を推進する[主張]

◆ cause and effect 　　　　　　　「原因と結果」

49 ☐ hold [hóuld]　　　　　　　　　　☆「持つ，おさえる」の他。

1. **hold** a meeting	動会合<u>を開く</u>［〜を開催する］
2. **hold** that it is impossible	動それは不可能だ<u>と考える</u>

◆ hold true (for A)　　　　　　　「(Aに)あてはまる」

50 ☐ fortune [fɔ́ːrtʃən]

1. make a **fortune** in oil	名石油で<u>財産</u>を築く
2. bring good **fortune**	名<u>幸運</u>をもたらす(⇔misfortune)

◇ fórtunate　　　　　　　　　　形幸運な(⇔unfortunate)
◇ fórtunately　　　　　　　　　副幸運にも(⇔unfortunately)

51 ☐ humanity [hjuːmǽnəti]　　　　　☆「人間性」だけじゃ不十分。

1. the future of **humanity**	名<u>人類</u>の未来
2. science and *the* **humanities**	名自然科学と<u>人文科学</u>

★2はtheと複数形に注意。

52 ☐ end [énd]　　　　　　　　　　　☆「終わり」「端」以外の重要な意味は？

a means to an **end**	名<u>目的</u>を果たす手段
反?	⇔means

53 ☐ form [fɔ́ːrm]　　　　　　　　　　☆「形」以外で。

1. **form** a new company	動新しい会社<u>を作る</u>(＝make)
2. *fill in* the application **form**	名申込<u>用紙</u>に記入する
3. Knowledge is a **form** *of* power.	名知識は<u>一種</u>の力だ

◇ fórmal　　　　　　　　　　　形形式ばった
◇ infórmal　　　　　　　　　　形形式ばらない，くだけた
◇ formátion　　　　　　　　　名形成；配列

5 多義語の Brush Up

MINIMAL PHRASES　　　　　　　　　　　Disc5-41

54 change [tʃéindʒ]　　　☆不可算名詞に注意。

1. I have no **change** with me.　　　　名 小銭の持ち合わせがない
2. Keep the **change**.　　　　　　　　　名 おつりはいりません

55 present 形名[préznt]　動[prizént]

1. my **present** address　　　　　　　形 現在の住所　★名詞の前に置く。
2. *the* **present** and future　　　　　名 現在と未来
3. the people **present**　　　　　　　　形 出席している人々　★名詞の後に置く。
4. **present** a plan *to* the president　動 社長に計画を提示する［提供する］
5. **present** Mr. Boyd *to* you　　　　　動 君にボイド氏を紹介する
6. **present** the winner *with* the prize　動 勝者に賞を与える

★動詞の意味は show や give に近い。present A to B = present B with A「AをBに与える」
　　◇présence　　　　　　　　　　　　名 出席
　　◇presentátion　　　　　　　　　　　名 発表；表現

56 work [wə́ːrk]　　　☆「仕事」の結果残るのは？

1. **work**s of art　　　　　　　　　　　名 芸術作品
2. This plan will **work**.　　　　　　　動 この計画はうまく行く

★「職業, 作業」の意味では不可算だが,「作品」の意味では可算名詞だ。

57 lead [líːd]

1. Smoking **lead**s *to* cancer.　　　　　動 喫煙はガンを引き起こす
2. **lead** a happy *life*　　　　　　　　動 幸福な生活を送る
3. **lead**ing artists　　　　　　　　　　形 一流のアーティスト［主要な, 先頭の］

★lead「鉛」は, [léd] と発音する。

58 life [láif]　　　☆「生活, 人生」以外。

There is no **life** on the moon.　　　　名 月には生物がいない［生命］
　　◆animal life　　　　　　　　　　　「動物」(⇔ plant life「植物」)

MINIMAL PHRASES

59 care [kéər]
☆「注意(する)」以外。

1. I *don't* care what you say.	動 君が何と言おうと気にしない
2. A baby requires constant care.	名 赤ちゃんはつねに世話が必要だ

- ◆ care for A —「Aの世話をする；Aを好む」
- ◆ medical care —「医療」
- ◇ cáreless — 形 不注意な

60 class [klǽs]
☆「クラス」以外。

1. middle-class families	名 中流階級の家庭
2. sleep *in* class	名 授業中にいねむりする

61 natural [nǽtʃərəl]
☆「自然の，当然の」以外。

his natural abilities	形 彼の生まれながらの才能

62 free [frí:]
☆「自由な，ひまな，ただの」以外。

1. a life free *from* stress	形 ストレスの無い生活
2. free women *from* childcare	動 育児から女性を解放する

- ◆ free of charge —「無料」
- ◇ cárefree — 形 悩みの無い

Q a smoke-free room とはどんな部屋？
A 「禁煙の部屋」A-free は「Aが無い，A禁止の」だ。

63 head [héd]

1. head straight *for* Paris	動 まっすぐパリに向かう
2. a team headed by a woman	動 女性に率いられたチーム

- ◇ héading — 名 見出し，表題

64 deal [dí:l]

1. deal *with* the problem	動 問題を処理する[あつかう]
2. *a great* deal of data	名 大量のデータ
3. *make* a deal *with* Microsoft	名 マイクロソフトと取引する

MINIMAL PHRASES　　　　　　　　　　　Disc5-43

65 view [vjúː]　　　　　　　　　　☆「ながめ，景色」以外。

| 1. my **view** _of_ education | 名教育に関する私の見解 |
| 2. **view** Japan _as_ a safe society | 動日本を安全な社会と考える |

　　　◇víewpoint　　　　　　　　　名視点，見地（= point of view）
　　　◆with a view to Ving　　　　「Vする目的で」

66 chance [tʃǽns]　　　　　　　　☆「機会」以外。

| the **chance** _of_ cancer | 名ガンになる可能性 |

　　　◆by chance　　　　　　　　　「偶然に」
　　　◆(The) chances are (that)〜　「たぶん〜だろう」

67 close

☆「閉める；閉まる」以外。

1. very **close** _to_ the city	形都市にとても近い［副近くに］
2. a **close** friend	形親しい友達（＝関係が近い）
3. a **close** examination	形綿密な検査（＝目を近づけてする）
4. the **close** of the 20th century	名20世紀の終わり（まれ）

★形の発音は[klóus]，名動は[klóuz]だ。

68 interest [íntərəst]　　　　　　☆「関心」以外。

| 1. protect workers' **interest** | 名労働者の利益を守る |
| 2. lend money at high **interest** rates | 名高い利率で金を貸す（まれ） |

69 fail [féil]　　　　　　　　　　☆「失敗する」とは限らない。

| 1. **fail** _to_ understand him | 動彼を理解できない |
| 2. His tongue **failed** him. | 動舌が役に立たなくなった（＝しゃべれなくなった）（まれ） |

　　　◆never fail to V　　　　　「いつもVする」= always V
　　　◆without fail　　　　　　「必ず」
　　　◇fáilure　　　　　　　　　名失敗(者)；故障；不実行

MINIMAL PHRASES　　　　　　　　　Disc5-44

70 □ major 発音?

1. a **major** problem	形 主要な問題(⇔minor)
2. **major** *in* economics	動 経済学を専攻する(=specialize)

★発音は[méidʒər]。measure[méʒər]と区別。
　　　　　◇majórity　　　　　　　　　名 大多数，大部分(⇔minority)

71 □ agree [əgríː]

☆前置詞に注意しよう。

1. **agree** *to* his proposal	動 彼の提案に同意する(=consent)
2. I **agree** *with* you.	動 私も君と同じ考えである

★agree with は人，人の考え(opinion, view, etc.)と同感だという意味。agree to は提案，計画などを承諾するという意味。
　　　　　◆agree to V　　　　　　　　「Vすることに同意する」

72 □ rule [rúːl]

☆動詞も大切。

1. *under* the **rule** of Hitler	名 ヒトラーの支配下で[動 ～を支配する]
2. Small families are *the* **rule** in Japan.	名 日本では小家族が普通だ(⇔exception)

　　　例 the ruling party　　　　　　「与党」(=支配する党)

73 □ process [práses]

1. the **process** of thought	名 思考の過程
2. how to **process** meat	動 肉を加工する方法
3. **process** data with a computer	動 コンピュータでデータを処理する

74 □ amount [əmáunt]

1. a large **amount** of water	名 大量の水[金額，合計]
2. The expenses **amount** *to* $90.	動 経費は合計90ドルになる
3. This act **amounts** *to* murder.	動 この行為は殺人に等しい

75 □ long [lɔ́ŋ]

☆時間を長く感じることから。

long *for* world peace	動 世界平和を切望する

5 多義語の Brush Up

MINIMAL PHRASES Disc5-45

76. line [láin]
☆3は「1行」の意味から。

1. The **line** is busy.	名 電話が話し中だ
2. wait *in* **line**	名 一列に並んで待つ
3. *drop* him a **line**	名 彼に短い手紙を書く
4. this **line** *of business*	名 こういう種類の仕事

★Hold the line.「切らないで待て」, He is on the line.「彼が電話に出ている」などの表現にも注意。

77. letter [létər]
☆「手紙」に書いてあるのは何?

a word of six **letter**s	名 6文字の単語

78. subject [sʌ́bdʒikt]

1. People are **subject** *to* the law.	形 人は法に支配される
2. I am **subject** *to* illness.	形 私は病気にかかりやすい
3. Let's change the **subject**.	名 話題を変えよう
4. My favorite **subject** is math.	名 好きな学科は数学です

79. rest [rést]

1. *the* **rest** of his life	名 彼の残りの人生
2. Let's take a **rest**.	名 休息をとろう

★1の意味では常に the がつく。

80. fine [fáin]
☆「良い, 晴れだ, 元気だ」以外。

1. the **fine** *for* speeding	名 スピード違反の罰金 [動 ~に罰金を科す]
2. **fine** sand on the beach	形 海岸の細かい砂 (まれ)

81. wear [wéər]
☆「身に着けている」以外。

My shoes have **worn** thin.	動 靴がすり減った
◆be worn out	「すり減っている;疲れ果てている」

330

MINIMAL PHRASES

Disc5-46

82 ❏ remember [rimémbər]

1. Please **remember** me *to* your wife.	動 奥さんによろしく伝えてください
2. **remember** *to* lock the door	動 忘れずにドアにカギをかける

★ remember + Ving は「Vしたことを覚えている」だ。

83 ❏ cover [kávər]

☆ 2はマスコミ関係でよく使う。

1. The insurance **cover**s the cost.	動 保険で費用をまかなう
2. **cover** the big news	動 大ニュースを報道[取材]する
3. **cover** 120 miles an hour	動 1時間に120マイル進む

84 ❏ book [búk]

☆ 動詞のときはどんな意味？

book a hotel room	動 ホテルの部屋を予約する
◇ bóoking	名 予約（= reservation)

85 ❏ store [stɔ́ːr]

☆「店」だけじゃない。

store information in a computer	動 コンピュータに情報を蓄える
◇ stórage	名 貯蔵，保管

86 ❏ save [séiv]

☆「～を救う」以外には？

1. **save** money for a new house	動 新しい家のためお金を蓄える
2. **save** time and trouble	動 時間と手間を省く
3. answer all the questions **save** one	前 一つを除きすべての質問に答える
◇ sávings	名 貯金

87 ❏ serve [sə́ːrv]

1. **serve** good food	動 うまい料理を出す
2. **serve** many purposes	動 多くの目的に役立つ
3. **serve** the king	動 王に仕える
◇ sérvant	名 召使い，家来

5 多義語の *Brush Up*

MINIMAL PHRASES

88. account [əkáunt]
☆account for をマスターすべし。

1. Black people **account** *for* 10% of the population.
   動黒人が人口の10％を占める
2. This **accounts** *for* the failure.
   動これが失敗の原因だ
3. **account** *for* the difference
   動違いを説明する [名説明]

- ◆on account of A 「Aが原因で」
- ◆take A into account 「Aを考慮に入れる」（＝take account of A）
- ◆bank account 「銀行預金口座」

89. art [áːrt]
☆芸術，美術よりも広い意味では？

the **art** of writing
名書く技術 [コツ]

90. fire [fáiər]

1. He was **fired** *from* his job.
   動彼は仕事をクビになった
2. **fire** into the crowd
   動群衆に向かって発砲する

★「おまえはクビだ！」は You're fired!

91. object
☆「目的」以外。

1. a strange flying **object**
   名奇妙な飛行物体
2. an **object** of desire
   名欲望の対象
3. **object** *to* his drink*ing*
   動彼が酒を飲むのに反対する [嫌がる]

★名は[ábdʒikt], 動は[əbdʒékt]。
- ◇objéction 名反対，異議

92. manage [mǽnidʒ]
☆manage to V の意味は？

1. **manage** *to* catch the train
   動何とか列車に間に合う
2. **manage** a big company
   動大会社を経営する [〜を管理する]

★manage to V で「なんとか[うまく]Vする」。

93. fast [fæst]
☆「速い，速く」以外。副詞だ。（少数）

She is **fast** *asleep*.
副彼女はぐっすり眠っている [しっかり]
- ◇fásten 動〜を固定する

MINIMAL PHRASES　　　Disc5-48

94 assume [əsjúːm]

1. **assume** that money can buy happiness	動 金で幸福が買える<u>と思い込む</u>
2. **assume** responsibility	動 責任<u>を引き受ける</u>（＝take）
◇assúmption	名 ①考え，仮定，前提　②引き受けること

95 direct [dirékt]

1. **direct** contact	形 <u>直接の</u>接触
2. **direct** his attention *to* the fact	動 その事実に彼の注意<u>を向ける</u>
3. **direct** her *to* the station	動 彼女に駅への<u>道を教える</u>
4. **direct** the workers	動 労働者たちに<u>指図する</u>
◇diréction	名 ①方向　②指示
◆in the direction of A	「Aの方向へ」 ★この in は穴埋め頻出！

96 ground [gráund]

<u>*On*</u> what **grounds** do you say that?	名 どんな<u>根拠</u>でそう言うのか

97 due [djúː]

☆ due to だけではない。

1. He is tired **due** *to* lack of sleep.	形 睡眠不足<u>のせいで</u>疲れている
2. pay **due** respect	形 <u>十分な</u>敬意を払う
3. The train is **due** *to* arrive at ten.	形 その列車は10時に着く<u>予定だ</u>

98 manner [mǽnər]

1. *in* a scientific **manner**	名 科学的な<u>方法</u>で（＝way）
2. her friendly **manner**	名 彼女の好意的な<u>態度</u>
3. It's bad **manners** to spit.	名 つばを吐くのは<u>行儀</u>が悪い

★3は常に複数形。「テーブルマナー」は table manners が正しい。

99 minute

☆形容詞として使うと？　発音注意。

minute differences	形 <u>細かい</u>違い[mainjúːt]

5 多義語の *Brush Up*

MINIMAL PHRASES

100. pretty [príti]
a **pretty** long time	副 かなり長い間

☆「きれいな」でなく副詞。

101. strike [stráik]
1. The man **struck** me *as* strange.	動 その男は私に奇妙な印象を与えた
2. Suddenly an idea **struck** him.	動 突然彼にある考えが浮かんだ
3. The typhoon **struck** Osaka.	動 その台風は大阪を襲った
◇ stríking	形 印象的な，目立つ

☆「たたく」「ストライキ」だけじゃない。

102. exercise [éksərsaiz]
1. *get* regular **exercise**	名 規則的に運動する[動 運動する]
2. **exercise** power over people	動 人々に対し権力を用いる[名 行使]

☆「練習」以外。

103. maintain [meintéin]
1. **maintain** health	動 健康を維持する
2. **maintain** that he is innocent	動 彼の無罪を主張する
◇ máintenance	名 維持，管理

104. firm [fə́ːrm]
1. work for a big **firm**	名 大きな会社に勤める(= company)
2. a **firm** belief	形 堅い信念

105. article [áːrtikl]
1. a newspaper **article**	名 新聞の記事(= item)
2. an **article** for sale	名 販売用の品物(= item)

☆他に「冠詞」の意味もある。

106. count [káunt]
That's what **count**s.	動 それが重要なことだ
◆ count on A	「Aを頼る，当てにする」(= depend on)

☆「数える」以外。

MINIMAL PHRASES Disc5-50

107 appreciate [əpríːʃieit]
☆基本義は「正しく認識する」。

1. **appreciate** his talent	動 彼の才能を高く評価する(= value)
2. **appreciate** music	動 音楽を鑑賞する(= like, admire)
3. I **appreciate** your help.	動 君の助けに感謝する

★3では人は目的語にならないことに注意。× I appreciate you.
◇appreciátion　　　　　　　　　名 評価；鑑賞；感謝

108 measure [méʒər]
☆「物差し」「測る」以外。2は盲点。

1. take strong **measures**	名 強硬な手段を用いる[対策]
2. a **measure** of respect	名 ある程度の尊敬

109 command [kəmǽnd]
☆「命令(する)」は入試ではまれ。

1. have a good **command** of English	名 英語をうまくあやつる能力がある
2. The hill **command**s a fine view.	動 丘からいい景色を見わたせる
3. **command** great respect	動 大いに尊敬を集める

110 bear [béər]
☆「クマ」ではなく，動詞の方だ。

1. **bear** the weight	動 重さに耐える(= endure, stand)
2. **bear** a child	動 子供を産む
3. **bear** relation to the matter	動 その問題に関係を持つ

★変化形は bear; bore; borne だ。
◆bear A in mind　　　　　　　　「A を心に留める」

111 stick [stík]
☆ stick; stuck; stuck

1. **stick** *to* the rules	動 規則を守る
2. get **stuck** on a crowded train	動 混んだ列車で動けなくなる
3. **stick** out my tongue	動 舌を突き出す
4. The song **stuck** in my mind.	動 その歌は私の心に残った

★多くの単語集は最初に「突き刺す」をあげているが，入試ではまれ。

5 多義語の *Brush Up*

MINIMAL PHRASES

Disc5-51

112 ☐ fix [fíks]
☆ 2と3はアメリカ口語では重要。

1. a **fixed** point — 動 固定された点
2. **fix** a broken car — 動 壊れた車を修理する
3. I'll **fix** you a drink. — 動 飲み物を作ってあげる

113 ☐ fashion [fǽʃən]
☆「流行」の他には？

in a similar **fashion** — 名 同じようなやり方で（=way）

◇ óld-fáshioned — 形 時代おくれの

114 ☐ charge [tʃɑ́ːrdʒ]

1. free of **charge** — 名 料金不要で
2. **charge** a high price — 動 高い代金を請求する
3. He is **in charge of** the case. — 名 彼がその事件の担当だ［責任, 監督］
4. be **charged with** murder — 動 殺人で告訴される［名 容疑, 非難］

◆ take charge of A —「Aを担当する, 引き受ける」

115 ☐ fit [fít]
☆「～に合う」以外。

1. The water is **fit to** drink. — 形 その水は飲むのに適する
2. go to the gym to keep **fit** — 形 健康でいるためにジムに通う

◇ fítness — 名 健康

116 ☐ observe [əbzə́ːrv]

1. **observe** the comet — 動 彗星を観察する
2. **observe** that prices would fall — 動 物価は下がると述べる
3. **observe** the rule — 動 規則を守る

◇ observátion — 名 観察

117 ☐ conduct 名[kándʌkt] 動[kəndʌ́kt]
☆「導く, 指揮する」は意外にまれ。

1. **conduct** an experiment — 動 実験を行う
2. standards of **conduct** — 名 行動の基準
3. **conduct** electricity — 動 電気を伝える（まれ）

◇ condúctor — 名 ①車掌 ②指揮者

MINIMAL PHRASES

118 word [wə́ːrd] ☆言葉は言葉でも？

1. I'll keep *my* word.	名 私は約束を守る
2. Could I *have a* word *with* you?	名 ちょっと話があるんですが

例 a man of his word 「約束を守る人」

★ A's word で「Aの約束」の意。A's words は単に「Aの言うこと」だから注意。

119 touch [tʌ́tʃ] ☆「触る」だけではない。

1. *get in* touch *with* him by phone	名 電話で彼に連絡をとる
2. The story touched him deeply.	動 その話は彼を深く感動させた
3. add *a* touch *of* spice	名 スパイスを少し加える

120 degree [digríː]

1. agree *to* some degree	名 ある程度まで同意する
2. get a master's degree	名 修士の学位を取る

121 lesson [lésn] ☆学校で教えない lesson とは？

learn a lesson from the failure	名 失敗から教訓を学ぶ

122 deny [dinái]

1. deny the existence of God	動 神の存在を否定する
2. deny women equal rights	動 女性に平等な権利を与えない
◆deny A+B	「AにBを与えない」＝deny B to A
◇denial	名 否定

123 break [bréik] ☆名詞の意味に注意！

take a break for a cup of tea	名 一休みしてお茶を飲む［中断］
◆Give me a break！	「冗談はやめてよ」★あきれた時に用いる。

124 authority [ɔːθɔ́rəti]

1. the school authorities	名 学校当局（複数形で）
2. the authority of the king	名 王の権力（＝power）［権限］
3. an authority on biology	名 生物学の権威（＝expert）［専門家］

5 多義語の Brush Up

MINIMAL PHRASES Disc5-53

125 ❏ address [ədrés]
☆「住所」以外の意味。

1. a letter **addressed** to him	動 彼に宛てられた手紙
2. **address** environmental issues	動 環境問題に取り組む
3. **address** the audience	動 聴衆に呼びかける
4. an opening **address**	名 開会の演説

126 ❏ sentence [séntəns]
☆「文」だけではない。

a death **sentence**	名 死刑の判決 [動 ～に判決を与える]

127 ❏ press [prés]

1. the freedom of *the* **press**	名 出版の自由 [マスコミ, 報道陣]
2. **press** him to drink more	動 彼にもっと飲めと強く迫る

★1は「印刷機」の意味から来た。

◇ préssing	形 差し迫った

128 ❏ item [áitəm]

1. an expensive **item**	名 高価な品物
2. the top news **item**	名 トップニュースの記事 [項目]

129 ❏ pity [píti]

1. feel **pity** *for* the homeless	名 家の無い人に同情する
2. It's *a* **pity** that he can't come.	名 彼が来られないのは残念なことだ

130 ❏ beat [bíːt]
☆「～を打つ」が発展すると？

beat the champion	動 チャンピオンに勝つ (=defeat)

★目的語は敵・相手。cf. win the game「試合に勝つ」

131 ❏ gift [gíft]
☆「贈り物」以外。

have a **gift** *for* languages	名 語学の才能がある (=talent)
◇ gífted	形 才能ある (=talented)

338

MINIMAL PHRASES

Disc5-54

132 point [pɔ́int]

1. **point** *out* that it is wrong	動 それは誤りだと指摘する
2. There's no **point** *in* writing it.	名 それを書く意味はない[利点]
3. prove his **point**	名 彼の主張を証明する[論点]

- ◆ point of view 「観点, 見地」
- ◆ there is no point (in) Ving 「Vするのは無駄だ」

133 once [wʌ́ns]

☆「一度」以外に？

1. I lived there **once**.	副 私はかつてそこに住んでいた
2. **Once** she arrives, we can start.	接 彼女が来るとすぐ我々は出発できる (=when) [いったん〜すると]

- ◆ at once 「すぐに, 同時に」
- ◆ at once A and B 「Aと同時にB」
- ◆ once in a while 「時々」

134 diet [dáiət]

☆「やせる」ことではない！

1. a healthy **diet**	名 健康的な食事
2. She is *on* a **diet**.	名 彼女は食事制限をしている
3. a member of *the* **Diet**	名 国会議員

135 paper [péipər]

☆「紙, 新聞」の他に。

write a **paper** on economics	名 経済学の論文を書く

136 check [tʃék]

☆「調べる」の他に。

1. cash a **check**	名 小切手を現金に換える
2. a dinner **check**	名 ディナーの勘定書

- ◆ check in 「①チェックインする ②〈荷物〉をあずける」
- ◆ check out 「①チェックアウトする ②〈本など〉を借り出す ③〜を調べる」

MINIMAL PHRASES

137 bright [bráit]
☆「明るい」以外。

| Meg is a **bright** girl. | 形 メグは賢い子だ (= clever) |

138 sort [sɔ́ːrt]

| 1. a **sort** of bird | 名 一種の鳥 (= kind) |
| 2. **sort** papers by date | 動 日付で書類を分類する |

139 court [kɔ́ːrt]
☆テニスなどの「コート」以外。

| take the matter to **court** | 名 その問題を法廷に持ち込む |
| ◆the Supreme Court | 「最高裁判所」 |

140 bound [báund]

1. He *is* **bound** *to* fail.	形 彼はきっと失敗する (= sure)
2. The plane *is* **bound** *for* Guam.	形 その飛行機はグアム行きだ
3. be **bound** by tradition	動 伝統にしばられる (bindの過去形)

141 flat [flǽt]

1. **flat** land	形 平らな土地
2. live in a **flat** in London	名 ロンドンのアパートに住む
◆have a flat tire	「タイヤがパンクする」

142 spare [spéər]

1. have no **spare** money	形 余分なお金はない [予備の]
2. **spare** him a few minutes	動 彼のために少し時間を割く
3. **spare** him the trouble	動 彼の面倒を省く
4. **spare** *no* effort to help her	動 彼女を助ける努力を惜しまない
◆spare time	「余暇」(= time to spare)

MINIMAL PHRASES　　　　　　　　　　　　　　Disc5-56

143
□ **capital** [kǽpitl]　　　　　　　　　　☆語源に秘密がある。

1. the **capital** of Australia	名オーストラリアの<u>首都</u>（＝国の頭）
2. land and **capital**	名土地と<u>資本</u>（＝事業の頭金）

◆ capital letter　　　　　　　「大文字」（＝文の頭に使う字）
◆ capital punishment　　　　「死刑」（＝頭を切る罰）

★ caput「頭」が語源と知ればナットク！

144
□ **tongue** [tʌ́ŋ]　　　　　　　　　　☆「舌」の意味から発展。

speak in a foreign **tongue**	名外国の<u>言葉</u>でしゃべる

◆ mother tongue　　　　　　「母語」

145
□ **credit** [krédit]　　　　　　　　　☆「信用，クレジット」以外。

1. **credit** for the discovery	名その発見の<u>功績</u>[名誉，手柄]
2. college **credits**	名大学の<u>単位</u>[履修証明]（まれ）

146
□ **succeed** [səksíːd]　　　　　　　　☆「成功する」以外には？

succeed *to* the crown	動王位を<u>受け継ぐ</u>

◇ succéssion　　　　　　　　名継続，継承
★ success と区別しよう。
◇ succéssive　　　　　　　　形連続する
★ successful「成功した」と区別しよう。

147
□ **settle** [sétl]

1. **settle** the problem	動問題を<u>解決する</u>
2. **settle** in America	動アメリカに<u>定住する</u>
3. get married and **settle** *down*	動結婚して<u>落ち着く</u>

◇ séttlement　　　　　　　　名①解決　②入植地；定住
◇ séttler　　　　　　　　　　名移民

5 多義語の *Brush Up*

MINIMAL PHRASES

148 vision [víʒən]
☆「見ること」が語源だが…。

1. a **vision** of the city	名その都市の未来像
2. a leader of **vision**	名先見の明のある指導者
3. have poor **vision**	名視力が弱い

149 but [bʌt]

1. I have **but** one question.	副一つだけ質問がある（＝only）
2. They *all* went out **but** me.	前私を除いて皆出かけた（＝except）
◆nothing but A	「Aのみ，Aにすぎない」（＝only A）

150 given [gívn]
☆元は give の過去分詞だが…。

1. in a **given** situation	形ある特定の状況で［一定の］
2. **given** the present conditions	前現状を考慮すると［〜が与えられれば］
3. **given** *that* you are young	接君が若いことを考慮すると（まれ）

151 pay [péi]
☆「支払う」の他に。

1. equal **pay** for equal work	名同じ仕事に対する同じ給料
2. Honesty doesn't always **pay**.	動正直は割に合うとは限らない ［採算がとれる］（まれ）

152 good [gúd]

1. *a* **good** many books	形かなり多くの本［十分な］
2. work for the public **good**	名公共の利益のために働く

★「多くのよい本」は many good books だ。

153 discipline [dísiplin]
☆発音も注意。

1. teach students **discipline**	名学生に規律を教える［しつけ，訓練］
2. scientists of many **discipline**s	名いろんな分野の科学者たち
◇self-díscipline	名自制心

MINIMAL PHRASES

Disc5-58

154. bill [bíl]

1. an electricity bill	名電気代の請求書
2. a ten dollar bill	名10ドル紙幣
3. pass a bill	名法案を可決する

155. relief [rilíːf]

1. breathe a sigh of relief	名安心してため息をつく
2. relief from poverty	名貧困に対する救済
3. relief from stress	名ストレスの除去
◇relieve	動(不安・苦痛など)を取り除く,～を安心させる

156. board [bóːrd]

☆動詞に注意。海外旅行必修！

1. board a plane	動飛行機に乗り込む
2. the school board	名教育委員会
◇abóard	副〈乗り物に〉乗って(= on board)

157. mad [mǽd]

☆「狂った」とは限らない。

She *got* mad at me.	形彼女は私に腹を立てた

★「狂った」よりはるかに頻度が高い。

158. yield [jíːld]

1. yield food and wood	動食料や木材を産出する(= produce)
2. yield *to* pressure	動圧力に屈する
3. Radio yielded *to* television.	動ラジオはテレビに取って代わられた

★熟語で言い換える問題が頻出。2 = give in to, 3 = give way to。

159. rear [ríər]

1. a rear seat	名後部座席[後ろ]
2. rear three children	動3人の子供を育てる
	(= raise, bring up)

5 多義語の *Brush Up* ● 343

MINIMAL PHRASES

Disc5-59

160 fancy [fǽnsi]
☆2はまれ。

1. eat at a **fancy** restaurant	形 高級レストランで食事をする
2. **fancy** myself a novelist	動 自分が小説家だと想像する [名 空想]

161 shame [ʃéim]

1. feel no **shame**	名 恥と思わない
2. What *a* **shame**!	名 なんと残念なことか

◆it is a shame that～　「～とは残念なことだ」
（＝it is a pity that～）

162 waste [wéist]

1. **waste** money	動 お金を浪費する [名 浪費]
2. industrial **waste**	名 産業廃棄物

163 drive [dráiv]
☆「運転する」以外。

1. **drive** the dog *away*	動 犬を追い払う [～を追いやる]
2. be **driven** by desire	動 欲望に駆りたてられる
3. my strong **drive** to work	名 働きたいという強い欲求 [衝動]

★3はかなりまれ。

164 accent [ǽksent]
☆「アクセント」以外。

English with an Italian **accent**	名 イタリアなまりの英語

165 like [láik]

apples, peaches, *and the* **like**	名 リンゴや桃など

★この **like** は「同様のもの」の意。

166 coin [kɔ́in]
☆動詞に意外な意味が。

coin a new *word*	動 新語を作り出す（＝invent）

MINIMAL PHRASES

167. make [méik]

| He will **make** a good teacher. | 動 彼はよい教師になるだろう |

★「教師の素質がある」というニュアンス。

168. spell [spél]

☆「つづる」以外。

| 1. She cast a **spell** on me. | 名 彼女は私に魔法をかけた [呪文] |
| 2. a long dry **spell** | 名 長い日照り続き [連続, 期間] |

★「つづり」は spell ではなく spelling,「スペルのミス」は a spelling error だ。

169. late [léit]

☆「遅い」だけではない。

| *the* **late** Mr. Ford | 形 故フォード氏 |

170. soul [sóul]

| 1. her body and **soul** | 名 彼女の肉体と魂 |
| 2. There was *not a* **soul** there. | 名 そこには一人もいなかった (まれ) |

★ 2 は否定文で用いる。

171. arms [á:rmz]

☆「うで」以外。つねに s がつく。

| **arms** control | 名 軍備制限 [兵器, 武力] |
| ◇ armed | 形 武装した |

172. vice [váis]

1. virtue and **vice**	名 美徳と悪徳
2. **Vice** President	形 副大統領
◆ vice versa	「逆もまた同様」
◇ vícious	形 悪意のある

173. story [stó:ri]

| a five-**story** building | 名 5階建ての建物 |

MINIMAL PHRASES　　　　　　　　　　　　　　　　Disc5-61

174 ❏ move [múːv]
She was **moved** by my story.	☆「動く，動かす，引っ越す」以外。
	動 彼女は私の話に感動した

175 ❏ air [éər]
an **air** of sadness	名 悲しそうな様子（＝look）（まれ）

176 ❏ game [géim]
	☆不可算名詞として使うと？
go hunting for big **game**	名 大きな獲物を狩りに行く（まれ）

177 ❏ lot [lát]
She accepted her **lot**.	名 彼女は運命を受け入れた（＝fortune）
◆parking lot	「駐車場」

178 ❏ trick [trík]
	☆中核的意味は「巧妙な行為」だ。
1. teach the dolphin new **trick**s	名 イルカに新しい芸を教える [手品]
2. a **trick** for memorizing words	名 単語を覚えるコツ
3. *play* a **trick** *on* the teacher	名 先生にいたずらする[をだます]
4. **trick** him *into* buying the pot	動 彼をだましてそのつぼを買わせる
5. a clever **trick**	名 巧妙なたくらみ[策略]

179 ❏ spring [spríŋ]
	☆「春；泉」だけではない！
New companies will **spring** up there.	動 そこに新しい会社が出現するだろう
◆hot spring(s)	「温泉」

★springはcomeと同じように「出現する，生じる」という意味が多い。また，熟語でも，spring to life＝come to life「活気づく」，spring to mind＝come to mind「心に浮かぶ」など，spring＝comeが多い。

180 ❏ pose [póuz]
	☆「ポーズ，姿勢」以外に？
1. **pose** a problem	動 問題を引き起こす（＝cause）
2. **pose** a question	動 疑問を提起する

MINIMAL PHRASES Disc5-62

181
❏ **note** [nóut]

1. take **note**s on what you hear	名聞くことを<u>メモ</u>する
2. He **note**d that America is a big country.	動アメリカは大国だと彼は<u>書いた[指摘する]</u>
3. **Note** that the book is non-fiction.	動その本は実話だということに<u>注意しなさい</u>
4. He is **note**d *for* his intelligence.	形彼は知的なことで<u>有名だ</u>
5. a ten-pound **note**	名10ポンド<u>紙幣</u>

★「一冊のノート」は **a notebook** だ。

◆a thank-you note 「礼状」

INDEX

見出しの語は黒の太字で示した。

A

- **abandon** ……………25
- aboard ……………343
- **abolish** ……………224
- abound ……………193
- abrupt ……………314
- **abruptly** ……………314
- absolute ……………105
- **absolutely** ……………105
- **absorb** ……………44
- **abstract** ……178, 189
- **absurd** ……………263
- abundance ……………193
- **abundant** ……………193
- **abuse** ……………151
- **accelerate** ……………219
- **accent** ……………344
- **accept** ……………21, 36
- acceptable ……………36
- acceptance ……………36
- **access** ……………61
- accessible ……………61
- **accommodate** ……221
- accommodation ……221
- **accompany** ……………109
- **accomplish** ……………128
- accomplished ……………128
- accomplishment ……128
- **accord** ……………302
- **accordingly** ……………186
- **account** ……………332
- accountant ……………228
- **accumulate** ……………216
- accumulation ……………216
- accuracy ……………100
- **accurate** ……………100
- accusation ……………117
- **accuse** ……………117
- **accustomed** ……………176

- **ache** ……………222
- **achieve** ……………39
- achievement ……………39
- **acid** ……………192
- **acknowledge** ……………120
- **acquaintance** ……145
- **acquire** ……………16
- acquired ……………16
- acquisition ……………16
- **active** ……………97, 180
- activist ……………97
- activity ……………97
- actual ……………92
- **actually** ……………92
- **acute** ……………258, 270
- **adapt** ……………27
- adaptable ……………27
- adaptation ……………27
- **add** ……………37
- addict ……………268
- **addicted** ……………268
- addiction ……………268
- addictive ……………268
- addition ……………37
- **address** ……………338
- **adequate** ……………189
- **adhere** ……………278
- **adjust** ……………33
- administer ……………146
- **administration** ……146
- administrative ……………146
- admirable ……………24
- admiration ……………24
- **admire** ……………24
- admission ……………14
- **admit** ……………14
- adolescence ……………195
- **adolescent** ……………195
- **adopt** ……………22
- adoption ……………22
- **adore** ……………280
- adorn ……………286
- **advance** ……………49

- advanced ……………49
- advancement ……………49
- **advantage** ……………65
- advantageous ……………65
- **advent** ……………293
- adventure ……………147
- advertise ……………78
- advertisement ……………78
- **advertising** ……………78
- advice ……………41
- **advise** ……………41
- **advocate** ……………203
- **aesthetic** ……………307
- **affair** ……………153
- **affect** ……………38
- **affection** ……………161
- affectionate ……………161
- **affirm** ……………280
- afflict ……………309
- **afflicted** ……………309
- affluence ……………267
- **affluent** ……………267
- **afford** ……………18
- **afterwards** ……………199
- age ……………89
- **aged** ……………89
- **agency** ……………60
- agent ……………60
- aggression ……………191
- **aggressive** ……………191
- **agree** ……………329
- agricultural ……………78
- **agriculture** ……………78
- **aid** ……………79
- **aim** ……………18
- **air** ……………346
- aircraft ……………149
- **aisle** ……………289
- **alarm** ……………32
- alarmed ……………32
- alarming ……………32
- **alert** ……………261
- algebra ……………241

INDEX 349

- alien ··············181
- alienate ··············181
- alike ··············88
- alive ··············193
- allergy ··············256
- alliance ··············233
- allow ··············4
- allowance ··············240
- ally ··············233
- alter ··············127
- alteration ··············127
- alternate ··············60
- alternative ··············60
- altitude ··············248
- altogether ··············185
- amaze ··············29
- amazed ··············29
- amazing ··············29
- ambassador ··············287
- ambiguity ··············265
- ambiguous ··············265
- ambition ··············160
- ambitious ··············160
- ambulance ··············251
- amount ··············329
- ample ··············309
- amuse ··············110
- amused ··············110
- amusement ··············110
- amusing ··············110
- analogy ··············293
- analysis ··············77
- analyst ··············77
- analyze ··············77
- ancestor ··············76, 96
- ancestry ··············76
- ancient ··············76, 96
- angle ··············106
- animal ··············46
- ankle ··············168
- anniversary ··············240
- announce ··············45
- announcement ··············45
- annoy ··············128
- annoyance ··············128
- annoyed ··············128
- annoying ··············128
- annual ··············176
- annually ··············176
- anonymous ··············309
- the Antarctic ··············235, 303
- anthropologist ··············165
- anthropology ··············165
- anticipate ··············216
- anticipation ··············216
- antique ··············294
- antiquity ··············294
- anxiety ··············90
- anxious ··············90
- apartment ··············XXII
- ape ··············174
- apologize ··············131
- apology ··············131
- apparatus ··············285
- apparent ··············104
- apparently ··············104
- appeal ··············27
- appealing ··············27
- appear ··············53
- appearance ··············53
- appetite ··············161
- applaud ··············277
- applause ··············277
- appliance ··············75, 300
- applicant ··············12
- application ··············12
- apply ··············12
- appoint ··············119, 136
- appointment ··············119, 136
- appreciate ··············335
- appreciation ··············335
- apprehend ··············291
- apprehension ··············291
- approach ··············14
- appropriate ··············98
- approval ··············33
- approve ··············33
- approximate ··············198
- approximately ··············198
- apt ··············257
- arbitrary ··············310
- archaeologist ··············256
- archaeology ··············256
- architect ··············163
- architectural ··············163
- architecture ··············163
- the Arctic ··············235, 303
- argue ··············15
- argument ··············15
- arise ··············41
- aristocracy ··············292
- aristocrat ··············292
- aristocratic ··············292
- arithmetic ··············241
- armed ··············345
- arms ··············345
- arouse ··············214
- arrange ··············25
- arrangement ··············25
- arrest ··············113
- arrival ··············252
- arrogance ··············266
- arrogant ··············266
- art ··············332
- artery ··············291
- article ··············334
- artificial ··············188
- ash ··············300
- ashamed ··············190
- aspect ··············67
- aspiration ··············296
- aspire ··············296
- assault ··············294
- assemble ··············203
- assembly ··············203
- assert ··············135
- assertion ··············135
- assess ··············220
- assessment ··············220
- asset ··············233
- assign ··············120
- assignment ··············120
- assist ··············134
- assistance ··············134
- assistant ··············134
- associate ··············21
- association ··············21
- assume ··············333
- assumption ··············333
- assure ··············113
- astonish ··············117
- astonished ··············117
- astonishing ··············117
- astronaut ··············170

- astronomer ·······170
- **astronomy** ·······170
- **athlete** ·······169
- athletic ·······169
- athletics ·······169
- **the Atlantic Ocean** ·······303
- **atmosphere** ·······58
- atmospheric ·······58
- atom ·······174
- **attach** ·······111
- attachment ·······111
- **attain** ·······224
- **attempt** ·······50
- **attend** ·······318
- attendance ·······318
- **attendant** ·······228
- attentive ·······318
- **attitude** ·······64
- **attract** ·······22
- attraction ·······22
- attractive ·······22
- **attribute** ·······118
- **audience** ·······57
- **author** ·······65
- **authority** ·······337
- autobiography ·······253
- autonomous ·······294
- **autonomy** ·······294
- **available** ·······81
- avenue ·······75
- **avoid** ·······37
- **await** ·······217
- **awake** ·······89
- awaken ·······89
- **award** ·······148
- **aware** ·······96
- awareness ·······96
- awe ·······178
- **awful** ·······178
- awfully ·······178
- **awkward** ·······182

- bachelor ·······253
- **background** ·······59
- **bamboo** ·······94
- **ban** ·······32
- **bank** ·······XXII, 303
- **bankrupt** ·······267
- bankruptcy ·······267
- **barbarian** ·······292
- barbarism ·······292
- **barber** ·······228
- bare ·······185
- barefoot ·······185
- **barely** ·······185
- **bargain** ·······245
- bargaining ·······245
- barometer ·······284
- **barren** ·······312
- **barrier** ·······153
- **base** ·······7
- basic ·······7
- **basis** ·······56
- **bay** ·······168
- **bear** ·······335
- **beast** ·······238
- **beat** ·······338
- **bee** ·······106
- **beetle** ·······106
- **beg** ·······131
- beggar ·······131
- behave ·······64
- **behavior** ·······64
- **belong** ·······16
- belongings ·······16
- **bend** ·······134
- **beneath** ·······186
- beneficial ·······54
- **benefit** ·······54
- **besides** ·······94
- **bet** ·······126
- **betray** ·······208
- **beverage** ·······301
- **bewildered** ·······311
- bewildering ·······311
- **bias** ·······244
- **bill** ·······343
- **billion** ·······73
- **bind** ·······206
- biodiversity ·······168
- **biography** ·······253
- **biological** ·······102
- biologist ·······102
- biology ·······102
- **bite** ·······52
- **bitter** ·······180
- blade ·······243
- **blame** ·······23
- blessed ·······234
- **blessing** ·······231, 234
- blind ·······196
- **bloom** ·······217
- **blossom** ·······238
- **blur** ·······276
- blurred ·······276
- **board** ·······343
- **boast** ·······226
- **bold** ·······262
- **bomb** ·······161
- bombing ·······161
- **bond** ·······170
- **bone** ·······200
- **book** ·······331
- booking ·······331
- **boost** ·······228
- **border** ·······141
- **bore** ·······15
- bored ·······15
- boredom ·······15
- boring ·······15
- **borrow** ·······41
- **botanist** ·······298
- botany ·······298
- **bother** ·······26
- **bottom** ·······73
- bough ·······61
- **bound** ·······340
- **boundary** ·······160
- **bow** ·······115
- **bowel** ·······200
- **brain** ·······69
- **branch** ·······61
- **brave** ·······191
- breadth ·······100
- **break** ·······337
- **breakdown** ·······231
- **breakthrough** ·······284
- breath ·······43
- **breathe** ·······43

B

INDEX 351

- breed ·············115
- breeze ·············286
- bribe ·············299
- bride ·············253
- brief ·············101
- bright ·············340
- brilliant ·············182
- broad ·············100
- broadcast ·············130
- bronze ·············272
- brow ·············251
- bruise ·············256
- brutal ·············266
- budget ·············161
- bug ·············106
- bulk ·············252
- bullet ·············245
- bully ·············173
- bullying ·············173
- bump ·············226
- burden ·············146
- bureau ·············303
- bureaucracy ·············303
- bureaucrat ·············303
- burglar ·····252, 290
- burial ·············128
- burst ·············115
- bury ·············128
- but ·············342
- butcher ·············228
- butterfly ·············106
- by-product ·············36

C

- calculate ·············130
- calculation ·············130
- calm ·············91
- camel ·············46
- campaign ·············155
- canal ·············230
- cancer ·············73
- candidate ·············161
- canyon ·············303
- capability ·············84
- capable ·············84
- capacity ·············60
- cape ·············303
- capital ·············341
- capitalism ·············253
- capitalist ·············253
- captive ·············111
- capture ·············111
- carbon ·············78
- care ·············327
- career ·············70
- carefree ·············327
- careless ·············327
- carpenter ·············228
- cartoon ·············175
- carve ·············220
- carved ·············220
- case ·············317
- cashier ·············228
- cast ·············118
- castle ·············174
- casual ·············178
- catastrophe ·············289
- catastrophic ·············289
- category ·············153
- caterpillar ·············106
- cattle ·············175
- cause ·············325
- caution ·············229
- cautious ·············229
- cease ·············108
- ceaseless ·············108
- cedar ·············94
- ceiling ·············XXII
- celebrate ·············34
- celebrated ·············34
- celebration ·············34
- celebrity ·············34
- cell ·············79
- censor ·············299
- censorship ·············299
- census ·············293
- ceremony ·············155
- certain ·············317
- certainly ·············317
- certainty ·············317
- certificate ·············285
- certify ·············285
- chairman ·····152, 228
- challenge ·············319
- challenging ·············319
- chance ·············328
- change ·············326
- channel ·············303
- chaos ·············242
- chaotic ·············242
- chapter ·············255
- character ·············321
- characteristic ·····55
- characterize ·············321
- charge ·············336
- charitable ·············160
- charity ·············160
- charm ·············146
- charming ·············146
- chase ·············124
- chat ·············132
- chatter ·············132
- cheat ·············123
- check ·············339
- cheek ·············200
- cheer ·············115
- cheerful ·············115
- chemical ·············85
- chemist ·············85
- chemistry ·············85
- cherish ·············210
- cherished ·············210
- chest ·············200
- chestnut ·············94
- chew ·············52, 276
- chill ·············288
- chilly ·············288
- choke ·············279
- chopsticks ·············200
- chore ·············243
- chronic ·····258, 270
- church ·············XXII
- circle ·············106
- circular ·············148
- circulate ·············148
- circulation ·············148
- circumstances ·····72
- cite ·············205
- citizen ·············70
- citizenship ·············70
- civil ·············91
- civilian ·············91

- □ **civilization** ·······72
- □ civilized ·······72
- □ **claim** ·······13
- □ **clarify** ·······277
- □ **class** ·······327
- □ classic ·······260
- □ **classical** ·······260
- □ classification ·······135
- □ **classify** ·······135
- □ clerk ·······69
- □ **client** ·······149
- □ **cliff** ·······303
- □ **climate** ·······57
- □ **cling** ·······218
- □ clinic ·······270
- □ **clinical** ·······270
- □ clone ·······300
- □ **cloning** ·······300
- □ close ·······328
- □ **closet** ·······XXII, 157
- □ cloth ·······66
- □ **clothes** ·······66
- □ clue ·······158
- □ **clumsy** ·······307
- □ coal ·······272
- □ coast ·······303
- □ cockroach ·······106
- □ code ·······172
- □ cognition ·······268
- □ **cognitive** ·······268
- □ **coin** ·······344
- □ **coincide** ·······207
- □ coincidence ·······207
- □ **collapse** ·······116
- □ **collar** ·······200
- □ **colleague** ·······77
- □ **collective** ·······266
- □ **college** ·······XXII
- □ collide ·······250
- □ **collision** ·······250
- □ **colony** ·······156
- □ **column** ·······254
- □ comb ·······250
- □ **combat** ·······227
- □ combination ·······27
- □ **combine** ·······27
- □ comedy ·······165
- □ comet ·······270

- □ comfort ·······97
- □ **comfortable** ·······97
- □ **command** ·······335
- □ **commerce** ·······248
- □ commercial ·······248
- □ commission ·······33
- □ **commit** ·······33
- □ commitment ·······33
- □ **committee** ·······160
- □ **commodity** ·······251
- □ **common** ·······80
- □ commonplace ·······80
- □ communism ·······253
- □ **communist** ·······253
- □ **commute** ·······210
- □ commuter ·······210
- □ **companion** ·······158
- □ **company** ·······317
- □ comparable ·······11
- □ comparatively ·······11, 104
- □ **compare** ·······11
- □ comparison ·······11
- □ compassion ·······154
- □ **compatible** ·······310
- □ **compel** ·······212
- □ compelling ·······212
- □ **compensate** ·······213
- □ compensation ·······213
- □ **compete** ·······45
- □ competence ·······262
- □ **competent** ·······262
- □ competition ·······45
- □ competitive ·······45
- □ competitor ·······45
- □ **compile** ·······278
- □ **complain** ·······39
- □ complaint ·······39
- □ **complete** ·······95
- □ completely ·······95
- □ **complex** ·······83
- □ complexity ·······83
- □ **complicated** ·······99
- □ **compliment** ·······240
- □ **comply** ·······277
- □ **component** ·······166
- □ **compose** ·······111
- □ composer ·······111
- □ composition ·······111

- □ **compound** ·······234
- □ **comprehend** ·······212
- □ comprehensible ·······212
- □ comprehension ·······212
- □ **comprehensive** ·······264
- □ **comprise** ·······208
- □ **compromise** ·······237
- □ **compulsory** ·······310
- □ **conceal** ·······217
- □ **conceive** ·······70, 213
- □ **concentrate** ·······26
- □ concentration ·······26
- □ **concept** ·······70, 213
- □ conception ·······70, 213
- □ **concern** ·······322
- □ concerning ·······322
- □ **conclude** ·······31
- □ conclusion ·······31
- □ **concrete** ·······178, 189
- □ **condemn** ·······220
- □ **conduct** ·······336
- □ conductor ·······336
- □ **conference** ·······152
- □ **confess** ·······225
- □ confession ·······225
- □ confide ·······74
- □ **confidence** ·······74
- □ confident ·······74
- □ **confine** ·······202
- □ **confirm** ·······129
- □ **conflict** ·······57
- □ **conform** ·······202
- □ conformity ·······202
- □ **confront** ·······112
- □ confrontation ·······112
- □ **confuse** ·······18
- □ confused ·······18
- □ confusing ·······18
- □ confusion ·······18
- □ **congratulate** ·······206
- □ congratulations ·······206
- □ **congress** ·······168
- □ **connect** ·······20
- □ connection ·······20
- □ **conquer** ·······133
- □ conquest ·······133
- □ **conscience** ·······240
- □ conscientious ·······240

INDEX 353

- ☐ conscious ·········86
- ☐ consensus ········239
- ☐ consent ·········252
- ☐ consequence ······79
- ☐ consequently ········79
- ☐ conservation ······171
- ☐ conservationist ···171
- ☐ conservative ······191
- ☐ conserve ·········171
- ☐ consider ·············2
- ☐ considerable ·····99
- ☐ considerably ········99
- ☐ considerate ············2
- ☐ consideration ········2
- ☐ considering ············2
- ☐ consist ···········23
- ☐ consistency ········183
- ☐ consistent ········183
- ☐ consolation ········279
- ☐ console ··········279
- ☐ conspicuous ·····308
- ☐ constitute ········119
- ☐ constitution ······146
- ☐ construct ·········74
- ☐ construction ······74
- ☐ constructive ·········74
- ☐ consult ···········113
- ☐ consultant ········113
- ☐ consume ··········45
- ☐ consumer ·········45
- ☐ consumption ·········45
- ☐ contain ···········38
- ☐ container ·········38
- ☐ contaminate ········265
- ☐ contaminated ···265
- ☐ contamination ········265
- ☐ contemplate ······282
- ☐ contemporary ···176
- ☐ contempt ········245
- ☐ contend ·········275
- ☐ content ·········324
- ☐ context ···········48
- ☐ continent ········152
- ☐ continental ········152
- ☐ continual ············3
- ☐ continue ············3
- ☐ continuity ············3
- ☐ continuous ············3
- ☐ contract ·········136
- ☐ contraction ········136
- ☐ contradict ········209
- ☐ contradiction ······209
- ☐ contradictory ······209
- ☐ contrary ·········93
- ☐ contrast ···········68
- ☐ contribute ············20
- ☐ contribution ········20
- ☐ controversial ······194
- ☐ controversy ········194
- ☐ convenience ········99
- ☐ convenient ········99
- ☐ convention ········149
- ☐ conventional ······149
- ☐ conversely ········314
- ☐ convert ··········119
- ☐ convey ···········131
- ☐ conviction ············21
- ☐ convince ············21
- ☐ convincing ············21
- ☐ cooperate ········132
- ☐ cooperation ········132
- ☐ cooperative ········132
- ☐ coordinate ········227
- ☐ coordination ······227
- ☐ cope ············128
- ☐ copper ··········272
- ☐ copyright ·········255
- ☐ coral reef ·········303
- ☐ core ·············150
- ☐ corporate ·········156
- ☐ corporation ······156
- ☐ correct ···········81
- ☐ correspond ······117
- ☐ correspondence ······117
- ☐ corresponding ······117
- ☐ corridor ···········XXII
- ☐ corrupt ···········256
- ☐ corruption ········256
- ☐ cosmic ············289
- ☐ cosmos ··········289
- ☐ cost ·············6
- ☐ costly ············6
- ☐ costume ··········247
- ☐ cotton ············200
- ☐ cough ············162
- ☐ council ··········173
- ☐ count ············334
- ☐ counterpart ·····236
- ☐ countless ········270
- ☐ courage ··········154
- ☐ courageous ········154
- ☐ court ············340
- ☐ courteous ·········243
- ☐ courtesy ·········243
- ☐ cousin ············248
- ☐ cover ············331
- ☐ coverage ·········293
- ☐ cow ··············46
- ☐ coward ··········289
- ☐ cradle ···········289
- ☐ craft ············149
- ☐ craftsman ·········149
- ☐ cram ············294
- ☐ crash ············113
- ☐ crawl ············216
- ☐ creature ··········69
- ☐ credit ············341
- ☐ crew ············165
- ☐ crime ············70
- ☐ criminal ············70
- ☐ crisis ············75
- ☐ criteria ·········246
- ☐ critic ············43
- ☐ critical ··········75
- ☐ criticism ··········43
- ☐ criticize ··········43
- ☐ crop ············75
- ☐ crow ············106
- ☐ crowd ············66
- ☐ crowded ··········66
- ☐ crucial ··········192
- ☐ crude ············258
- ☐ cruel ············192
- ☐ cruelty ··········192
- ☐ crush ············212
- ☐ crystal ··········272
- ☐ cube ··········62, 106
- ☐ cue ············251
- ☐ cuisine ··········293
- ☐ cultivate ·········114
- ☐ cultivation ········114
- ☐ cupboard ·········157
- ☐ curb ············282
- ☐ cure ············31

- curiosity ·····90
- **curious** ·····90
- currency ·····84
- **current** ·····84
- **curriculum** ·····166
- **curse** ·····231
- **custom** ·····51
- customary ·····51
- **customer** ·····51, 69

D

- **dad** ·····228
- damage ·····60
- **damp** ·····306
- danger ·····125
- dangerous ·····125
- **dare** ·····215
- **daring** ·····312
- **dawn** ·····139
- **deadline** ·····245
- **deaf** ·····196
- **deal** ·····327
- **debate** ·····76
- **debt** ·····166
- **decade** ·····67
- **decay** ·····237
- deceit ·····131
- **deceive** ·····131
- **decent** ·····259
- deception ·····131
- **decide** ·····3
- decision ·····3
- decisive ·····3
- declaration ·····127
- **declare** ·····127
- **decline** ·····18
- **decorate** ·····123
- decoration ·····123
- decrease ·····2
- **dedicate** ·····203
- dedicated ·····203
- **deed** ·····239
- **deep** ·····263
- **deer** ·····46
- **defeat** ·····127
- **defect** ·····249
- defective ·····249
- **defend** ·····129
- defense ·····129
- defiance ·····276
- **deficiency** ·····285
- **deficit** ·····288
- **define** ·····42
- definite ·····42, 198
- **definitely** ·····198
- definition ·····42
- **deforestation** ·····295
- **defy** ·····276
- degradation ·····275
- **degrade** ·····275
- **degree** ·····337
- **delay** ·····27
- **deliberate** ·····186
- **deliberately** ·····186
- **delicate** ·····177
- **delight** ·····58
- delighted ·····58
- delightful ·····58
- **deliver** ·····30
- delivery ·····30
- **demand** ·····6
- demanding ·····6
- demerit ·····158
- **democracy** ·····137
- democrat ·····137
- democratic ·····137
- **demonstrate** ·····110
- demonstration ·····110
- denial ·····337
- **dense** ·····175
- **density** ·····175
- **dentist** ·····228
- **deny** ·····14, 337
- depart ·····252
- **department** ·····55
- **departure** ·····252
- **depend** ·····6
- dependence ·····6
- dependent ·····6
- **depict** ·····223
- **deposit** ·····229
- **depress** ·····113
- depressed ·····113
- **depressing** ·····113
- depression ·····113
- **deprive** ·····117
- depth ·····69
- **derive** ·····32
- **descend** ·····122
- descendant ·····76, 122
- descent ·····122
- **describe** ·····9
- description ·····9
- **desert** ·····59
- deserted ·····59
- **deserve** ·····128
- **designate** ·····207
- desirable ·····66
- **desire** ·····66
- **despair** ·····237
- **desperate** ·····182
- desperately ·····182
- **despise** ·····226
- **despite** ·····105
- **dessert** ·····200
- **destination** ·····155
- **destiny** ·····242
- **destroy** ·····12
- destruction ·····12
- destructive ·····12
- **detached** ·····307
- **detail** ·····66
- detailed ·····66
- **detect** ·····124
- detective ·····124
- **deteriorate** ·····279
- deterioration ·····279
- determination ·····38
- **determine** ·····38
- **devastate** ·····209
- devastating ·····209
- **develop** ·····3
- development ·····3
- **device** ·····75
- devise ·····75
- **devote** ·····28
- devoted ·····28
- devotion ·····28
- diagnose ·····248
- **diagnosis** ·····248
- **dialect** ·····170

☐ dialogue 254	☐ discuss 38	☐ divorce 144
☐ **diameter** 242	☐ discussion 38	☐ **dizzy** 306
☐ **diarrhea** 256	☐ **disease** 65	☐ **do** 320
☐ **dictate** 204	☐ disgrace 250	☐ **doctrine** 286
☐ dictator 204	☐ **disguise** 283	☐ **document** 154
☐ **diet** 339	☐ **disgust** 230	☐ **dolphin** 46
☐ the Diet 168	☐ disgusted 230	☐ **domain** 299
☐ **differ** 40	☐ disgusting 230	☐ **domestic** 88
☐ difference 40	☐ **dish** 200	☐ domesticate 88
☐ different 40	☐ **dismay** 287	☐ dominant 129
☐ **digest** 205	☐ **dismiss** 115	☐ **dominate** 129
☐ digestion 205	☐ dismissal 115	☐ **donate** 211
☐ dignified 237	☐ **disorder** 321	☐ donation 211
☐ **dignity** 237	☐ **dispense** 276	☐ donor 211
☐ diligence 264	☐ **displace** 208	☐ **doomed** 307
☐ **diligent** 264	☐ **display** 26	☐ **dose** 299
☐ **dim** 304	☐ disposable 216	☐ **dove** 106
☐ **dimension** 144	☐ disposal 216	☐ **dozen** 164
☐ **diminish** 125	☐ **dispose** 216	☐ **draft** 233
☐ **dinosaur** 173	☐ **dispute** 155	☐ **drag** 217
☐ **diploma** 291	☐ **disregard** 227	☐ **drain** 218
☐ diplomacy 266	☐ **disrupt** 222	☐ drastic 314
☐ diplomat 266	☐ disruption 222	☐ **drastically** 314
☐ **diplomatic** 266	☐ **dissolve** 206	☐ **draw** 13
☐ **direct** 333	☐ **distance** 66	☐ **drawer** XXII, 13
☐ direction 333	☐ distant 66	☐ **dread** 217
☐ **director** 228	☐ distinct 40	☐ dreadful 217
☐ **disability** 150	☐ distinction 40	☐ **drift** 225
☐ disabled 150	☐ distinctive 40	☐ **drive** 344
☐ disadvantage 65	☐ **distinguish** 40	☐ **drought** 237
☐ disappear 53	☐ distinguished 40	☐ **drown** 121
☐ **disappoint** 24	☐ **distort** 217	☐ drug 236
☐ disappointed 24	☐ distortion 217	☐ **due** 333
☐ disappointing 24	☐ **distract** 223	☐ **dull** 177, 258
☐ disappointment 24	☐ distraction 223	☐ **dumb** 305
☐ disapprove 33	☐ **distress** 148	☐ **duplicate** 279
☐ **disaster** 77	☐ **distribute** 132	☐ durable 129
☐ disastrous 77	☐ distribution 132	☐ dusk 139
☐ discard 222	☐ **district** 158	☐ dust 254
☐ **discern** 275	☐ **disturb** 25	☐ **duty** 56
☐ **discharge** 282	☐ disturbance 25	☐ duty-free 56
☐ **discipline** 342	☐ disturbing 25	☐ **dwell** 219
☐ **disclose** 223	☐ diverse 168	☐ dweller 219
☐ discomfort 97	☐ **diversity** 168	☐ dwelling 219
☐ discourage 10	☐ **divert** 279	☐ **dye** 200
☐ **discourse** 291	☐ **divide** 40	☐ dynamic 306
☐ discriminate 169	☐ **divine** 310	
☐ **discrimination** 169	☐ division 40	

356 **INDEX**

E

- [ ] **eager** ·············89
- [ ] eagerly ·············89
- [ ] **eagle** ·············106
- [ ] **earn** ·············18
- [ ] **earnest** ·············305
- [ ] **earthquake** ·············75
- [ ] **eccentric** ·············310
- [ ] **ecological** ·············197
- [ ] ecologist ·············197
- [ ] ecology ·············197
- [ ] **economic** ·············51
- [ ] **economical** ·············51
- [ ] **economy** ·············51
- [ ] ecosystem ·············197
- [ ] **edge** ·············74
- [ ] edit ·············164
- [ ] **edition** ·············164
- [ ] **editor** ·············164
- [ ] editorial ·············164
- [ ] **educate** ·············40
- [ ] educated ·············40
- [ ] education ·············40
- [ ] educational ·············40
- [ ] **effect** ·············48
- [ ] **effective** ·············48
- [ ] efficiency ·············87
- [ ] **efficient** ·············87
- [ ] **effort** ·············63
- [ ] **elaborate** ·············196
- [ ] **elbow** ·············200
- [ ] **elderly** ·············101
- [ ] **elect** ·············120
- [ ] **election** ·············120
- [ ] electric ·············77
- [ ] **electrical** ·············77
- [ ] **electricity** ·············77
- [ ] **electronic** ·············77
- [ ] **element** ·············57
- [ ] **elementary** ·············57
- [ ] **elephant** ·············46
- [ ] **elevator** ·············XXII
- [ ] **eliminate** ·············109
- [ ] **eloquent** ·············309

- [ ] **embark** ·············280
- [ ] **embarrass** ·············33
- [ ] embarrassed ·············33
- [ ] embarrassing ·············33
- [ ] embarrassment ·············33
- [ ] **embassy** ·············287
- [ ] **embody** ·············277
- [ ] **embrace** ·············118
- [ ] **emerge** ·············35
- [ ] emergence ·············35
- [ ] **emergency** ·············137
- [ ] **emigrate** ·············52
- [ ] **eminent** ·············311
- [ ] **emission** ·············174
- [ ] **emit** ·············174
- [ ] **emotion** ·············73
- [ ] emotional ·············73
- [ ] emperor ·············163
- [ ] emphasis ·············46
- [ ] **emphasize** ·············46
- [ ] **empire** ·············163
- [ ] **employ** ·············25
- [ ] employee ·············25
- [ ] employment ·············25
- [ ] **empty** ·············98
- [ ] **enable** ·············39
- [ ] **enclose** ·············211
- [ ] enclosed ·············211
- [ ] **encounter** ·············26
- [ ] **encourage** ···10, 154
- [ ] encouragement ·············10
- [ ] **encyclopedia** ·············241
- [ ] **end** ·············325
- [ ] **endanger** ·············125
- [ ] **endeavor** ·············235
- [ ] **endow** ·············274
- [ ] endurance ·············129
- [ ] **endure** ·············129
- [ ] enduring ·············129
- [ ] **enemy** ·············74
- [ ] **enforce** ·············207
- [ ] **engage** ·············25
- [ ] engagement ·············25
- [ ] **enhance** ·············132
- [ ] **enlighten** ·············306
- [ ] **enlightened** ·············306
- [ ] enlightenment ·············306
- [ ] **enormous** ·············99

- [ ] **enrich** ·············218
- [ ] **enroll** ·············223
- [ ] enrollment ·············223
- [ ] **ensure** ·············108
- [ ] **enter** ·············8
- [ ] **enterprise** ·············142
- [ ] **entertain** ·············129
- [ ] entertainment ·············129
- [ ] **enthusiasm** ·············139
- [ ] enthusiastic ·············139
- [ ] **entire** ·············97
- [ ] entirely ·············97
- [ ] **entitled** ·············257
- [ ] **entity** ·············288
- [ ] entrance ·············8
- [ ] entry ·············8
- [ ] **envelope** ·············169
- [ ] envious ·············124
- [ ] **environment** ·············64
- [ ] environmental ·············64
- [ ] environmentalist ·············64
- [ ] **envy** ·············124
- [ ] **epidemic** ·············256
- [ ] **equal** ·············82
- [ ] equality ·············82
- [ ] **equate** ·············256
- [ ] **equation** ·············256
- [ ] **equator** ·············285, 298
- [ ] **equip** ·············71, 122
- [ ] **equipment** ···71, 122
- [ ] **equivalent** ·············140
- [ ] **era** ·············155
- [ ] **erase** ·············221
- [ ] **erect** ·············275
- [ ] **erode** ·············249
- [ ] **erosion** ·············249
- [ ] **erupt** ·············299
- [ ] **eruption** ·············299
- [ ] **escape** ·············17
- [ ] **essence** ·············96
- [ ] **essential** ·············96
- [ ] **establish** ·············10
- [ ] establishment ·············10
- [ ] **estate** ·············251
- [ ] **esteem** ·············242
- [ ] **estimate** ·············18
- [ ] **eternal** ·············267
- [ ] eternity ·············267

INDEX 357

- ethic ·····151
- ethical ·····151
- ethnic ·····181
- evade ·····279
- evaluate ·····134
- evaluation ·····134
- evaporate ·····285
- even ·····322
- evenly ·····322
- eventually ·····103
- evidence ·····67
- evident ·····67
- evil ·····89
- evoke ·····283
- evolution ·····79
- evolve ·····79
- exact ·····92
- exactly ·····92
- exaggerate ·····133
- exaggeration ·····133
- examination ·····19
- examine ·····19
- exceed ·····132, 190
- excel ·····98, 218
- excellence ·····98
- excellent ·····98
- exception ·····153
- exceptional ·····153
- excess ·····190
- excessive ·····190, 195
- exchange ·····39
- exclaim ·····219
- exclude ·····3
- excursion ·····295
- excuse ·····51
- execute ·····224
- executive ·····159
- exercise ·····334
- exert ·····219
- exhaust ·····26
- exhausted ·····26
- exhausting ·····26
- exhaustion ·····26
- exhibit ·····119
- exhibition ·····119
- exist ·····36
- existence ·····36
- existing ·····36
- exotic ·····268
- expand ·····24
- expansion ·····24
- expect ·····2
- expectation ·····2
- expedition ·····240
- expel ·····282
- expenditure ·····96, 284
- expense ·····96
- expensive ·····96
- experience ·····47
- experienced ·····47
- experiment ·····67
- experimental ·····67
- expert ·····228
- explain ·····36
- explanation ·····36
- explicit ·····308
- explode ·····167
- exploit ·····204
- exploitation ·····204
- exploration ·····44
- explore ·····44
- explosion ·····167
- explosive ·····167
- export ·····28
- expose ·····31
- exposure ·····31
- express ·····37
- expression ·····37
- expressive ·····37
- extend ·····23
- extension ·····23
- extensive ·····23
- extent ·····23
- external ·····177
- extinct ·····166
- extinction ·····166
- extinguish ·····281
- extract ·····226
- extraordinary ·····189
- extreme ·····104, 195
- extremely ·····104
- eyebrow ·····251

F

- fabric ·····231
- face ·····317
- facility ·····137
- factor ·····68
- factory ·····XXII
- faculty ·····144
- fade ·····131
- fail ·····328
- failure ·····328
- faint ·····257
- faith ·····139
- faithful ·····139
- fake ·····311
- fame ·····237
- familiar ·····81
- familiarity ·····81
- famine ·····166
- famous ·····237
- fancy ·····344
- fantastic ·····192
- fantasy ·····192
- fare ·····165
- fascinate ·····28
- fascinated ·····28
- fascinating ·····28
- fascination ·····28
- fashion ·····336
- fast ·····332
- fasten ·····332
- fat ·····173
- fatal ·····162
- fate ·····162, 242
- fatigue ·····237
- fault ·····320
- favor ·····53
- favorable ·····53
- favorite ·····53, 97
- feast ·····239
- feat ·····288
- feature ·····54
- federal ·····194
- fee ·····142
- feed ·····17

- female ········· 84
- **feminine** ········· 268
- feminist ········· 268
- **fertile** ········· 261, 312
- fertility ········· 261
- fertilizer ········· 261
- **fetch** ········· 219
- **feudal** ········· 306
- **fever** ········· 156
- **fiction** ········· 158
- fictional ········· 158
- **fierce** ········· 258
- **figure** ········· 320
- finance ········· 99
- **financial** ········· 99
- **finding** ········· 170
- **fine** ········· 330
- **fire** ········· 332
- **firm** ········· 334
- **fisherman** ········· 228
- fist ········· 168
- **fit** ········· 336
- fitness ········· 336
- **fix** ········· 336
- **flame** ········· 240
- **flat** ········· 340
- **flatter** ········· 283
- flattery ········· 283
- **flavor** ········· 172
- **flaw** ········· 298
- **flee** ········· 225
- **flesh** ········· 250
- flexibility ········· 193
- **flexible** ········· 193
- **float** ········· 131
- **flock** ········· 232
- **flood** ········· 58
- **flourish** ········· 226
- fluency ········· 196
- **fluent** ········· 196
- fluently ········· 196
- **fluid** ········· 252
- **fly** ········· 106
- **focus** ········· 20
- **fog** ········· 242
- **fold** ········· 135
- **folk** ········· 167
- folklore ········· 167

- **follow** ········· 2
- following ········· 2, 86
- **fond** ········· 184
- **foot** ········· 272
- **forbid** ········· 4, 130
- **force** ········· 4
- **forecast** ········· 160
- forefinger ········· 168
- **forehead** ········· 200, 251
- **foresee** ········· 280
- **forgive** ········· 123
- **form** ········· 325
- formal ········· 178, 325
- formation ········· 325
- **former** ········· 85
- formerly ········· 85
- **formula** ········· 230
- formulate ········· 230
- **fortunate** ········· 325
- fortunately ········· 325
- **fortune** ········· 325
- **fossil** ········· 163
- **foster** ········· 125
- **foul** ········· 309
- **found** ········· 114
- foundation ········· 114
- **fountain** ········· 303
- **fox** ········· 46
- **fraction** ········· 249
- **fracture** ········· 256
- **fragile** ········· 263
- **fragment** ········· 245
- **frame** ········· 141
- **framework** ········· 141
- **frank** ········· 272
- **frankly** ········· 272
- **free** ········· 327
- **freeze** ········· 118
- **freight** ········· 299
- **frequency** ········· 103
- **frequent** ········· 103
- **frequently** ········· 103
- **friction** ········· 248
- **frighten** ········· 29
- frightened ········· 29
- frightening ········· 29
- **frigid** ········· 187
- **frontier** ········· 150

- **frost** ········· 242
- **frown** ········· 221
- **frustrate** ········· 117
- frustrated ········· 117
- frustrating ········· 117
- frustration ········· 117
- **fuel** ········· 76
- **fulfill** ········· 114
- **function** ········· 68
- **fund** ········· 160
- **fundamental** ········· 87
- **funeral** ········· 167
- **fur** ········· 200
- **furious** ········· 305
- furnish ········· 157
- **furniture** ········· 157
- **fury** ········· 305
- **fuss** ········· 285

G

- **gain** ········· 12
- **galaxy** ········· 245
- **gallery** ········· XXII
- **game** ········· 346
- **garage** ········· XXII
- **garbage** ········· 166
- **garment** ········· 247
- **gate** ········· XXII
- **gaze** ········· 134
- **gender** ········· 173
- **gene** ········· 78
- **general** ········· 86, 95
- generalization ········· 95
- generalize ········· 95
- generally ········· 95
- **generate** ········· 46
- **generation** ········· 46, 66
- generosity ········· 187
- **generous** ········· 187
- genetic ········· 78
- **genius** ········· 157
- **genuine** ········· 179
- geographical ········· 168
- **geography** ········· 168
- geological ········· 270

- geology ·········· 270
- geometry ·········· 241
- **germ** ·········· 284
- **gift** ·········· 338
- gifted ·········· 338
- **gigantic** ·········· 308
- **given** ·········· 342
- **glacier** ·········· 303
- **glance** ·········· 130
- **glimpse** ·········· 241
- **glitter** ·········· 282
- **global** ·········· 86
- globalization ·········· 86
- **globe** ·········· 86
- **gloom** ·········· 267
- **gloomy** ·········· 267
- **glorious** ·········· 246
- **glory** ·········· 246
- **glow** ·········· 218
- **goat** ·········· 46
- **good** ·········· 342
- **goods** ·········· 69
- **goose** ·········· 106
- **govern** ·········· 63
- **government** ·········· 63
- **governor** ·········· 63
- **grab** ·········· 135
- **grace** ·········· 250
- **graceful** ·········· 250
- **grade** ·········· 59
- **gradual** ·········· 104
- **gradually** ·········· 104
- **graduate** ·········· 19
- **graduation** ·········· 19
- **grain** ·········· 142
- **grandchild** ·········· 228
- **grandparents** ·········· 228
- **grant** ·········· 16
- **grasp** ·········· 116
- **grateful** ·········· 193
- **gratitude** ·········· 193
- **grave** ·········· 261
- **gravity** ·········· 151
- **greed** ·········· 269
- **greedy** ·········· 269
- **greet** ·········· 129
- greeting ·········· 129
- **grief** ·········· 252
- grieve ·········· 252
- **grim** ·········· 304
- **groan** ·········· 219
- **grocery** ·········· 170
- **gross** ·········· 264
- **ground** ·········· 333
- **guarantee** ·········· 129
- **guess** ·········· 38
- guilt ·········· 176
- **guilty** ·········· 176, 181
- **gulf** ·········· 303

H

- **habit** ·········· 65
- **habitat** ·········· 173
- **habitual** ·········· 65
- **hail** ·········· 270
- **hall** ·········· XXII
- **halt** ·········· 220
- **handle** ·········· 43
- **harassment** ·········· 293
- **harbor** ·········· 303
- **hardly** ·········· 103
- **hardship** ·········· 246
- **hare** ·········· 46
- **harm** ·········· 60
- harmful ·········· 60
- harmless ·········· 60
- **harsh** ·········· 195
- **harvest** ·········· 164
- **haste** ·········· 232
- **hasten** ·········· 232
- **hasty** ·········· 232
- **hatch** ·········· 211
- hate ·········· 238
- **hatred** ·········· 238
- **haunt** ·········· 283
- **haunted** ·········· 283
- **hawk** ·········· 106
- **hazard** ·········· 250
- hazardous ·········· 250
- **head** ·········· 327
- **heading** ·········· 327
- **headline** ·········· 240
- **headquarters** ·········· 289
- **heal** ·········· 123
- healing ·········· 123
- **heaven** ·········· 159
- **height** ·········· 144
- **heir** ·········· 285
- hell ·········· 159
- **help** ·········· 323
- **helpless** ·········· 266
- **hemisphere** ·········· 165
- **hen** ·········· 106
- **hence** ·········· 272
- herd ·········· 232
- **hereditary** ·········· 299
- **heredity** ·········· 299
- **heritage** ·········· 168
- hesitant ·········· 128
- **hesitate** ·········· 128
- hesitation ·········· 128
- **hierarchy** ·········· 244
- **hinder** ·········· 277
- **hire** ·········· 7
- **hold** ·········· 325
- **honor** ·········· 141
- honorable ·········· 141
- **horizon** ·········· 145
- horizontal ·········· 145, 305
- **horrible** ·········· 164
- **horrify** ·········· 164
- **horror** ·········· 164
- **hospitable** ·········· 288
- **hospital** ·········· XXII
- **hospitality** ·········· 288
- **hostile** ·········· 261
- hostility ·········· 261
- **household** ·········· 74
- **housewife** ·········· 228
- **hug** ·········· 227
- **huge** ·········· 96
- **humanity** ·········· 325
- **humble** ·········· 257
- **humid** ·········· 268
- humidity ·········· 268
- **humiliate** ·········· 222
- humiliated ·········· 222
- humiliating ·········· 222
- humility ·········· 257
- **hurt** ·········· 23
- **hybrid** ·········· 313

- ☐ hydrogen ·········159
- ☐ **hypothesis** ········164

I

- ☐ iceberg ·········303
- ☐ ideal ···········98
- ☐ identical ········30
- ☐ identification ·······30
- ☐ **identify** ········30
- ☐ identity ·········30
- ☐ ideological ········295
- ☐ **ideology** ········295
- ☐ idle ············258
- ☐ ignorance ········197
- ☐ **ignorant** ········197
- ☐ ignore ·········38
- ☐ illegal ··········90
- ☐ illiterate ········198
- ☐ **illuminate** ·······210
- ☐ illumination ·······210
- ☐ **illusion** ········238
- ☐ **illustrate** ········112
- ☐ illustration ········112
- ☐ **imaginable** ········194
- ☐ **imaginary** ········194
- ☐ **imaginative** ········194
- ☐ **imitate** ·········135
- ☐ imitation ········135
- ☐ immature ········178
- ☐ immediate ········103
- ☐ **immediately** ·······103
- ☐ **immense** ········266
- ☐ immensely ········266
- ☐ **immigrant** ·······52
- ☐ immigration ·······52
- ☐ immortal ········288
- ☐ **immune** ·········197
- ☐ **impact** ··········59
- ☐ **impair** ·········276
- ☐ impartial ·········320
- ☐ impatient ·········53
- ☐ imperial ·········163
- ☐ **implement** ········206
- ☐ implication ·········35
- ☐ implicit ·········308
- ☐ **imply** ···········35
- ☐ impolite ·········100
- ☐ **import** ··········28
- ☐ **impose** ··········34
- ☐ impress ··········70
- ☐ **impression** ·······70
- ☐ impressive ········70
- ☐ imprison ·········158
- ☐ **improve** ··········7
- ☐ improvement ········7
- ☐ **impulse** ·········238
- ☐ inadequate ········189
- ☐ inappropriate ·······98
- ☐ incapable ·········84
- ☐ **incentive** ········290
- ☐ **inch** ············272
- ☐ **incident** ·········152
- ☐ incidental ·········152
- ☐ inclination ········182
- ☐ **inclined** ·········182
- ☐ **include** ············3
- ☐ **income** ············70
- ☐ incompetent ········262
- ☐ incomplete ········95
- ☐ **incorporate** ······222
- ☐ incorrect ··········81
- ☐ **increase** ············2
- ☐ increasingly ········2
- ☐ **incredible** ········196
- ☐ incredibly ········196
- ☐ indefinitely ········198
- ☐ independence ·····84
- ☐ **independent** ·····84
- ☐ **indicate** ··········16
- ☐ indication ··········16
- ☐ indifference ········190
- ☐ **indifferent** ········190
- ☐ **indigenous** ········311
- ☐ indignant ·········294
- ☐ **indignation** ········294
- ☐ **indispensable** ····261
- ☐ **individual** ·········48
- ☐ individualism ········48
- ☐ individuality ········48
- ☐ **induce** ············210
- ☐ **indulge** ············208
- ☐ indulgence ········208
- ☐ industrial ·········50
- ☐ industrialized ······50
- ☐ industrious ········50
- ☐ **industry** ·········50
- ☐ **inevitable** ········190
- ☐ inevitably ·········190
- ☐ inexpensive ········96
- ☐ infancy ··········78
- ☐ **infant** ············78
- ☐ **infect** ············126
- ☐ infection ·········126
- ☐ **infer** ············221
- ☐ inferior ··········87
- ☐ **infinite** ·········264
- ☐ **inflict** ·········278
- ☐ **influence** ·········48
- ☐ influential ········48
- ☐ **inform** ··········42
- ☐ informal ·········325
- ☐ information ········42
- ☐ **ingenious** ········310
- ☐ ingenuity ·········310
- ☐ **ingredient** ········164
- ☐ inhabit ··········162
- ☐ **inhabitant** ········162
- ☐ **inherent** ········269
- ☐ inherently ········269
- ☐ **inherit** ·········132
- ☐ inheritance ········132
- ☐ **initial** ········192, 231
- ☐ initially ·········192
- ☐ initiate ········192, 231
- ☐ **initiative** ·········231
- ☐ **injure** ···········35
- ☐ injury ············35
- ☐ **innate** ············307
- ☐ **inner** ············184
- ☐ innocence ·········181
- ☐ **innocent** ·········181
- ☐ **innovation** ········173
- ☐ innovative ········173
- ☐ **innumerable** ·····307
- ☐ input ············149
- ☐ inquire ·········147
- ☐ **inquiry** ·········147
- ☐ **insane** ·········311
- ☐ **insect** ············77
- ☐ **insert** ············277
- ☐ **insight** ·········162

INDEX 361

- insist ·····19
- **inspect** ·····220
- inspection ·····220
- inspiration ·····114
- **inspire** ·····114
- **install** ·····226
- **instance** ·····66
- instant ·····198
- **instantly** ·····198
- **instinct** ·····163
- instinctive ·····163
- institute ·····59
- **institution** ·····59
- instruct ·····75
- **instruction** ·····75
- instructive ·····75
- instructor ·····75
- **instrument** ·····75
- insufficient ·····101
- **insult** ·····162
- **insurance** ·····152
- insure ·····152
- **intake** ·····300
- **integral** ·····313
- **integrate** ·····219
- **integrity** ·····299
- intellect ·····100
- **intellectual** ·····100
- **intend** ·····39
- **intense** ·····191
- intensify ·····191
- intensity ·····191
- intensive ·····191
- **intent** ·····259
- intention ·····39
- intentional ·····39
- **interact** ·····60
- **interaction** ·····60
- interactive ·····60
- **interest** ·····328
- **interfere** ·····125
- interference ·····125
- **internal** ·····177
- **interpret** ·····108
- interpretation ·····108
- interpreter ·····108
- **interrupt** ·····112
- interruption ·····112
- **intersection** ·····295
- **interval** ·····237
- intervene ·····253
- **intervention** ·····253
- intimacy ·····179
- **intimate** ·····179
- **intricate** ·····312
- intrigue ·····312
- **intriguing** ·····312
- **introduce** ·····13
- introduction ·····13
- **intrude** ·····281
- intruder ·····281
- intrusion ·····281
- **intuition** ·····290
- intuitive ·····290
- **invade** ·····133
- invaluable ·····48
- invariably ·····19
- invasion ·····133
- **invent** ·····41
- invention ·····41
- inventive ·····41
- inventor ·····41
- **invest** ·····116
- **investigate** ·····127
- investigation ·····127
- investment ·····116
- involve ·····82
- **involved** ·····82
- involvement ·····82
- **iron** ·····272
- ironic ·····249
- ironically ·····249
- **irony** ·····249
- irrational ·····192
- irrelevant ·····182
- irresistible ·····109
- irresponsible ·····67
- **irrigation** ·····293
- **irritate** ·····122
- irritated ·····122
- irritating ·····122
- Islam ·····260
- Islamic ·····260
- isolate ·····187
- **isolated** ·····187
- isolation ·····187
- **issue** ·····319
- **item** ·····338
- **ivory** ·····272

J

- jail ·····158
- **jam** ·····146
- jaw ·····200
- **jealous** ·····259
- jealousy ·····259
- jewel ·····251
- **jewelry** ·····251
- **join** ·····10
- joint ·····10
- **judge** ·····14
- judgment ·····14
- junior ·····178
- **junk** ·····236
- Jupiter ·····72
- **jury** ·····287
- **justice** ·····159
- justification ·····159
- justify ·····159
- **juvenile** ·····309

K

- **keen** ·····177
- **kid** ·····55
- kidney ·····200
- **kindergarten** ·····255
- **kingdom** ·····140
- **kitten** ·····46
- **knee** ·····200, 245
- kneel ·····245
- **knit** ·····280
- knitting ·····280
- knot ·····280
- **knowledge** ·····63

L

- [ ] **labor** ·······69
- [ ] **laboratory** ·······152
- [ ] laborious ·······69
- [ ] **lack** ·······64
- [ ] **lag** ·······233
- [ ] **lament** ·······274
- [ ] landfill ·······244
- [ ] landlord ·······149
- [ ] **landmark** ·······250
- [ ] **landscape** ·······155
- [ ] **lane** ·······252
- [ ] **lap** ·······245
- [ ] **largely** ·······105
- [ ] **last** ·······316
- [ ] lasting ·······316
- [ ] **late** ·······345
- [ ] **lately** ·······185
- [ ] **latest** ·······102
- [ ] **latitude** ·······298
- [ ] **latter** ·······180
- [ ] **laughter** ·······62
- [ ] **launch** ·······125
- [ ] **laundry** ·······255
- [ ] **lava** ·······270
- [ ] **layer** ·······158
- [ ] **lead** ·······272, 326
- [ ] **leak** ·······212
- [ ] **lean** ·······121
- [ ] **leap** ·······133
- [ ] lease ·······29
- [ ] **leather** ·······200, 251
- [ ] **leave** ·······322
- [ ] **lecture** ·······74
- [ ] **legacy** ·······290
- [ ] **legal** ·······90
- [ ] **legend** ·······163
- [ ] legendary ·······163
- [ ] **legislation** ·······254, 304
- [ ] **legitimate** ·······304
- [ ] **leisure** ·······153
- [ ] lend ·······41
- [ ] **length** ·······69
- [ ] **lesson** ·······337
- [ ] **lest** ·······314
- [ ] **letter** ·······330
- [ ] **leukemia** ·······256
- [ ] **liability** ·······259
- [ ] **liable** ·······259
- [ ] **liberal** ·······195
- [ ] **liberate** ·······195
- [ ] **liberation** ·······195
- [ ] **liberty** ·······195
- [ ] **life** ·······326
- [ ] **lightning** ·······254
- [ ] **like** ·······344
- [ ] **likelihood** ·······80
- [ ] **likely** ·······80
- [ ] likewise ·······88
- [ ] **limb** ·······248
- [ ] **line** ·······330
- [ ] **linger** ·······274
- [ ] linguist ·······192
- [ ] **linguistic** ·······192
- [ ] linguistics ·······192
- [ ] liquid ·······102
- [ ] **literacy** ·······198
- [ ] **literal** ·······198
- [ ] **literally** ·······198
- [ ] **literary** ·······198
- [ ] **literate** ·······198
- [ ] **literature** ·······71
- [ ] litter ·······244
- [ ] **lively** ·······193
- [ ] **liver** ·······171, 200
- [ ] **lizard** ·······46
- [ ] **load** ·······142
- [ ] **local** ·······81
- [ ] **locate** ·······30
- [ ] location ·······30
- [ ] **log** ·······239
- [ ] **logic** ·······164
- [ ] logical ·······164
- [ ] lone ·······187
- [ ] **lonely** ·······187
- [ ] **long** ·······329
- [ ] longitude ·······298
- [ ] **loose** ·······177
- [ ] **lord** ·······149
- [ ] lose ·······67
- [ ] **loss** ·······67
- [ ] lost ·······67
- [ ] **lot** ·······346
- [ ] **lottery** ·······287
- [ ] **low-fat** ·······255
- [ ] **loyal** ·······263
- [ ] loyalty ·······263
- [ ] **luggage** ·······238
- [ ] lumber ·······247
- [ ] **lump** ·······287
- [ ] lunar ·······191
- [ ] **lung** ·······171
- [ ] **lure** ·······276
- [ ] luxurious ·······159
- [ ] **luxury** ·······159

M

- [ ] **mad** ·······343
- [ ] **magnificent** ·······263
- [ ] **maintain** ·······334
- [ ] maintenance ·······334
- [ ] **Majesty** ·······228
- [ ] **major** ·······71, 187, 329
- [ ] **majority** ·······71, 329
- [ ] **make** ·······345
- [ ] **malaria** ·······256
- [ ] **male** ·······84
- [ ] **mammal** ·······171
- [ ] **manage** ·······332
- [ ] **manifest** ·······308
- [ ] manifestation ·······308
- [ ] **manipulate** ·······223
- [ ] **mankind** ·······155
- [ ] **manner** ·······333
- [ ] mansion ·······255
- [ ] **manual** ·······196
- [ ] **manufacture** ·······31
- [ ] manufacturer ·······31
- [ ] manuscript ·······247
- [ ] **maple** ·······94
- [ ] **marble** ·······272
- [ ] **margin** ·······253
- [ ] marginal ·······253
- [ ] **marital** ·······228
- [ ] **marriage** ·······37
- [ ] married ·······37
- [ ] **marry** ·······37

- Mars ··················72
- marvel ················260
- **marvelous** ········260
- masculine ············268
- **mass** ··················56
- massive ················56
- **masterpiece** ······284
- **match** ··················20
- material ················50
- materialism ··········50
- **matter** ················324
- **mature** ················178
- maturity ················178
- maximum ············180
- **mayor** ················244
- **meadow** ············242
- **mean** ··················322
- meaning ················322
- **means** ················324
- **meanwhile** ········185
- **measure** ············335
- mechanic ············165
- mechanical ··········165
- mechanics ··········165
- **mechanism** ······165
- **medical** ··············96
- medicine ··············96
- **medieval** ············196
- **meditation** ········297
- **the Mediterranean Sea** ················303
- **medium** ··············56
- **meet** ··················316
- **melancholy** ······291
- **melt** ··················133
- **menace** ············293
- **mend** ················216
- **mental** ················98
- mentality ··············98
- **mention** ··············14
- merchandise ······167
- **merchant** ··········167
- merciful ··············235
- Mercury ················72
- **mercy** ················235
- mere ····················104
- **merely** ··············104
- **merge** ················278

- **merit** ··················158
- **merry** ················312
- **mess** ··················237
- metabolic ············302
- **metabolism** ······302
- **metaphor** ········254
- **meteor** ··············270
- **methane** ············272
- **method** ··············65
- metropolis ··········266
- **metropolitan** ······266
- microscope ········171
- **midst** ··················298
- might ··················312
- **mighty** ··············312
- **migrate** ··············218
- migration ············218
- **mile** ··················272
- **military** ············102
- **the Milky Way** ····270
- million ·········73, 249
- **millionaire** ········249
- **mind** ··················323
- **mine** ··················149
- miner ··················149
- mineral ················149
- minimal ··············180
- **minimum** ··········180
- **minister** ··············61
- ministry ················61
- **minor** ················187
- minority ······71, 187
- **minute** ··············333
- **mischief** ············298
- mischievous ········298
- **miserable** ···183, 239
- **misery** ·······183, 239
- mislead ··············260
- **misleading** ········260
- **miss** ··················318
- missing ··············318
- **mission** ············147
- missionary ········147
- mist ····················242
- **mistake** ··············9
- mistaken ··············9
- **mobile** ··············197
- mobility ··············197

- **mock** ··············277
- **moderate** ········195
- **modest** ············179
- modification ········133
- **modify** ··············133
- moist ··················247
- **moisture** ············247
- **mold** ················221
- molecular ············174
- **molecule** ············174
- **mom** ················228
- **monarch** ············289
- monarchy ············289
- monk ··················162
- monopolize ········292
- **monopoly** ········292
- **monotonous** ······309
- **monument** ········241
- **moral** ··················88
- morality ··············88
- **moreover** ··········104
- mortal ················288
- **mortality** ············288
- **mosquito** ··········106
- **most** ··················323
- **mostly** ············105
- **moth** ················106
- motivate ············163
- **motivation** ········163
- **motive** ··············163
- **mount** ··············215
- **mourn** ··············274
- **mouse** ··············46
- **move** ················346
- **mug** ··················200
- **multiple** ············213
- multiplication ·····213
- **multiply** ············213
- multitude ············213
- **murder** ············155
- **murmur** ············279
- **muscle** ············156
- muscular ············156
- **museum** ············XXII
- **Muslim** ············260
- mutate ················301
- **mutation** ············301
- **mutual** ··············189

- [ ] myth 167

N

- [ ] naive 304
- [ ] naked 267
- [ ] namely 271
- [ ] nap 232
- [ ] narration 288
- [ ] narrative 288
- [ ] narrow 87
- [ ] narrowly 87
- [ ] nasty 306
- [ ] nation 63
- [ ] national 63
- [ ] nationalism 63
- [ ] nationality 63
- [ ] nationwide 63
- [ ] native 83
- [ ] natural 188, 327
- [ ] nature 317
- [ ] naughty 308
- [ ] naval 246
- [ ] navigate 222
- [ ] navigation 222
- [ ] navy 246
- [ ] nearby 92
- [ ] nearly 92
- [ ] neat 262
- [ ] necessarily 105
- [ ] necessary 105
- [ ] necessity 105
- [ ] needle 238
- [ ] negative 88
- [ ] neglect 32
- [ ] negotiate 212
- [ ] negotiation 212
- [ ] neighbor 53
- [ ] neighborhood 53
- [ ] neighboring 53
- [ ] nephew 248
- [ ] nerve 88
- [ ] nervous 88
- [ ] nest 174
- [ ] neurology 301
- [ ] neuron 301
- [ ] neuroscience 301
- [ ] neutral 264
- [ ] nevertheless 104
- [ ] niece 248
- [ ] nightmare 249
- [ ] nitrogen 159
- [ ] noble 181
- [ ] nod 120
- [ ] nonetheless 104
- [ ] nonverbal 193
- [ ] norm 230
- [ ] normal 230
- [ ] the North Pole ...303
- [ ] notable 267
- [ ] note 347
- [ ] notice 8
- [ ] noticeable 8
- [ ] notion 76
- [ ] notorious 309
- [ ] nourish 223
- [ ] nourishment 223
- [ ] novel 291
- [ ] novelty 291
- [ ] nowadays 95
- [ ] nuclear 90
- [ ] nuisance 246
- [ ] numerous 188
- [ ] nurse 172
- [ ] nursery 172
- [ ] nursery school ...255
- [ ] nursing 172
- [ ] nurture 223
- [ ] nutrient 174
- [ ] nutrition 174

O

- [ ] oak 94
- [ ] oasis 303
- [ ] obedience 109
- [ ] obedient 109
- [ ] obese 255
- [ ] obesity 255
- [ ] obey 109
- [ ] object 332
- [ ] objection 332
- [ ] objective 140, 305
- [ ] obligation 116
- [ ] oblige 116
- [ ] obscure 258
- [ ] observation 336
- [ ] observe 336
- [ ] obsessed 307
- [ ] obsession 307
- [ ] obstacle 161
- [ ] obtain 40
- [ ] obvious 83
- [ ] obviously 83
- [ ] occasion 55
- [ ] occasional 93
- [ ] occasionally 93
- [ ] occupation 140
- [ ] occupy 31
- [ ] occur 36
- [ ] occurrence 36
- [ ] octopus 106
- [ ] odd 189
- [ ] odds 242
- [ ] odor 249
- [ ] offend 225
- [ ] offense 225
- [ ] offensive 225
- [ ] offer 4
- [ ] offering 4
- [ ] officer 49
- [ ] official 52
- [ ] offspring 240
- [ ] old-fashioned 336
- [ ] omit 221
- [ ] once 339
- [ ] operate 23
- [ ] operation 23
- [ ] opponent 171
- [ ] opportunity 65
- [ ] oppose 42
- [ ] opposite 42
- [ ] opposition 42
- [ ] oppress 209
- [ ] oppression 209
- [ ] optimism 193
- [ ] optimist 193
- [ ] optimistic 193
- [ ] option 165
- [ ] optional 165

INDEX 365

- oral ·····265
- orbit ·····244
- orchard ·····296, 300
- order ·····321
- orderly ·····321
- ordinary ·····189
- ore ·····272
- organ ·····147
- organic ·····147
- organism ·····147, 167
- organization ·····68
- organize ·····68
- Oriental ·····261
- orientation ·····261
- oriented ·····261
- origin ·····71
- original ·····71
- originality ·····71
- originate ·····71
- ornament ·····286
- orphan ·····301
- orphanage ·····301
- otherwise ·····318
- outbreak ·····287
- outcome ·····171
- outlet ·····291
- outlook ·····235
- out-of-date ·····195
- output ·····149
- outrage ·····310
- outraged ·····310
- outstanding ·····268
- overall ·····179
- overcome ·····43
- overlook ·····116
- overnight ·····271
- overtake ·····222
- overweight ·····109
- overwhelm ·····193
- overwhelming ·····193
- owe ·····34
- owl ·····106
- own ·····31
- ox ·····46
- oxygen ·····159

P

- the Pacific Ocean ·····303
- pain ·····55
- painful ·····55
- palace ·····XXII, 255
- palm ·····168
- pants ·····200
- paper ·····339
- paradigm ·····302
- paradox ·····231
- parallel ·····145
- paralyze ·····310
- paralyzed ·····310
- parasite ·····290
- park ·····XXII
- pardon ·····123
- (the) Parliament ·····168
- part ·····320
- partial ·····320
- participant ·····34
- participate ·····34
- participation ·····34
- particle ·····172
- particular ·····80
- party ·····319
- passage ·····51
- passenger ·····70
- passion ·····163
- passionate ·····163
- passive ·····97, 180
- pastime ·····129, 153
- pasture ·····242
- patent ·····255
- path ·····75
- patience ·····53
- patient ·····53
- patriotic ·····311
- patriotism ·····311
- pause ·····157
- pave ·····286
- pavement ·····286
- pay ·····342
- pearl ·····272
- peasant ·····247

- peculiar ·····180
- peculiarity ·····180
- pedestrian ·····246
- peer ·····150
- penalty ·····168
- penetrate ·····208
- peninsula ·····303
- pension ·····247
- per ·····269
- per capita ·····269
- perceive ·····32
- perception ·····32
- perform ·····15
- performance ·····15
- perfume ·····249
- peril ·····294
- period ·····63
- permanent ·····101
- permission ·····41
- permit ·····41
- perpetual ·····313
- perpetuate ·····313
- perplex ·····282
- persecute ·····292
- persecution ·····292
- persist ·····213
- persistence ·····213
- persistent ·····213
- personnel ·····241
- perspective ·····139
- persuade ·····24
- persuasion ·····24
- persuasive ·····24
- pessimistic ·····193
- pest ·····254
- pesticide ·····254
- petrol ·····285
- petroleum ·····285
- pharmacist ·····236
- pharmacy ·····236
- phase ·····252
- phenomenon ·····73
- philosopher ·····77
- philosophy ·····77
- physical ·····82, 98
- physician ·····160
- physicist ·····82
- physics ·····82

- physiological ······269
- physiology ········269
- pierce ················277
- pigeon ···············106
- pile ····················140
- pill ·····················236
- pine ·····················94
- pioneer ··············169
- pity ····················338
- plague ···············232
- plain ··········183, 303
- planet ·········72, 270
- plantation ·········300
- plate ··················200
- plea ····················282
- plead ··················282
- pleasant ··············85
- please ··················85
- pleased ················85
- pleasure ···············85
- pledge ················281
- plenty ···················78
- plight ·················294
- plot ····················230
- plow ···················239
- plunge ················209
- pneumonia ········256
- point ··················339
- poison ················146
- poisonous ···········146
- poke ···················278
- polar ··················235
- pole ····················235
- policy ···················68
- polish ·················135
- polite ·················100
- political ················96
- politician ·············96
- politics ·················96
- poll ·····················229
- pollutant ··············72
- pollute ·················72
- pollution ··············72
- pond ··················303
- ponder ···············280
- populate ··············63
- population ···········63
- port ···················303
- portion ···············167
- portrait ··············218
- portray ···············218
- pose ···················346
- positive ················85
- positively ·············85
- possess ················43
- possession ············43
- possibility ············93
- possible ················93
- possibly ················93
- postpone ············225
- posture ··············295
- potential ···············99
- pound ·················272
- pour ···················128
- poverty ···············152
- practical ···············97
- practically ············97
- practice ··············319
- praise ···················43
- pray ···················216
- prayer ················216
- preach ················283
- precaution ·········295
- precede ··············214
- precedent ···········214
- preceding ···········214
- precious ·············187
- precise ···············185
- precisely ·············185
- precision ············185
- predator ·············300
- predecessor ······288
- predict ··················44
- prediction ············44
- predominantly ···314
- prefecture ··········284
- prefer ·····················8
- preferable ···············8
- preference ··············8
- pregnancy ··········259
- pregnant ············259
- prejudice ············143
- premature ··········178
- premise ··············233
- preoccupation ······308
- preoccupied ······308
- preparation ··········10
- prepare ··················10
- prescribe ············209
- prescription ········209
- presence ·············326
- present ···············326
- presentation ······326
- preservation ········24
- preserve ···············24
- president ···········228
- press ··················338
- pressing ·············338
- prestige ··············244
- prestigious ·········244
- presumably ·······207
- presume ·············207
- pretend ··············127
- pretty ·················334
- prevail ················211
- prevalent ············211
- prevent ··················9
- prevention ············9
- previous ···············86
- previously ············86
- prey ···················147
- priest ·········167, 283
- primary ··············179
- primate ··············248
- prime ··················179
- primitive ············101
- principal ·············188
- principle ···············55
- prior ···················195
- priority ······161, 195
- prison ·················158
- prisoner ·············158
- privacy ·················83
- private ··················83
- privilege ·············157
- privileged ···········157
- probability ·········103
- probable ·············103
- probably ·············103
- probe ·················286
- procedure ··········159
- proceed ··············108
- process ······108, 329
- proclaim ·············274

INDEX 367

- produce ·······36
- product ·······36
- production ·······36
- productive ·······36
- productivity ·······36
- **profession** ·······156
- professional ·······156
- **professor** ·····68, 228
- **profit** ·······72
- profitable ·······72
- **profound** ·······191
- **progress** ·······50
- progressive ···50, 191
- **prohibit** ·······115
- **project** ·······53
- **prolong** ·······224
- prolonged ·······224
- prominence ·······194
- **prominent** ·······194
- **promising** ·······269
- **promote** ·······41
- promotion ·······41
- **prompt** ·······124
- promptly ·······124
- **prone** ·······310
- **pronounce** ·······122
- pronunciation ·······122
- **proof** ·······10
- **propaganda** ·······291
- **proper** ·······84
- **property** ·······58
- prophecy ·······286
- **prophet** ·······286
- **proportion** ·······136
- proposal ·······43
- **propose** ·······43
- proposition ·······43
- **prose** ·······284
- **prospect** ·······156
- prosper ·······157
- **prosperity** ·······157
- prosperous ·······157
- **protect** ·······37
- protection ·······37
- protective ·······37
- **protein** ·······173
- **protest** ·······137
- protocol ·······302
- **prove** ·······10
- **proverb** ·······239
- **provide** ·······3
- provided ·······3
- **province** ·······284
- provision ·······3
- **provoke** ·······203
- psychiatric ·······296
- **psychiatrist** ·······296
- psychological ·······160
- psychologist ·······160
- **psychology** ·······160
- **public** ·····80, 83
- publication ·······44
- **publicity** ·······232
- **publish** ·······44
- pulse ·······291
- **punctual** ·······266
- **punish** ·······130
- punishment ·······130
- **puppy** ·······46
- **purchase** ·······44
- **pure** ·······190
- purity ·······190
- **purpose** ·······64
- **purse** ·······166
- **pursue** ·······110
- pursuit ·······110
- **puzzle** ·······27

Q

- quake ·······75
- qualification ·······116
- qualified ·······116
- **qualify** ·······116
- **quality** ·······61, 64
- **quantity** ·······61
- **quarrel** ·······156
- **quarter** ·······57
- quarterly ·······57
- **quest** ·······297
- **queue** ·······287
- **quit** ·······45
- **quote** ·······217

R

- **rabbit** ·······46
- **race** ·······194, 319
- **racial** ·······194, 319
- racism ·······194
- **radiation** ·······239
- **radical** ·······196
- radioactive ·······239
- **rag** ·······297
- **rage** ·······229
- raging ·······229
- **raise** ·······8
- **random** ·······195
- **range** ·······51
- **rank** ·······137
- **rapid** ·······98
- rapidly ·······98
- **rare** ·······99
- rarely ·······99
- **rat** ·······46
- **rate** ·······49
- rating ·······49
- **ratio** ·······243
- **rational** ·······192
- **rattle** ·······283
- **raw** ·······188
- **ray** ·······159
- **reach** ·······4
- **react** ·······45
- reaction ·······45
- readily ·······81
- **ready** ·······81
- ready-made ·······81
- realization ·······5
- **realize** ·······5
- **realm** ·······243
- **reap** ·······280
- **rear** ·······343
- **reason** ·······324
- **reasonable** ···87, 324
- reasoning ·······324
- **reassure** ·······219
- **rebel** ·······254
- rebellion ·······254

368 **INDEX**

☐ **recall** ··········44	☐ **regret** ··········110	☐ representative ·····15
☐ receipt ··········234	☐ regretful ··········110	☐ **reproduce** ·········204
☐ receive ··········234	☐ regrettable ········110	☐ reproduction ········204
☐ **recent** ··········95	☐ **regulate** ··········131	☐ reptile ··········171
☐ recently ··········95	☐ regulation ··········131	☐ **republic** ··········245
☐ **reception** ········234	☐ **reign** ··········244	☐ **reputation** ·········154
☐ receptionist ········234	☐ **reinforce** ··········227	☐ **require** ··········5
☐ **recession** ········235	☐ **reject** ··········21	☐ requirement ·········5
☐ **recipe** ··········300	☐ rejection ··········21	☐ **rescue** ··········130
☐ recipient ·····211, 234	☐ **rejoice** ··········274	☐ **research** ··········65
☐ **recite** ··········282	☐ **relate** ··········11	☐ resemblance ········44
☐ **reckless** ··········308	☐ relation ··········11	☐ **resemble** ··········44
☐ **reckon** ··········278	☐ relationship ··········11	☐ **resent** ··········220
☐ recognition ··········7	☐ **relative** ···54, 104, 105	☐ resentment ·········220
☐ **recognize** ··········7	☐ **relatively** ··········104	☐ reservation ··········28
☐ recollect ··········298	☐ relativity ··········54	☐ **reserve** ··········28
☐ **recollection** ·····298	☐ **release** ··········29	☐ reserved ··········28
☐ **recommend** ········42	☐ relevance ··········182	☐ **reservoir** ··········303
☐ recommendation ···42	☐ **relevant** ··········182	☐ reside ··········62
☐ **reconcile** ··········276	☐ reliable ··········22	☐ residence ··········62
☐ **recover** ··········29	☐ reliance ··········22	☐ **resident** ··········62
☐ recovery ··········29	☐ **relief** ··········343	☐ residential ··········62
☐ **recruit** ··········207	☐ relieve ··········343	☐ **resign** ··········202
☐ **rectangle** ··········106	☐ **religion** ··········72	☐ resignation ·········202
☐ **reduce** ··········9	☐ religious ··········72	☐ **resist** ··········109
☐ reduction ··········9	☐ reluctance ··········188	☐ resistance ··········109
☐ **redwood** ··········94	☐ **reluctant** ··········188	☐ resistant ··········109
☐ **refer** ··········11	☐ **rely** ··········22	☐ resolution ··········118
☐ reference ··········11	☐ **remain** ··········4	☐ **resolve** ··········118
☐ **refine** ··········214	☐ **remark** ········28, 89	☐ **resort** ··········122
☐ refined ··········214	☐ **remarkable** ···28, 89	☐ **resource** ··········68
☐ **reflect** ··········14	☐ remarkably ·········89	☐ **respect** ·····245, 324
☐ reflection ··········14	☐ **remedy** ··········241	☐ **respectable** ···263, 324
☐ **reform** ··········156	☐ **remember** ········331	☐ **respectful** ···263, 324
☐ **refrain** ··········216	☐ **remind** ··········20	☐ **respective** ···263, 324
☐ refresh ··········183	☐ **remote** ··········189	☐ **respond** ··········22
☐ **refreshing** ··········183	☐ removal ··········19	☐ response ··········22
☐ **refrigerator** ·····165	☐ **remove** ··········19	☐ **responsibility** ·····67
☐ refuge ··········172	☐ **render** ··········215	☐ responsible ·········67
☐ **refugee** ··········172	☐ **renowned** ·········304	☐ **rest** ··········265, 330
☐ refusal ··········13	☐ **rent** ··········29	☐ **restaurant** ·········XXII
☐ **refuse** ··········13	☐ rental ··········29	☐ **restless** ··········265
☐ **regard** ··········7	☐ **repair** ··········27	☐ **restore** ··········132
☐ **regardless** ·········199	☐ **replace** ··········17	☐ **restrain** ··········220
☐ **region** ··········54	☐ replacement ·········17	☐ restraint ··········220
☐ regional ··········54	☐ **reply** ··········16	☐ **restrict** ··········111
☐ **register** ··········117	☐ **represent** ··········15	☐ restriction ··········111
☐ registration ·········117	☐ representation ······15	☐ **restructure** ·········69

INDEX 369

- [ ] restructuring 69
- [ ] **result** 47
- [ ] **resume** 221
- [ ] **retail** 290
- [ ] **retain** 130
- [ ] **retire** 127
- [ ] retirement 127
- [ ] **retreat** 215
- [ ] **retrieval** 283
- [ ] **retrieve** 283
- [ ] **reveal** 17
- [ ] revelation 17
- [ ] **revenge** 292
- [ ] **revenue** 284
- [ ] **reversal** 111
- [ ] **reverse** 111
- [ ] **review** 142
- [ ] **revise** 217
- [ ] revision 217
- [ ] **revival** 221
- [ ] **revive** 221
- [ ] **revolution** 57
- [ ] **revolutionary** 57
- [ ] revolve 57
- [ ] **reward** 58
- [ ] **rewarding** 58
- [ ] **rhetoric** 292
- [ ] **riddle** 297
- [ ] ridicule 194
- [ ] **ridiculous** 194
- [ ] **right** 316
- [ ] **rigid** 192
- [ ] **riot** 284
- [ ] ripe 178
- [ ] **risk** 54
- [ ] risky 54
- [ ] rite 171
- [ ] **ritual** 171
- [ ] **roam** 276
- [ ] **roar** 217
- [ ] **rob** 121
- [ ] robbery 121
- [ ] **robin** 106
- [ ] **role** 64
- [ ] **roof** XXII
- [ ] **room** 319
- [ ] root 126
- [ ] rot 281

- [ ] **rotate** 222
- [ ] rotten 281
- [ ] **rough** 176
- [ ] **routine** 138
- [ ] **row** 138
- [ ] **rub** 134
- [ ] rubber 134
- [ ] rubbish 244
- [ ] **rude** 100
- [ ] rug 297
- [ ] **ruin** 110
- [ ] **rule** 329
- [ ] **rumor** 254
- [ ] **run** 316
- [ ] **rural** 188
- [ ] **rush** 21
- [ ] **rust** 297

S

- [ ] **sacred** 262
- [ ] **sacrifice** 130
- [ ] **saint** 252
- [ ] **salmon** 106
- [ ] **sanctuary** 303
- [ ] **sane** 311
- [ ] **sanitary** 298
- [ ] **sanitation** 298
- [ ] sanity 311
- [ ] **satellite** 162, 270
- [ ] satisfaction 39
- [ ] satisfactory 39
- [ ] **satisfy** 39
- [ ] Saturn 72
- [ ] **savage** 265
- [ ] **save** 331
- [ ] savings 331
- [ ] **scarce** 186
- [ ] **scarcely** 186
- [ ] **scare** 119
- [ ] scared 119
- [ ] scary 119
- [ ] **scatter** 134
- [ ] scattered 134
- [ ] **scene** 56
- [ ] scenery 56

- [ ] **scenic** 56
- [ ] **scent** 249
- [ ] **scheme** 162
- [ ] **scholar** 74
- [ ] scholarship 74
- [ ] **scold** 224
- [ ] **scope** 230
- [ ] **score** 128
- [ ] **scorn** 286
- [ ] scornful 286
- [ ] **scrap** 244
- [ ] **scrape** 302
- [ ] **scratch** 217
- [ ] **scream** 134
- [ ] **script** 247
- [ ] **sculpture** 253
- [ ] **search** 13
- [ ] **seat** 35
- [ ] seaweed 298
- [ ] **secondhand** 311
- [ ] **secretary** 170
- [ ] **secure** 58
- [ ] **security** 58
- [ ] **seed** 157
- [ ] **seek** 12
- [ ] **seemingly** 199
- [ ] **segment** 289
- [ ] **seize** 224
- [ ] **seldom** 93
- [ ] **select** 42
- [ ] selection 42
- [ ] selective 42
- [ ] **self-confidence** 74
- [ ] **self-conscious** 86
- [ ] **self-discipline** 342
- [ ] **self-esteem** 242
- [ ] **selfish** 194
- [ ] **senator** 296
- [ ] **senior** 178
- [ ] **sensation** 234
- [ ] sensational 234
- [ ] **sense** 320
- [ ] sensible 100, 320
- [ ] **sensitive** 100, 320
- [ ] sensitivity 100
- [ ] sensory 320
- [ ] **sentence** 338
- [ ] **sentiment** 243

☐ sentimental ·······243	☐ signature ········49	☐ social ··········47
☐ **sequence** ·······229	☐ significance ·······85	☐ **society** ·········47
☐ **serious** ··········80	☐ **significant** ········85	☐ sociology ········47
☐ servant ··········331	☐ signify ············85	☐ **soil** ············76
☐ **serve** ············331	☐ **silly** ············189	☐ **solar** ···········191
☐ **service** ··········49	☐ **silver** ···········272	☐ **soldier** ·······228, 301
☐ **session** ·········236	☐ **similar** ··········95	☐ **sole** ···········267
☐ **settle** ············341	☐ similarity ········95	☐ solely ··········267
☐ settlement ·······341	☐ **simultaneously** ···271	☐ **solemn** ········306
☐ settler ············341	☐ **sin** ············246	☐ **solid** ···········102
☐ **severe** ···········101	☐ **sincere** ·········264	☐ **solitary** ········266
☐ **sew** ············120	☐ sincerity ·········264	☐ solitude ········266
☐ **sewage** ·········302	☐ **sink** ············130	☐ solution ········38
☐ **shade** ············148	☐ **sir** ············228	☐ **solve** ············38
☐ **shake** ············22	☐ **site** ············152	☐ **somehow** ········93
☐ **shallow** ·········263	☐ situated ·········63	☐ **somewhat** ········105
☐ **shame** ········190, 344	☐ **situation** ·········63	☐ **soothe** ··········276
☐ shameful ·······190	☐ **skeleton** ······200, 250	☐ **sophisticated** ······180
☐ **shape** ············65	☐ **skeptical** ·········308	☐ **sore** ···········265
☐ **share** ············6	☐ skepticism ········308	☐ **sorrow** ··········162
☐ **shark** ···········106	☐ **skill** ············64	☐ **sort** ············340
☐ **sharp** ···········100	☐ skilled ············64	☐ **soul** ············345
☐ **shatter** ··········274	☐ skillful ············64	☐ **sound** ··········321
☐ **shed** ············205	☐ **skin** ············200	☐ **sour** ············305
☐ **sheep** ·········46, 175	☐ **skip** ············205	☐ **source** ··········65
☐ **sheer** ···········262	☐ skull ············250	☐ the **South Pole** ·······303
☐ **shelf** ············161	☐ **skyscraper** ········302	☐ **souvenir** ·········243
☐ **shell** ············106	☐ **slang** ···········295	☐ **sow** ············157
☐ **shelter** ··········141	☐ **slap** ············275	☐ spacecraft ········149
☐ shield ···········243	☐ **slaughter** ·········280	☐ **span** ············144
☐ **shift** ············33	☐ **slave** ···········143	☐ **spare** ···········340
☐ ship ············296	☐ slavery ··········143	☐ **sparrow** ·········106
☐ shipment ·········296	☐ **slender** ··········308	☐ specialist ·········114
☐ **shipping** ·········296	☐ **slight** ············102	☐ **specialize** ·········114
☐ **shortage** ·········152	☐ **smallpox** ·········256	☐ specialized ········114
☐ **shortcoming** ······296	☐ **smash** ··········274	☐ **species** ··········70
☐ **shoulder** ·········200	☐ smooth ··········176	☐ **specific** ··········86
☐ **shower** ··········270	☐ **snail** ···········106	☐ specifically ········86
☐ shrine ···········162	☐ **snake** ············46	☐ **specimen** ········291
☐ **shrink** ···········208	☐ **snap** ············211	☐ **spectacle** ·········233
☐ **shrug** ···········283	☐ **sneeze** ··········162	☐ spectacular ········233
☐ **shy** ············191	☐ **sniff** ············281	☐ spectator ·········233
☐ sidewalk ·········286	☐ **snore** ···········232	☐ **speculate** ·········223
☐ **sigh** ············211	☐ **soak** ···········214	☐ speculation ········223
☐ **sight** ············52	☐ soaked ··········214	☐ **spell** ············345
☐ **sightseeing** ········251	☐ **soar** ············218	☐ **sphere** ··········229
☐ **sign** ············49	☐ **sob** ············219	☐ **spider** ··········106
☐ signal ············49	☐ sociable ··········47	☐ **spill** ············126

- spinal ... 313
- spine ... 313
- spirit ... 56
- spiritual ... 50, 56
- splendid ... 262
- split ... 121
- spoil ... 108
- spontaneous ... 269
- spouse ... 228, 253, 286
- spread ... 11
- spring ... 346
- spur ... 275
- square ... 62, 106
- squeeze ... 223
- squirrel ... 46
- stability ... 190
- stable ... 190
- stairs ... XXII
- stake ... 287
- stalk ... 277
- stand ... 316
- standard ... 66
- stare ... 44
- startle ... 215
- startled ... 215
- startling ... 215
- starvation ... 118
- starve ... 118
- state ... 68, 323
- statement ... 68
- statesman ... 296
- static ... 306
- statistical ... 142
- statistics ... 142
- statue ... 169
- status ... 73
- steadily ... 177
- steady ... 177
- steak ... 200
- steel ... 272
- steep ... 264
- steer ... 206
- stem ... 126
- stereotype ... 148
- stern ... 307
- stick ... 335
- stiff ... 258
- still ... 322

- stimulate ... 113
- stimulus ... 113
- stir ... 214
- stock ... 136
- stomach ... 171, 200
- storage ... 331
- store ... 331
- storm ... 78
- story ... 345
- straightforward ... 306
- strain ... 143
- strained ... 143
- stranger ... 71
- strategy ... 170
- stray ... 312
- stream ... 76
- strength ... 71
- strengthen ... 71
- stress ... 21
- stressful ... 21
- stretch ... 34
- strict ... 102
- strike ... 334
- striking ... 189, 334
- string ... 238
- strip ... 148
- strive ... 227
- stroke ... 150
- stroll ... 276
- structure ... 69
- struggle ... 24
- stubborn ... 304
- stuff ... 138
- stumble ... 277
- stun ... 279
- stunned ... 279
- stunning ... 279
- stupid ... 102
- subject ... 330
- subjective ... 305
- submit ... 202
- subordinate ... 297
- subscribe ... 297
- subscriber ... 297
- subsequent ... 264
- subsidiary ... 294
- subsidy ... 294
- substance ... 76, 183

- substantial ... 183
- substitute ... 112
- subtle ... 191
- suburb ... 163
- succeed ... 341
- succession ... 341
- successive ... 341
- successor ... 288
- suck ... 281
- sue ... 281
- suffer ... 9
- suffering ... 9
- sufficient ... 101
- suggest ... 5
- suggestion ... 5
- suicide ... 172
- suit ... 17
- suitable ... 17
- sum ... 137
- summarize ... 137
- summary ... 137
- summit ... 232
- summon ... 274
- superficial ... 263
- superior ... 87
- superiority ... 87
- superstition ... 238
- superstitious ... 238
- supervise ... 295
- supervisor ... 295
- supplement ... 222
- supply ... 6, 12
- support ... 7
- suppose ... 8
- supposedly ... 8
- suppress ... 218
- suppression ... 218
- supreme ... 262
- surface ... 68
- surgeon ... 173
- surgery ... 173
- surpass ... 218
- surplus ... 247
- surrender ... 204
- surround ... 17
- surroundings ... 17
- survey ... 74
- survival ... 15

- survive ·····15
- suspect ·····30
- suspend ·····214
- suspense ·····214
- suspicion ·····30
- suspicious ·····30
- sustain ·····131
- sustainable ·····131
- swallow ·····52, 106
- swamp ·····303
- swear ·····275
- sweat ·····174
- sweep ·····135
- swell ·····205
- swift ·····304
- sword ·····243
- sympathetic ·····154
- sympathize ·····154
- sympathy ·····154
- symptom ·····157
- syndrome ·····290
- synthesis ·····313
- synthesize ·····313
- synthetic ·····313

T

- tackle ·····221
- tactics ·····292
- tale ·····155
- talent ·····79
- talented ·····79
- tame ·····260
- tap ·····126
- task ·····67
- taste ·····52
- tax ·····153
- tear ·····45
- tease ·····227
- technical ·····73
- technique ·····73
- technology ·····66
- telegram ·····171
- telescope ·····171
- temper ·····143
- temperament ·····288
- temperate ·····187
- temperature ·····71
- temple ·····162
- temporary ·····101, 188
- tempt ·····202
- temptation ·····202
- tempting ·····202
- tend ·····6
- tendency ·····6
- tender ·····310
- tense ·····161
- tension ·····161
- term ·····318
- terminal ·····151
- terminate ·····151
- terrible ·····97
- terrific ·····305
- terrified ·····97
- terrify ·····97
- terrifying ·····97
- territory ·····141
- terror ·····97
- terrorism ·····97
- testify ·····275
- testimony ·····275
- textile ·····247
- theater ·····XXII
- theft ·····252
- theme ·····160
- theoretical ·····67
- theory ·····67
- therapist ·····234
- therapy ·····234
- thereby ·····271
- therefore ·····92
- thermometer ·····284
- thick ·····90
- thief ·····252
- thin ·····90
- things ·····323
- thirsty ·····269
- thorough ·····199
- thoroughly ·····199
- thread ·····238
- threat ·····22
- threaten ·····22
- threatening ·····22
- thrill ·····184
- thrilled ·····184
- thrilling ·····184
- thrive ·····203
- throat ·····200
- thrust ·····209
- thumb ·····168
- thunder ·····254, 270
- thunderstorm ·····270
- thus ·····94
- tide ·····151
- tidy ·····308
- tight ·····179
- tighten ·····179
- timber ·····247
- time-consuming ·····45
- timid ·····264
- tiny ·····99
- tip ·····175
- tissue ·····231
- toe ·····168, 200
- token ·····292
- tolerance ·····226
- tolerant ·····226
- tolerate ·····226
- toll ·····289
- tomb ·····250
- ton ·····272
- tongue ·····341
- tooth ·····200
- torment ·····250
- tornado ·····270
- torture ·····250
- touch ·····337
- tough ·····91
- tourism ·····255
- toxic ·····309
- trace ·····112
- track ·····138
- trade ·····50
- tradition ·····69
- traditional ·····69
- traffic ·····52
- tragedy ·····165
- tragic ·····165
- trail ·····243
- trait ·····169
- transaction ·····290
- transfer ·····204

INDEX 373

- transform ·······127
- transformation ······127
- transition ········239
- translate ·······129
- translation ········129
- transmission ······114
- transmit ··········114
- transparent ······304
- transplant ········174
- transport ········62
- transportation ·······62
- trap ·······143
- trash ·············244
- treasure ··········136
- treat ·······10
- treatment ·······10
- treaty ··········240
- tremble ·········224
- tremendous ······190
- trend ·······59
- trendy ·········59
- trial ·············141
- triangle ········62, 106
- tribe ·······161
- trick ·············346
- trigger ·········210
- trim ·············309
- triumph ·········241
- trivial ···········261
- troop ·············248
- tropical ········187
- tropics ········187
- trouble ·······47
- troublesome ········47
- trout ············106
- trunk ·······61
- trust ·······42
- tuberculosis ······256
- tuition ·········248
- tumble ··········278
- tumor ···········295
- tune ············144
- turn ············316
- turtle ···········46
- tutor ·······68
- twilight ·········270
- twist ············226
- typical ·········98

- tyranny ··········290
- tyrant ··········290

U

- ugly ············194
- ultimate ········191
- ultraviolet ········312
- unavoidable ········37
- uncover ·········224
- underestimate ······18
- undergo ·········134
- undergraduate ······19
- underlie ·········181
- underlying ·······181
- undermine ·······281
- undertake ·······121
- undo ··········278
- undone ·········278
- uneasy ·········262
- unemployment ······25
- unfold ·········135
- unify ·········133
- union ·········154
- unit ···········154
- unite ·········133
- unity ·········133
- universal ········77
- universe ·········77
- university ········XXII
- unprecedented ···214
- upright ········271
- upset ···········86
- up-to-date ·······195
- urban ·········101, 188
- urge ··············35
- urgency ········189
- urgent ·········189
- usage ··········166
- utility ··········210
- utilize ·········210
- utmost ·········311
- utter ··········225, 271
- utterance ·······225
- utterly ·········271

V

- vacancy ·········268
- vacant ·········268
- vaccine ·········169
- vacuum ·········297
- vague ·········188
- vain ············181
- valid ············257
- valley ···········303
- valuable ·········48
- value ············48
- vanish ·········131
- vanity ··········181
- vapor ··········285
- variation ·········19
- varied ············19
- variety ··········95
- various ········19, 95
- vary ··········19, 95
- vast ············98
- vegetation ········301
- vehicle ·········138
- vein ············291
- vending ·········301
- venture ·········147
- Venus ···········72
- verbal ·········193
- verge ··········293
- verse ··········284
- version ·········145
- vertebrate ········171
- vertical ·········305
- very ············321
- vessel ·········150
- via ············271
- vice ··········154, 345
- vicious ··········345
- victim ··········76
- view ············328
- viewpoint ·······328
- vigor ···········265
- vigorous ·········265
- violate ··········207
- violation ·········207

- violence ·······76
- violent ·······76
- virtual ·······198
- **virtually** ·······198
- **virtue** ·······154
- virtuous ·······154
- **virus** ·······169
- **visible** ·······188
- **vision** ·······342
- visual ·······188
- **vital** ·······176
- vitality ·······176
- **vivid** ·······184
- **vocabulary** ·······74
- **vocal** ·······267
- vocation ·······140
- vocational ·······140
- volcanic ·······253
- **volcano** ·······253
- **volume** ·······154
- **voluntary** ·······61
- **volunteer** ·······61
- **vote** ·······62
- **vow** ·······280
- **voyage** ·······164
- **vulgar** ·······311
- **vulnerable** ·······269

W

- **wage** ·······153
- **wall** ·······XXII
- wallet ·······166
- **walnut** ·······94
- **wander** ·······45
- **ward** ·······256
- **warn** ·······20
- warning ·······20
- **warrior** ·······301
- **waste** ·······344
- **waterfall** ·······303
- **way** ·······321
- **wealth** ·······72
- wealthy ·······72
- **weapon** ·······75
- **wear** ·······330
- **weary** ·······304
- **weave** ·······225
- **web** ·······174
- Website ·······152
- **weed** ·······298
- **weep** ·······219
- **weigh** ·······109
- **weight** ·······69, 109
- **welfare** ·······139
- well-being ·······139
- **whale** ·······46
- **wheat** ·······166
- **wheel** ·······138
- wheelchair ·······138
- **whereas** ·······94
- **whip** ·······275
- **whisper** ·······135
- **whistle** ·······300
- **wicked** ·······305
- **widespread** ·······101
- width ·······69
- **wilderness** ·······244
- **wildlife** ·······167
- **will** ·······323
- **willing** ·······83
- willingly ·······83
- **wind** ·······205
- **wipe** ·······132
- wiper ·······132
- **wisdom** ·······153
- **wise** ·······153
- **wit** ·······246
- **witch** ·······249
- witchcraft ·······249
- **withdraw** ·······124
- withdrawal ·······124
- **wither** ·······279
- **withstand** ·······282
- **witness** ·······140
- witty ·······246
- **wizard** ·······249
- **wolf** ·······46
- **wonder** ·······5
- wonderful ·······5
- **wool** ·······200
- **word** ·······337
- **work** ·······326
- **worm** ·······106, 241
- **worry** ·······5
- **worship** ·······145
- **worth** ·······82
- **wound** ·······143
- wounded ·······143
- **wreck** ·······307
- **wrecked** ·······307
- **wrinkle** ·······287
- wrist ·······168

Y

- **yard** ·······XXII, 170, 272
- **yawn** ·······227
- **yearn** ·······281
- yearning ·······281
- **yell** ·······220
- **yield** ·······343
- **youngster** ·······170
- **youth** ·······73
- youthful ·······73

MEMO

MEMO

システム英単語 改訂新版	
著　　　者	霜　　　康司 刀祢　雅彦
発　行　者	冨田　豊
印刷・製本	株式会社日本制作センター
発　行　所	駿台文庫株式会社

〒101-0062　東京都千代田区神田駿河台1-7-4
小畑ビル内
TEL. 編集 03(5259)3302
販売 03(5259)3301
《改訂新版⑬ - 400pp.》

©Yasushi Shimo and Masahiko Tone 1998
落丁・乱丁がございましたら，送料小社負担にてお取替えいたします。
ISBN978-4-7961-1089-1　　　　Printed in Japan

http://www.sundaibunko.jp
携帯サイトはこちらです→
http://www.sundaibunko.jp/mobile